幼児期における道徳的規範意識の形成に関する研究

湯淺　阿貴子　著

風　間　書　房

目　次

序　章 ……………………………………………………………………… 1
　第1節　問題の所在 …………………………………………………… 1
　第2節　研究の目的 …………………………………………………… 8

Ⅰ．研究の理論的枠組み

第1章　幼児期の規範意識の形成に関する概念定義と諸論 …… 13
　第1節　哲学領域にみる「規範」及び「規範意識」の概念 ………… 13
　第2節　社会学領域にみる「規範」及び「規範意識」の概念 ……… 14
　第3節　教育学領域にみる「規範」及び「規範意識」の概念 ……… 15
　第4節　心理学領域にみる「規範」及び「規範意識」の概念 ……… 17
　第5節　本研究における「規範」及び「規範意識」の定義 ………… 18
　第6節　本研究で使用する「公正・公平」に関する用語の定義 …… 22

第2章　幼児の規範意識の形成に関する先行研究の
　　　　　分析と本研究の位置づけ ……………………………………… 27
　第1節　子ども及び子ども同士に焦点化した研究 …………………… 27
　　1．認知発達研究 …………………………………………………… 27
　　2．子ども同士のかかわりからみる道徳性及び規範意識の発達 … 34
　第2節　子どもと保育者に焦点化した研究 …………………………… 35
　　3．保育者が示す規範と子どもの規範意識 ……………………… 36
　　4．保育の指導方法・教育内容 …………………………………… 39
　第3節　保育者や教育方針に焦点化した研究 ………………………… 42
　　5．保育者の保育観 ………………………………………………… 42

6．保育・教育理念 …………………………………………………… 43
　第4節　小括 ……………………………………………………………… 50

第3章　道徳的規範意識の形成を促す教育の可能性 ………… 61
　第1節　自律的な道徳的規範意識の形成を促すかかわり
　　　　　―「かかわりの教育学」からの検討― ………………………… 61
　第2節　「教育的かかわりの四類型」の特徴と実証的研究への応用 …… 66
　　　1．権力的かかわり ………………………………………………… 67
　　　2．権威的かかわり ………………………………………………… 69
　　　3．認知葛藤的かかわり …………………………………………… 72
　　　4．受容的・呼応的かかわり ……………………………………… 74
　　　5．「教育的かかわりの四類型」の実証的研究への応用 ………… 76

第4章　Ⅰ．研究の理論的枠組みのまとめ及びⅡ．実証的研究の展望 ……………………………………………………… 79
　第1節　幼児の規範意識の形成に関する先行研究の概観と
　　　　　本研究の意義 ……………………………………………………… 79
　第2節　Ⅱ．実証的研究の目的 ………………………………………… 81
　第3節　Ⅱ．実証的研究の研究方法 …………………………………… 84
　第4節　Ⅱ．実証的研究の構成 ………………………………………… 85

Ⅱ．実証的研究

第5章　幼児の園生活における規範意識の実態に関する実証的研究 ……………………………………………………… 91
　第1節　幼児の規範意識が表出する場面の検討 ……………………… 91
　　　1．目的と方法 ……………………………………………………… 91
　　　2．日常生活の中で規範意識が表出される場面 ………………… 93

3．遊びの中で規範意識が表出される場面 ………………………… 99
　　4．日常生活と遊びにおける規範の相違と関連性 ……… ……… 102
　第2節　幼児の道徳的規範意識の形成における現状の課題と
　　　　　その要因の分析 …………………………………………………… 106
　　1．道徳的規範意識の形成に課題を感じ、特に援助を
　　　要すると感じられる幼児の実態に関する調査 ……………… 106
　　2．保育者のかかわりと幼児の変化 ……………………………… 115
　第3節　小括 …………………………………………………………………… 120

第6章　道徳的規範に対する認識の年齢的特徴及び実態の
　　　　　発達的変容 …………………………………………………… 127
　第1節　ゲーム遊びにおける「ずる」に対する認識の年齢的特徴
　　　　　及び実態の発達的変容 ……………………………………… 128
　　1．ゲーム遊びにおける「ずる」に対する幼児の認識の
　　　年齢的特徴 ………………………………………………………… 128
　　2．ゲーム遊びにおける「ずる」に対する幼児の認識の
　　　まとめ ……………………………………………………………… 149
　　3．ゲーム遊びにおける「ずる」の実態と発達的変容 ……… 153
　　4．ゲーム遊びにおける「ずる」の実態と発達的変容の
　　　まとめ ……………………………………………………………… 168
　第2節　他者を傷つける言動に対する幼児の認識 ………………… 170
　第3節　小括 …………………………………………………………………… 203
　　1．ゲーム遊びにおける「ずる」に対する認識と実態について… 204
　　2．他者を傷つける言動に対する幼児の認識について ……… 206

第7章　幼児の規範意識の形成に対する保育者の保育観と
　　　　　指導の実態 …………………………………………………… 211

第1節　目的と方法 …………………………………………………… 212
　第2節　幼児の規範意識の形成に対する保育観の分析 ……………… 216
　第3節　幼児の規範意識の形成に対する保育実践の分析 …………… 223
　第4節　幼児の規範意識の形成に関する保育観と保育実践の関連…… 234
　　　1．保育観尺度「自己調整重視」と規範伝達尺度の相関 ……… 236
　　　2．保育観尺度「規範逸脱注意」と規範伝達尺度の相関 ……… 236
　　　3．第4節のまとめ ………………………………………………… 237
　第5節　小括 …………………………………………………………… 239

第8章　幼児の道徳的規範意識の形成を促す保育者の教育的かかわり方の検討 …………… 247
　第1節　目的と方法 …………………………………………………… 247
　第2節　ゲーム遊びにおける「ずる」に対する
　　　　　教育的かかわりの検討 ……………………………………… 257
　第3節　他者が嫌がる（傷つく）言動に対する
　　　　　教育的かかわりの検討 ……………………………………… 276
　第4節　小括…………………………………………………………… 292

第9章　研究成果と課題 ………………………………………………… 297
　第1節　各章における研究成果 ……………………………………… 297
　第2節　研究成果からの提言と今後の課題 ………………………… 315

初出一覧 ………………………………………………………………… 339
あとがき ………………………………………………………………… 341

序　章

第1節　問題の所在

　子どもが社会に存在する規範を知り，その必要性に気付いていくことは，子どもとその社会にとって重要な問題である。さまざまな欲求をもつ他者と共存していく社会の中で，自分の欲求をどのように実現してゆくのかについては生涯続く葛藤的課題であるが，規範はその中で周囲の人々と調和的に生きようとする際に手がかりとなるものだからである。

　筆者は9年間，幼稚園教諭として保育に携わってきた。保育者として子どもに接する最初の場である教育実習時から現在に至るまで，その面白さに興味を魅かれ続けるのは「幼児の欲求の通し方」と「規範」の関係についてである。

　幼稚園に就園すると，子どもの生活環境は大きく変化する。たとえば，就園前には保護者や兄弟といった生活を共にする，密接な関係にある相手とのかかわりを中心としている。しかし，就園後には保護者ではない大人である保育者，自分と似ている要素を多分に持ちながらも異質な存在である同年齢の他者と一定時間，継続的なかかわりをもつことになる。つまり，幼稚園は人が社会的な場に参入する最初の場と換言することができる。このような場である幼稚園での園生活の中で，自らの興味や関心のあるものに触れ，一緒に遊びたい相手と共に思い通りに遊びを展開させていくことは，充実感や達成感を得られ，楽しいものとなるだろう。反対に，自分のしたいことをしたいようにできない，それを阻む存在があることは不快なことであり，可能な限り避けたいことである。当然ながら，園生活の中で子どもたちは自分の欲

求や願望を実現したいと思い，楽しさを希求するのであるが，個々の幼児の欲求が重なり合い，それが対立し合う事態が生じる事も少なくない。

またこのような場面では，個々の幼児の欲求が強ければ強いほど相手の存在が疎ましくなるのだろう。特に幼稚園という社会に初めて参入する入園当初の，特に3歳児などの場合，相手を叩く，噛む，突き飛ばす等，欲求が直接的な行動に現れることが少なくない。しかし，そのような言動をとっていた幼児も園生活を積み重ね，4歳児クラスに進級するころには，相手を叩く等の直接的な行動による欲求の通し方をすることが大幅に減少する。それは，同じような欲求をもった相手を叩く，噛むなどの言動をとった場合に，相手が泣いたり怒ったりするなどの反応を示したり，保育者という身近な大人に注意を促されたり，叱られたりする等，先に起こる事態を予測できるようになることが行動調整を促す要因の一つとなることが考えられる。また，自らの欲求を円滑に通すための方法を獲得していくということもあるだろう。このように社会的経験の蓄積によって社会における自らの欲求の通し方を身につけていくのであるが，この欲求の通し方に「よい・わるい」といった善悪の基準をもたせるものが規範であり，この規範を自分に必要なものとして取り入れた結果が規範意識となるのではないかと考えた。

幼児の規範意識は社会的経験の蓄積によって変化していくことが考えられるが，社会的経験を支える幼児の欲求の内容や性質もまた時間の経過に伴って変化していく。

幼児の欲求が顕在化し，規範意識の内実を推し量ることができる場面の一つにいざこざがある。幼児のいざこざの内容を調査した小原ら（2008）は，低年齢のうちは，玩具の所有や独占といった物や場所を巡るいざこざが多いのに対し，年齢が上がるにしたがい，物理的な要因によるトラブルは減少し，遊びや生活のルールに関するいざこざが増加することを明らかにしている。このことは，低年齢のうちは直接的な物を媒体とした所有に関する公正・公平の問題に目が向くのに対し，年齢が上がるにしたがって，ルールや互いの

信念にかかわる抽象的内容の公正・公平（権利や平等，正義など）の問題に目が向くようその内容が変化していくことを示唆している。

　小原ら（2008）の調査結果は，筆者の保育者経験を振り返っても一致するように思われた。たとえば，年度にかかわらず，4歳児後期ごろからルールのあるゲーム遊びやごっこ遊びなどの協同的な遊びを好むようになる幼児が増加していく。ルールのある遊び（ゲーム遊びやごっこ遊びなど）は，他者との協同を必要とし，進んでルールに沿う必要性が生じる。このことから，協同的な遊びは道徳性や社会性の発達を促すことがかつてより論じられてきた（Piaget, 1932；Vygotsky, 1992）。

　一方，このような協同的な遊びは周囲の幼児との欲求対立が生じやすく，いざこざへと発展していくことも多い。

　たとえば，鬼ごっこに類する遊びなどでは，鬼をやりたくない幼児が鬼にならないようにじゃんけんで後出しをするといった明らかなルール違反もあれば，鬼にならないように鬼ごっこが始まってから遊びに入る，鬼の決め方を操作するといった工夫とも戦略的ともいえる方略がとられること，そして，様々な理由づけをし，捕まることを回避するような姿は年度に関わらず見られるものであった。このようなことが続く場合，一緒に遊んでいる仲間から「ずるい」と非難され，それを理由に「一緒に遊びたくない」と言われるなど，欲求の通し方に起因するいざこざが生じることも多かった。また，幼児同士の力関係によって，「やりたくない」ことを受け入れてくれる幼児がいつも鬼をしている，といった状況に陥る事態も珍しくない。このような，役割を巡る内容は，ままごとなどのごっこ遊びにも共通し，「○○ちゃんは小さいから（背が）お姉ちゃんはダメ，お姉ちゃんは私がやるの」「○○ちゃんは髪型がかわいくないからプリンセスごっこには入らないで」など，相手の容姿や特性などを否定の理由にしたり，欲求を通すための方略として用いるなどの実態があった。このように「相手を傷つける言動」や「相手の嫌がる言動」をとる原因としては，自分の欲求や願望を実現するためのストラテ

ジーとなっている場合や，欲求が通らない場合の悔しさが表出している場合，相手を傷つけたり嫌がる言動をとることによって肯定的な感情を得ようとしている場合（特定の相手を仲間と嘲笑することで笑いを共有し，仲間意識をもつ，からかいが過度となる場合など）がある。このような「相手の嫌がる言動」や「相手を傷つける言動」が何らかの意図をもって行われる実態があることもまた，保育の中で散見される規範的問題であるように思われた。

上記に挙げた遊びの中での公正・公平，正義にかかわる規範や，相手の尊厳や心情にかかわる規範は特に子どもの欲求と関連して表れること，先行研究の中では道徳的規範[注1]と位置付けられ，生涯にわたって生き方にかかわり，やがて倫理観へと繋がっていくもののように思われた。

多くの場合，そのような言動をとる原因には欲求や願望に関連した理由があり，それぞれの抱える問題も異なっている。それでも，このように相手の尊厳や心情を傷つけるような言動がみられる場合には多くの保育者が，幼児に対して何らかの指導的かかわりを行っているだろう。しかし，このような問題の共通点として，その当事者の子どもに「して良いことか，いけないことか」と問いかければ，「いけない」と回答する子どもが殆どであることもまた特徴にあるように思われたのである。つまり，悪いと知りつつ意図をもって行う言動であるがゆえにかかわり方が難しく，一般的に考えられる保育者の価値提示的行為が適切なのだろうかという疑問が生じるのである。さらに，このような言動がみられる幼児は，それが1つの方略として獲得されているからなのか，同様の言動を繰り返す，といった特徴があるようにも思われた。

一方，そのような問題に対する周囲の保育者の対応を見ると，対応の在り方は様々であった。「経験の中で気づいていく問題」と捉える保育者や，「自分で気づいていくことが重要である」と考え，敢えて保育者が直接的な指導をすることを控える経験的学習，自主性重視型の保育者，「たとえ幼児であっても人としていけないことははっきりと伝えていくべきである」と考え

ている規範伝達重視型の保育者,「状況によって，子どもによってかかわり方を変える」という状況・特性重視型の保育者など，その保育観及び実践も多様である。

　周囲の保育者に上記に挙げた道徳的規範にかかわる問題についてどのように接しているのかを聞くと，その返答からは状況・特性重視型の保育者が最も多く，一般的な対応であるように思われた。しかし，状況や子どもの特性によって変化させていくというかかわりは，どのような状況であればどのような対応が適切だと考えるのか，その基準は個々の保育者内で判断されていることであり，周囲と共有されることが殆どないのではないだろうか。

　このような理由から，保育者の指導や援助の在り方については「幼児の実態に即して行われるものであり，一概に言えない」という結論に帰着し，道徳的規範意識の形成に対する教育的かかわりの具体については十分に議論されず，実践上拠り所となる理論は提案されない現状となっている。それでも，実際に保育を行う個々の保育者は，指針に示されるねらいや内容，園の教育目標等を包含させながら眼前の幼児の実態に合う形で保育を行うことが求められる。しかし，実践上拠り所となる理論はなく，保育実践は自身の幼児理解や実践知，教員間に伝承・継承される文化等に委ねられ，支えられている現状にあるのではないだろうか。

　幼稚園教育要領に示される「規範意識の芽生え」とは何か，そのための指導・援助はどのようなものが求められるのか，十分な議論がなされていないことが指摘されているが（松永ら，2012：利根川，2013），その背景にはこのような理由が存在するからではないかと考えた。

　幼稚園教育要領に示される幼児期の規範意識の形成についての記述をみると，これまで道徳性の発達とのかかわりから述べられてきた。

　幼稚園教育要領に示される道徳性及び規範意識の芽生えに関する内容の取扱いは以下の通りである。

(4)道徳性の芽生えを培うに当たっては，基本的な生活習慣の形成を図るとともに，幼児が他の幼児とのかかわりの中で他人の存在に気付き，相手を尊重する気持ちをもって行動できるようにし，また，自然や身近な動植物に親しむことなどを通して豊かな心情が育つようにすること。特に，人に対する信頼感や思いやりの気持ちは，葛藤やつまずきをも体験し，それらを乗り越えることにより次第に芽生えてくることに配慮すること。

(5)集団の生活を通して，幼児が人とのかかわりを深め，規範意識の芽生えが培われることを考慮し，幼児が教師との信頼関係に支えられて自己を発揮する中で，互いに思いを主張し，折り合いを付ける体験をし，きまりの必要性などに気付き，自分の気持ちを調整する力が育つようにすること。

(幼稚園教育要領領域「人間関係」3内容の取扱より抜粋)

このように，幼児期の道徳性に関する教育の指針からは周囲の人や環境とのかかわりの中で周囲に対する信頼や愛情，愛着といった心情が育まれることを基盤とし，葛藤的な場面において他者との関係性を考慮しながら自己調節しようとする心情が培われることが主に示されている。

幼児期の道徳性の発達を促す教育については「道徳性の芽生えを培う教育」といわれ，小学校以上の子どもが触れる「道徳教育」とは異なる特徴をもっている。小学校以上の道徳教育では心情や知識，判断，行動面を包括して道徳性を捉えるのに対し，幼児期にはその萌芽的な要素として捉えることができる心情面の育ちが重視されている。つまり，知識や判断，行動面をも含めて道徳と明確にいえるものではないが，その基礎となる心情を実体験から養うことが重視されている。したがって，道徳性の発達にかかわる主体的な気づきを体験的に積み重ねていくことを重視する時期であること，知識や判断，行動よりも心情面を重視する時期であることを鑑み，小学校以上の教育とは同列に扱うべきではないという見解によるものと考えられる。

しかし，指針として示されている内容は理念の大枠を示しているのであり，

とりわけ心情面の育成といった抽象的な育ちを重視する保育の具体については各園の教育方針や実際に保育を行う保育者の保育観に委ねられている現状にあることも指摘されている（赤堀，2006）。また，道徳や規範として扱われる内容には複数の価値概念が含まれていること（渡辺，1990），特に幼児期の道徳性の芽生えについてはそれらの道徳・規範的価値を個別的にではなく，関連させて示されていることから，独自の視点から道徳性や規範意識の枠組みを設定した研究も見られている（大倉，2000；白川，2000；堀内，2000；豊田，2004；生野，2004；村野，2009；椋木，2011；北川，2012）。

更に，幼児期に日常で使用される「規範」の内容について考えると，「順番を守りましょう」といった標語のように言語化されている公共のルールのような内容を示す場合もあれば，「空気を読む」と表現されるように相手の気持ちを察しようとする態度を示す場合もあり（松永ら，2012），明示的なものもあれば暗示的に存在する抽象性の高いものもあるといった，特徴の違いがあることも指摘される。

このような実態から，幼児の「規範意識の芽生え」とは何かということは一致した見解が得られていない現状にある。

近年特に道徳教育の充実が教育全体の課題となり，発達の連続性を考慮した教育の充実が求められている。これに伴い，幼児期から発達にふさわしい形で道徳性・規範意識の形成を促す教育が求められている。

以上の問題を踏まえ，幼児期に育つ規範意識とは何かを明らかにすると共に，特に道徳にかかわる「道徳的規範意識の形成」について更に具体性をもった教育の提案がなされる必要があると考えた。

第2節　研究の目的

本研究の目的は，幼児の道徳的規範意識の実態を明らかにし，道徳的規範

意識の形成を促す保育者の教育的かかわりについて明らかにすることである。

具体的には，①．幼児の道徳的規範に対する認識と道徳的規範意識の実態を年齢という発達的枠組みから実証的に示す。②．保育者が幼児の規範意識の形成に対してどのように捉えており，保育実践が行われているのか，その実践傾向について明らかにする。また，道徳的規範に関わる問題が生じた際に，保育者はどのようにかかわり方を見極め，かかわっていくのかについて保育者の実践知を体系的に図式化する。

③．①と②を踏まえ，幼児の道徳的規範意識の実態に応じた教育的かかわりのフレームワークを実践への応用を目的に提案する。

以上，3点を本研究の目的とし，次章以降研究を進めていくこととする。

注
(注1)「道徳的規範」とはTuriel（1983）が提唱した「領域特殊理論」を構成する領域概念のひとつである。Turielによると，社会的規範は，3つの領域によって構成されており，一つは正義や公正の概念を土台とした「道徳」領域，二つ目は社会的相互作用を円滑にし，社会的秩序の維持を目的とした「社会的慣習」領域，三つ目は自己概念や他者概念に基づいて構成され，自己内での問題となる「個人」の領域に分類される。そして，それらはもともと質的に異なる領域概念であり，それぞれ異なった発達過程を経ることを指摘した。Turielの理論に基づき，岩立（2008）は規範について，「私たちが生きる社会には様々な規則がある。規則のうち，その社会に広く受け入れられ，それらに沿うことが期待されているものを"規範"という。規範は，いつ，どの文化や社会においても，誰にとっても守らねばならない普遍的な規範としての"道徳的規範"と，特定の集国内で人々が互いにうまくやっていくための礼儀作法やマナーなどの規範である"慣習的規範"，とに分けられる。」と述べている。

引用文献
赤堀方哉（2006）幼稚園教育要領，における道徳性の芽生え，に関する一考察，梅光学院大学・女子短期大学部論集，39，21-29.
堀内千津子（2000）幼児教育における道徳性について，日本教育学会大會研究発表要

項，**59**，76-77．

生野金三（2004）実践報告　幼児の言葉から道徳性の芽生えを探る，家庭教育研究，**9**，45-50．

岩立京子（2008）幼稚園教育　規範意識の芽生えを培う，初等教育資料，**837**，東洋館出版社，90-96．

北川剛司（2012）幼児の道徳性を育む保育方法に関する一考察，高田短期大学紀要，**30**，77-83．

松永愛子・大岩みちの・岸本美紀・山田悠莉（2012）3歳児の規範意識の生成過程における保育者の役割：身体的同調を生成する環境構成，岡崎女子大学・岡崎女子短期大学研究紀要，**45**，99-116．

椋木香子（2011）幼児教育施設での道徳性育成の方法に関する一考察，宮崎学園短期大学紀要，**4**，103-109．

村野敬一郎（2009）幼稚園教育における道徳性の芽生えとその育成に関する考察―幼稚園教育要領・小学校学習指導要領等の分析を中心に，宮城学院女子大学発達科学研究，**9**，57-63．

小原敏郎・入江礼子・白石敏行・友定啓子（2008）子ども同士のトラブルに保育者はどうかかわっているか―保育者の経験年数・トラブルが生じる状況による分析を中心に―，乳幼児教育学研究，**17**，93-103．

大倉三代子（2000）自律的な道徳性の発達と保育―幼稚園教育要領・保育所保育指針にみる，聖和大学論集 教育学系，**28**，19-29．

Piaget, J.（1932）*The moral judgment of the child*, New York: Free Press.

白川蓉子（2000）資料 幼稚園における幼児の道徳性の芽生えと人間関係―神戸大学発達科学部附属幼稚園の実践研究の検討をとおして（特集　幼児の成長と人間関係），保育学研究，**38**(1)，53-60．

利根川彰博（2013）幼稚園4歳児クラスにおける自己調整能力の発達過程：担任としての1年間のエピソード記録からの検討，保育学研究，**51**(1)，61-72．

豊田和子（2004）保育過程における幼児理解と指導性に関する実践的研究（その1）：道徳性の芽生えを培う活動の事例から，高田短期大学紀要，**22**，61-76．

Turiel, E（1983）*The Development of Social Knowledge*, Cambridge University Press.

Vygotsky, L. S., Elkonin, D. B.（1992）就学前期児童心理学構成のためのヴィゴツキーの概要のメモから「遊びの心理学」天野幸子，伊集院俊隆（訳），新読書社，pp.397-404．

渡辺弥生（1990）幼児・児童の道徳教育に対する心理学からの提言（小講演），日本教育心理学会総会発表論文集，32.

I. 研究の理論的枠組み

第1章　幼児期の規範意識の形成に関する概念定義と諸論

　本章の目的は，本研究で扱う用語を整理し，「規範」や「規範意識」及び関連する用語の概念定義を示すことである。

　社会に存在する「規範」についての古典的な考察は，古代ギリシャの哲学思想にもその起源がみられ，道徳や倫理の考察は西欧全史を貫く長い歴史を持っている（現代社会学辞典（宮島，1984））。そして哲学思想を歴史的基盤としながら，社会学，経済学，法学，教育学，心理学など幅広い学問領域にかかわる概念として扱われてきた。本章では，特に本研究に関連すると考えられる学問領域である，社会学，教育学，心理学，その歴史的背景に存在する哲学の領域において，どのような概念として扱われているのか，辞典から整理し，考察する。

　「規範」についての普遍的な捉え方は「のっとるべき規則。判断・評価または行為などの拠るべき基準」であるといわれる（広辞苑第六版（新村編，2008））。そこで本研究に関連する学問領域では，どのように捉えられているのか，その特徴や違いを見ていくこととした。まず，人々にとっての規範について，その追求に最も長い歴史をもつ哲学の領域では，「規範」について以下のように示されている。

第1節　哲学領域にみる「規範」及び「規範意識」の概念

　「行為・評価・決定の準則. 一般的準則たるルールと同義で使用されることが多いが個別的な道徳判断や法的決定も含まれることがある。"べし（ought, Sollen）"という当為の様相に規範性（normativity）の核心がある（哲学・思想

事典（井上，1998））。

　また，哲学辞典（森，2000）によると，「ある命題の真・偽とか，行為の善・悪のように，ものごとを評価するさいにその基準をあたえるもの。したがって，規範はなにが価値であるかを示している。同時に，規範はこれに基づくことによって価値が実現されるより所であると言う意味からいって，規範によって為すべし（当為）と言う性質を持つ」と示される。そして，規範的法則について，「人間の実践にさいして，したがうべき法則。真なる認識を得ようとすれば，また正しい行為をしようとすれば，どのような法則にしたがわなければならないかというように，論理学や倫理学などがあたえる法則などが，これに該当する。」と示されている。

　以上のように，哲学領域では，規範の性質を中心に示されており，行為・評価・決定の準則，ものごとの善悪を評価するさいの基準であることが示される。また，その特性に「～べし」といった当為が存在することが強調されている。

　規範意識については「評価主体が，ある対象について，評価（価値判断）をくだす場合には，その評価の規準ないし尺度としてなんらかの価値が前提されるが，この価値を，価値たらしめる意識。」（哲学事典（平凡社哲学事典編集部編，1968））といったように，規範意識は価値への意識と相関的関係にあることが示されている。

第2節　社会学領域にみる「規範」及び「規範意識」の概念

　規範は共同体の中で派生する性質のものであることから，「社会規範」ともいわれる。人間の社会的共同生活の構造や機能について追及する社会学の領域では，次のように示されている。

　「社会的状況において成員の行為が同調を要求される一定の標準または理想（当為命題）のことをいう。そこには1）成員の行為において追及されるべ

き望ましい価値の基準，および，2）その追求のさいに取られるべき妥当な行為様式に関する指示が含まれ，3）これらへの同調を高め，保障するための明示的ないし黙示的なサンクション（sanction 賞罰）が伴っている（現代社会学辞典（宮島，1984））。

「社会や集団において個人が同調されることを期待されている行動や判断の基準，準拠枠であり，行動の望ましさをも含む。法律などの公的，外顕的なものから個人や人間関係の中に暗黙のうちに成立しているものまで含まれる」（社会心理学小辞典，（古畑，2002））

そして規範意識については，「ある行為範型に従うべきである，またはある範型がある集団で拘束力を持っているという主観的な表象で自己の行為を律し，自他の行為を評価する基準として，人格に内面化されているもの。」（新社会学辞典（六本，1993））と示されている。

以上から，社会学では，集団の中での規範の機能や構造を中心に示されており，一定の集団において，認められている望ましさ（価値），成員（個人）に同調が要求される行動や判断であること，また，サンクション（報酬・制裁）が伴うことが記されている。

また，そのあり方には明示的なものから暗示的なものまでがあるとしている。そして規範意識については，ある一定の規範が個人の行動や判断を規定する照準として内面化されたものであることが示されている。

第3節　教育学領域にみる「規範」及び「規範意識」の概念

「教育を広義に理解した場合，それは一面において普遍的な社会規範の教授過程であるといってよく，それだけに教育目標が社会の支配的な規範に同調するよう設定されることが少なくない」（教育社会学辞典（大坪，1973）），ともいわれる。このことからも，教育という行為において「規範」はそれ抜きに考えられないものであることが窺える。

「集団，社会の成員がその行為を通じて追究すべき（または追究すべきでない）価値の基準や行為の様式を顕示的，暗黙的に指示，奨励する当為命題のこと」（新教育社会学事典（日本教育社会学会編，1986））

といったように当為性が強調されたもの，「あることが真であるか偽であるのか，美しいか醜いか，善であるか悪であるのかなどに関して，人間が評価を行う際の基準となりうる命題であり，しかも同調可能性を多少なりとも高める力を伴うような命題である。」（現代学校教育大事典（大坪，2002））といったように，同調性が強調されたもの，「期待された行動，集団的社会的に基準化された価値概念。」「社会や集団には，その成員たちが行動において追求すべき目標に関して，多かれ少なかれ「望ましさ」の序列があり，またその目標実現のためにとる行動機式に関しても，積極的であれ（しなければならない），否定的であれ（してはならない），ある種の価値づけが存在する。」（教育社会学辞典（大坪，1973））として，価値（望ましさ）が強調されたものがある。さらに，「価値判断の基準として用いられるもの。所与の集団が集団として到達すべき一定の目標基準であり，標準と同義である」（新・教育心理学事典（福富，1977））といったように目標の意味が含まれるものがある。

そして，「規範意識」は，「価値意識のうち，規範とのかかわりによって生ずる意識。」（現代学校教育大事典（大坪，2002）），「①周囲の人々の期待に適応しようとする「期待の意識」②道徳体系や教条によって自分の行為に首尾一貫した意味づけを与えようとする「原理の意識」③伝統や習慣によって水路づけられた既成の行動パターンを維持しようとする「慣例の意識」④規範が完全に内化されてそれ自身欲求性向の一部となったもの」（新教育社会学事典（日本教育社会学会編，1986）），として，規範に対する意識であるとともに，その類型についても示されており，「期待」といった概念が含まれる点が特徴に挙げられる。

以上から，哲学的領域や社会学的領域の強調点が組み込まれた内容のもの，更に目標や期待といった概念が含まれており，規範を総合的に捉えているこ

とが窺える。

第4節　心理学領域にみる「規範」及び「規範意識」の概念

　人の心の動きや認識，行動について追及している心理学の領域においては，「規範」は「基準」と同義とされ，「所与の測度に関して集団が示す（主として統計的な）中心的傾向。社会的集団の成員に真・偽，正・邪，適・不適の判断を容易ならしめ，成員相互のより精密なコミニケーションをならしめ，他者の行動の予測可能性を高める機能を持つ。」（心理学辞典（園原ら編，1971）と示される。心理学の領域で示される「規範」は人々の統計的中心傾向と示され，数量的側面を強調している点で他の学問領域と異なる特徴がみられる。また，そもそも「規範」や「規範意識」といった概念が辞典に掲載されていないことが多かった。近似する概念として，「道徳」及び，「道徳性」が考えられる。それによると，「道徳性」については心理学領域において広く扱われている概念であり，「道徳的な行動とは人としてよりよく生きようとする行為であり，そのような行為を生み出す社会的能力を道徳性と呼ぶ。"よりよく生きる"とは，所属集団内の社会的規範を尊重するだけでなく，文化や集団を超えた普遍的な価値について考え，正義や公正さの観点から複雑な社会問題を解決しようとする態度，思いやりや配慮など対人関係を重視し，立場の異なるもの同士が互いに尊重しあう関係を作り出そうとする態度まで含んでいる。」（最新心理学事典（首藤，2013）），「道徳性の定義には社会一般に受け入れられている規範や慣習を尊重する意識を道徳性と考えるもの，正義や公正さの観点から，あるいは思いやりや配慮など対人関係を重視する観点から，道徳的な問題を解決する能力を道徳性と考えるものがある。」（心理学辞典（二宮，1999））と示されている。以上から，規範は道徳性に包括される概念として扱われており，①社会一般に受け入れられている規範や慣習を尊重する意識②正義や公正さ，思いやりなどの価値概念を重視する2つの観点か

ら示された。そして，規範及び規範意識という用語は，主に①に分類され，行動の慣習的側面を強調した道徳性として扱われていることが窺える。

第5節　本研究における「規範」及び「規範意識」の定義

　各学問領域における規範の定義をみていくと，それぞれに強調される要素が異なっていた。哲学の領域においては当為性が強調され，社会学においては，集団における同調の要求，またそれに伴うサンクションとの関係が強調されていた。また，「望ましさ」といった価値が共有されたものとして示されていた。教育学では，教育という営みそのものが社会への適応を目指す一面をもっており，そこに規範や価値の伝達が伴うものであることから，特定の領域に偏らず，哲学領域，社会学領域の双方の要素が包括されていた。そして，「期待」や「目標」といった概念が含まれ，「規範」が「期待される行動」として扱われている点で特徴的である。また，心理学の領域においては，規範という概念は人々の示す行動や，認識の中心傾向とされ，他の学問領域で「規範」と扱われている内容は道徳性に包括されていることが窺えた。また，道徳性のなかでも慣習的な要素を強調したものとして扱われていた。

　本研究は，幼児期の規範意識の形成について，幼児教育の立場から検討するものである。したがって，教育学の概念で示される規範及び規範意識の概念に依拠しつつ，以下のように定義する。

「規範と規範意識」

　以上の関連する学問領域における定義から，「規範」とは，「幼児の集団社会において，そうすること，またはしないことが期待された行動様式であり，基準となる価値概念が含まれる。顕示的，暗黙的にかかわらず指示，奨励される当為命題のことを示し，サンクション（賞賛，非難，制止などの拘束によってその価値を実現化）を伴うもの」とする。

また，規範意識とは，「価値意識のうち，規範とのかかわりによって生ずる意識。」(現代学校教育大事典（大坪，2002））ともいわれ一般に規範に対する意識であると考えられる。上杉（2011）は「規範意識」とは，「規範」として存在する事柄を各自がどのように内面化するかということであり，"外的規範を個人が自分の中に取り入れる枠組み"および取り入れた結果としての"内なる規範"と表現することができる，と述べる。

　以上から，社会に存在する規範とのかかわりから生じた個人の規範に対する意識を総じて規範意識と定義することとする。

「道徳的規範」

　「規範」の機能や役割は多様であり，また，機能の重要度，形式性の具備いかんなどの相違によって慣習，モーレス，伝統，因襲，流行，法，道徳などの種類に大別することができる（教育社会学辞典（大坪，1973））。

　社会的規範の構造を示したTuriel（1983）は「領域特殊理論（domain specific theory）」を提唱し，社会的規範には3つの領域が存在することを示した。その領域は，「社会的慣習」領域に分類されるもの，「道徳」領域に分類されるもの，「個人」領域に分類されるものがある。

　「社会的慣習」領域，は社会システムに関する概念を基盤とし，社会秩序の維持や常識，慣習などにかかわる内容に特徴づけられている。一方，「道徳的規範」は正義や福祉，権利といった価値概念を基盤とし，公正・公平，尊厳などにかかわる内容であることが特徴にある（3つ目の「個人」領域は個人内での問題であり，自己概念を基盤としている）。

　Turielの理論に基づき，岩立（2008）は規範について，次のように述べている。「私たちが生きる社会には様々な規則がある。規則のうち，その社会に広く受け入れられ，それらに沿うことが期待されているものを"規範"という。規範は，いつ，どの文化や社会においても，誰にとっても守らねばならない普遍的な規範としての"道徳的規範"と，特定の集団内で人々が互い

にうまくやっていくための礼儀作法やマナーなどの規範である"慣習的規範"，とに分けられる。これらの規範は，日々の人とのかかわりや生活を通して，個人に内化され，"規範意識"となっていく。」

つまり，社会的な規範は交通ルールや校則のように，人々の生活や集団としての秩序を維持する役割をもつ「社会的慣習的規範」と，嘘をつかない（正義），相手を心理身体的に傷つけない，尊重する（福祉），公平に扱われる（権利）など，人々の心情や尊厳にかかわる「道徳的規範」が存在すると考えられている。

本研究では，それらの趣旨をまとめ，「正義や福祉，権利といった価値概念を基盤とし，公正・公平，人々の心情や尊厳にかかわる規範を道徳的規範と定義する。

「規範意識の芽生え」

「規範意識の芽生え」について幼児期の規範意識に関連する先行研究を概観すると，「ルール」という言葉が使用される場合（奥川，1996；岡上，2011），「きまり」と示される場合（柏・田中，2003）などがある。それらはいずれも集団生活の中で承認される行動の在り方，すなわち，「～すべきである」「～すべきでない」といった義務や禁止事項について論じられている。このことから，規範という言葉は使用されていないものの，規範に関する内容として判断することができる。

また，幼児の日常生活における規範は「規範」と示されるよりも，「ルール」や「きまり」，「約束」といった表現でなされることが一般的であるように思われる。たとえば，遊びの中での規範に関して言えば，「ルール」が使用されることのほうが多い。そして鬼ごっこやドッヂボールなどの規範・規則は「鬼ごっこの約束事」や「ドッヂボールのきまり」というよりも，「鬼ごっこのルール」や「ドッヂボールのルール」という表現が使用されることが多い。例えば，文部科学省が平成13年に発行した『幼稚園における道徳性

の芽生えを培うための事例集』においても，遊びにおける規範・規則は「遊びの中で，スポーツやゲームや遊びのルールの問題を通して…（p43）」という表現が使用されている。そして，日常生活にかかわる内容に関しては「みんなと一緒に生活していくためには，守らなくてはならないいくつかのきまりや約束がある（p66）」として，用語の使い分けがなされている。したがって，本研究においても自主的に活動を選択する遊びの場面における規範に対しては「ルール」を使用し，園生活の，特に生活にかかわる規範・規則を「きまり」という言葉で表すこととする。

規範については既に定義を示しているが，特に幼児期の規範については「規範意識の芽生え」という言葉が使用される。この「芽生え」という表現は，「規範」以外にも「道徳性」についても同様に示され，「道徳性の芽生え」という用語が幼児教育全体で使用されている。

無藤（2011）は，この「芽生え」という表現について「まだしっかりした形になっていないけれども，将来それにつながる芽になっている。道徳性や規範意識そのものではないけれど，それにつながるものとして，幼児期に現れているということです。幼児が道徳性を理解するとか，規範意識を明確にもっているとはいいにくいけれども小中学校の時期に育っていくものの始まりがあり，その芽生えをしっかり育てることが次の時期につながっているという考え方です。」と解説している。

首藤（2012）もまた，幼児は「守らなければいけない」という思いと「理解していても守れない」という思いで葛藤する姿を見せることもある。葛藤の結果，守れないこともたびたび生じるが，この葛藤体験自体，規範意識が芽生えた姿である。きまりを守った後の気持ちよさや，守れなかったときの心地悪さを感じる体験，友達の怒りや悲しみに触れる体験を積み重ねることで，自己調整する力が育ち，葛藤を乗り越えることができるようになる，と幼児の規範意識の芽生えの様相を解説している。

つまり，その後を見通した場合に，「道徳性」や「規範意識」につながる

と考えられる心の動きや，その諸要素のことを「芽生え」と示されている。以上から，「規範意識の芽生え」とは「きまりやルールを守ろうとする意識や態度及び，きまりやルールの必要性に気付くための諸要素の発達」と定義する。

第6節　本研究で使用する「公正・公平」に関する用語の定義

本研究では，遊びの中で生じる「ずる」を道徳的規範意識の視点から研究の対象としている。そのため以下にその概念的定義について述べる。

「公正・公平」に関する用語
「公正」という概念は道徳性の主要な観点の一つとされている（心理学辞典（二宮，1999））。我が国の道徳教育の理論的基盤となっているKohlbergの道徳性発達理論は哲学的考察から「正義」の原理を教育に導入している。Kohlbergは「正義」の最も基本的な原理に「公正」という概念があるとした。また，公正とは，人格として尊重されるべき各人を公平に扱うべきであるとするものである（高見，1993）。

首藤（2012）は，「幼児主体の遊びから発生するトラブルには人の福祉や権利や公正さといった道徳的な要素が含まれている。」と述べているように，遊びには公正にかかわる問題がつねにかかわっている。これについて『幼稚園における道徳性の芽生えを培うための事例集』（文部科学省，2001）では，「遊びの中で公正さを学ぶ」という項目が設けられていると同時に，「不公正」や「不公平」，「ずる」という問題を通してルールや公正さを学ぶことが述べられている。

岡本（2005）は公正の原理について，「人々が公平に扱われ，平等であることをもって，正義とみなす原理」と述べるように，ルールの逸脱は「公正」，「公平」，「平等」，「正義」の問題が関連している。そして，幼児期の遊

びの特徴的な点として，ゲーム的なものに惹かれるようになると述べている。そしてゲームに惹かれ始めると「ルール」というものの存在を知り，時を同じくして，「ずるい」ということばを覚え，使用するようになることを指摘する。このことは，ルールを守ることは公正，公平なことであり，それが守られない場合に生じる「ずる」もまた，対の関係にあることが示唆される。この「ずるい」に対して玉置（2006）は公平性概念の観点から論じており，遊びや生活の中で生じる公平さの気付きとして，子どもたちはフェアでないものに対して「ずっこい（ずるい）」という言葉を使用することを指摘している。

　以上から，規範意識の形成には，「公正」「公平」，それと相反する「不公正」「不公平」「ずる」という概念が関係していると考えられるため，本研究で使用する用語として定義づけることとする。

　広辞苑第六版（新村編，2008）によると，「公正」とは「公平で邪曲のないこと，明白で正しいこと」，とされる。したがって，「公正」とは明確に正しいことが存在する場合であり，それに反する場合「不公正」ということになる。そして「公平」とは，「かたよらず，えこひいきのないこと」とされる。したがって「公平」とはもともと存在する何らかのものを偏りのないように分けることであり，それに反する場合が「不公平」ということになる。他方，「ずる」とは「横着（押しが強く遠慮のないこと，ずうずうしいこと）・狡猾（わるがしこいこと・こすいこと）」「しなければならないことを巧みになまけたり自分の利益を得たりするために，うまく立ち回る性質である」とされる。このように辞典では，「遠慮のない」「ずうずうしい」とされるように，強引であること，自分の利益を優先した行動であることが示されている。また，「狡猾」「悪賢い」など，ある種の知恵の使い方ともとれる意味あいをもちながら，周囲に快く思われない行為であることが示されている。

　そして「ずる」については，先行研究のなかで「ずるさ」（宮寺，1973）と示されている場合や，「ずるい」（玉置，2005），「インチキ行動」（加用ら，

1981）と呼ばれる場合があるが，同様の事象を表していることから本稿においては引用文を除き，「ずる」と統一して表記することとする。幼児の「ずる」に関する先行研究では，宮寺（1973）が「ずる」について「自己の安逸を求めて，常に自己中心的に振舞い，その結果他人に対する迷惑を二の次にしか考慮しないことをいう。人間的に正当な感覚もそれが満足される際のさまざまな事情（特に対人関係）が考慮されない時，利己心として現われる」と述べている。

　宮寺（1973）の述べることからは自己中心的な行為，他人への迷惑や人間関係が考慮されない行為であることが窺える。

　ゲーム遊びにおける「ずる」について触れている先行研究では，ルールの"逸脱"や"インチキ行動"について論じた加用ら（1981）の研究がある。

　加用ら（1981）は，現象的に表れるルール違反が「ずる」なのではなく，ルールと子どもの目的意識が合っており，意図的に行われる違反行為の中に「ずる」に該当するものがあると論じている。しかし，「ずる」は必ずしもルール違反とは言い切れないものがある。例えば，鬼にタッチされそうになる直前に，「休憩する」と言って鬼に捕まらないようにするようなこともあるが，この場合鬼ごっこを成立させるルールには直接触れていない。たとえそれが鬼になることを回避するために言っていることが明らかにわかる場合であっても，「捕まる直前に休憩をしてはいけない」というルールが共通に認識されていない場合には"休憩"という名目のもとに鬼になることを回避することができるからである。このようなケースは厳密にはルール違反とはいえないが，上記の「ずる」の特徴に該当すると考えられる。

　以上をまとめ，本研究における「ずる」とは，ルールを理解していることを前提としながら，①自己欲求の達成を強引に優先させる行為②他者の立場や欲求を考慮しない行為③受け手が迷惑を被ったり，不快に感じる行為，の3要素を満たしている行為を「ずる」として捉えることとする。

引用文献

平凡社哲学事典編集部編（1968）「哲学事典」平凡社

福富護，依田新編（1977）「新・教育心理学事典」金子書房

古畑和孝，編（2002）「社会心理学小辞典」有斐閣

井上達夫（1998）「哲学・思想事典」岩波書店

岩立京子（2008）幼稚園教育 規範意識の芽生えを培う，初等教育資料，837，東洋館出版社，90-96．

柏まり・田中亨胤（2003）教師と幼児との関係構築過程における園生活の，きまり，修得，規範，概念にかかわる先行研究の整理を通して，幼年児童教育研究，15，9-16．

加用文男・岩淵尚美・林みずき・鈴木淳子・小田昭（1981）幼児のルールあそびにおける違反・逸脱・インチキ，心理科学，4(2)，19-28．

宮寺晃夫（1973）子どもの，ずるさ，の道徳指導について，保育論叢，8，33-43．

宮島喬（1984）「現代社会学辞典」有信堂高文社

無藤隆（2011）「保育の学校」第2巻5領域編 kindle 版 フレーベル館，517-987．

文部科学省（2001）「幼稚園における道徳性の芽生えを培うための事例集」

森宏一編（2000）「哲学辞典」青木書店

日本教育社会学会編（1986）「新教育社会学辞典」東洋館出版社

新村出編（2008）「広辞苑 第六版」岩波書店

二宮克己（1999）「心理学辞典」有斐閣

岡上直子（2011）遊びや生活の中ではぐくまれる規範意識と幼稚園の役割（特集 幼児教育の充実），日本教育，406，18-21．

奥川美穂（1996）日常生活における幼児の規範意識，立命館教育科学研究，7，17-26．

大坪嘉昭（2002）「現代学校教育大事典」ぎょうせい

大坪嘉昭，日本教育社会学会編（1973）「教育社会学辞典」東洋館出版社

六本佳平，森岡清美編（1993）「新社会学辞典」有斐閣

首藤敏元（2012）幼児教育 規範意識の芽生えを培う指導，初等教育資料，892，東洋館出版社，86-89．

首藤敏元（2013）「最新心理学事典」平凡社

園原太郎・柿崎祐一・本吉良治監修（1971）「心理学辞典」ミネルヴァ書房

高見保則（1993）自己と道徳性—道徳教育の視座，大阪工業大学紀要，人文社会篇，38(1)，19-37．

玉置哲淳・山本健司（2006）幼児は，ずるい，をどうとらえているか―交代・順番・仲間入り・独占を通しての公平概念を探る―，エデュケア，27，15-23.

Turiel, E（1983）*The Development of Social Knowledge*, Cambridge University Press.

上杉賢士（2011）「"ルールの教育"を問い直す　子どもの規範意識をどう育てるか」金子書房

第2章 幼児の規範意識の形成に関する先行研究の分析と本研究の位置づけ

　本章では幼児の規範意識に関連する先行研究の分析を行い，その中で幼児の規範意識とはどのような視点で捉えられてきたのか，今後幼児の規範意識を捉える上でどのような視点の研究が必要であるのかを検討することから，本研究の位置づけ及び特徴を明らかにする。

　幼児の規範意識に関する研究の内容は幅広い。それに伴い，研究の目的によっても多様な観察の視点や分析方法がとられている。

　そこで本研究では，第1節子ども及び子ども同士に焦点化した研究，第2節子どもと保育者に焦点化した研究，第3節保育者や教育方針に焦点化した研究，と研究対象別に内容を分類し，研究内容の整理を行った。

第1節 子ども及び子ども同士に焦点化した研究

　初めに，子どもを対象とした研究ではどのような内容の研究が行われてきたのかについて明らかにする。整理の観点は1．認知発達研究，2．子ども同士の規範共有の2点である。

1．認知発達研究

　認知発達研究において，子どもの規範意識の発達についてはまず「道徳性の発達」として心理学の領域より研究が進められてきた。その先駆的研究を行ったPiaget（1932）は子どものゲーム遊び（マーブルゲーム）の観察から道徳性の発達を体系づけ，道徳性の発達は規則に対する認識であると論じた。Piagetは道徳性には2つの型があるとし，一つはルールが一方的に尊敬している大人から派生し，変更できないと考える「他律的な道徳」，もう一つ

は，ルールは相互の同意によって変えることができると考える「自律的な道徳」であるとした。そして，道徳性の発達とは「他律的道徳性」から，「自律的道徳性」へ移行する過程であると論じた。Piagetの道徳性発達理論はルールに対する意識と，善悪の判断を規定する要因から発達を検討するものであり，道徳性・規範意識を認知の側面から捉えるその後の研究に重要な示唆を与えた。

　その後，Kohlberg（1969）はPiagetの研究に大きく依拠しながらも更に詳細に発達の過程を示し，道徳性の発達を3水準6段階（Ⅰ前慣習的水準，Ⅱ慣習的水準，Ⅲ脱慣習的・自律的道徳水準，の3水準を更に6段階に区分）に表わした。

　Kohlbergの提唱した3水準6段階の発達理論は，構成された規範意識が道徳的葛藤場面でどのように働き，善悪の判断と行動へ導くのかを明らかにするものであった。Kohlbergは，Piaget同様，構成論に基づいた道徳性発達理論を展開しているが，哲学的思想を基礎とし，心理学的根拠を融合させた道徳教育のありかたを提唱した点で，その後の研究の発展を促す重要な知見を示すものとなった。Kohlbergは道徳的認知的葛藤が道徳性の発達を促す要因であると考え，道徳的ジレンマの例話を用いた討議型の授業が有効であると提案した（Blatt & Kohlberg 1975）。構成論に基づく道徳教育の方法論を明確に示したことはその後の道徳教育に大きな影響を与えており，我が国の小学校以上の道徳教育の授業にも広く浸透し，その有効性が示されている（荒木 1988）。Kohlbergの検証は10歳以上の子どもを研究対象としており，幼児期は研究対象となっていない。しかし，Kohlbergが後に重視した，正義的共同体（just community）による道徳的雰囲気（moral atmosphere）や集団の公正さの構造やありかた（just structure）といった潜在的側面へのアプローチは幼児期の教育にも応用され，その具体的な保育実践の方法がDeVries & Zan（1994）によって提案されている。Kohlbergの理論の流れを汲むその後の研究の中には，幼児期も含めた発達研究が多くなされている

(Damon, 1975 ; Selman, 1976, ; Turiel, 1983 ; DeVries & Zan, 1994)。そのなかでも，その後の規範意識に関する研究にとりわけ影響を与えたのが Turiel である。

　Turiel（1983）は，Kohlberg の示す水準間の移行が慣習と道徳が分化していく過程であることに着目し，社会的規範には3つの領域が存在するという「領域特殊理論（domain specific theory）」を提唱した。その3領域は，一つは正義や公正の概念を土台とした「道徳」領域，二つ目は社会的相互作用を円滑にし，社会的秩序の維持を目的とした「社会的慣習」領域，三つ目は自己概念や他者概念に基づいて構成され，自己内での問題となる「個人」の領域である。そして，それらはもともと質的に異なる領域概念であり，それぞれ異なった発達過程を経ることを指摘した。このことは，領域によって発達を促す要因も異なり，「社会的慣習」には「社会的慣習概念」の，「道徳」には「道徳概念」の発達を促す指導法が必要になることを示唆している。そして，Turiel は領域を分類する基準を5つ示している。各領域を特徴づける基準を表2-1にまとめた。

　領域特殊理論に関する研究は Turiel をはじめ Nucci や Smetana の研究を中心に発展し，社会的規範の内容がどの領域概念として獲得されているのか，何を基準に善悪を判断しているのか，領域概念の発達に関する研究が行われてきた。そして，Nucci & Turiel（1978）は，10園のプレスクールにおける幼児の観察研究から，社会的規範の逸脱行為を観測している。そして社会的規範の逸脱行為に対して周囲からの反応があった246事例を挙げ，行為に対する反応を示した相手とその割合について示している（表2-2）。

　結果は，「道徳」領域の規範（以下「道徳的規範」）に関する逸脱は社会的慣習の規範（以下「社会的慣習規範」）の逸脱と比較して，子どもからの情緒的反応や報復を伴うことが多く，更に子ども・大人の双方から生じている場合も多いことが示されている。一方，社会的慣習規範に関する逸脱はその大部分が大人からの反応であることが明らかにされている。このことは，道徳的規範に関する逸脱行為は低年齢のうちからの許容できない行為として認識さ

表2-1 領域特殊理論の各領域を特徴づける基準

		道徳	社会的慣習	個人
知識の基盤		正義や福祉，権利といった価値概念	社会システムに関する概念	個人概念
領域を分ける基準	①規則随伴性 （rule contingency）	規則の有無にかかわらず悪い	規則が存在するときだけ悪い	—
	②権威依存性 （authority urisdiction）	権威のある存在（教師や大人）の有無や考え方に左右されず悪い	権威のある存在（教師や大人）が悪いとすることを悪いとする	—
	③一般化可能性 （generalizability）	普遍的に適用される	特定の集団のみに適用される	—
	④規則可変性 （rule changeability）	規則を変えることはできない	集団の合意があれば規則を変えることができる	—
	⑤文脈性(状況依存性) （contextualism）	どのような理由があっても悪い	状況や理由によって許容される	—
領域を分類する 理由づけカテゴリー		他者の福祉，公平・不公平，絶対的行為，義務感，権利	期待，規則，社会秩序，常識，慣習からの逸脱，無礼行為	自分自身の問題

（首藤敏元，日本道徳性心理学研究会編第6章領域特殊理論『道徳性心理学』北大路書房 p.135をもとに筆者が作成）

表2-2 社会的規範の逸脱行為に対する反応者とその割合

	子ども	大人	両方
道徳 （n=114）	46%	38%	16%
社会的慣習 （n=132）	3%	92%	5%

れやすく，社会的慣習規範は子どもにとって重要性が実感されにくい内容であるのかを示唆している。

そして，Smetana（1981）は，①規則随伴性（rule contingency），③一般化可能性（generalizability）に「重大性（seriousness）（その行為がどの程度悪い

か）」を加えた基準から領域の獲得の発達を明らかにしようとした。結果，アメリカ合衆国の子どもたちは4歳頃から重大性（seriousness）と規則随伴性（rule contingency）の基準から「社会的慣習規範」と「道徳的規範」の概念的区別を行っており，「道徳的規範」の逸脱は「社会的慣習規範」の逸脱よりも悪く，規則の有無に関わらない判断を示すことを明らかにした。そして，6歳頃にはそれらを明確に区別するようになることを示した（Nucci, 1981）。

こうした概念区別の発達について日本の子どもを対象にした研究がある（吉岡，1985；首藤・岡島，1986；首藤，1999；首藤・二宮，2003；鈴木・森川，2006；森川，2007）。我が国の領域特殊理論に基づく子どもの規範意識の発達研究は，6歳児（小学校就学）以上を対象にしたものが多いが，僅かながら幼児期を対象に含む研究も見られる（首藤・岡島，1986）。以下にこれまで明らかにされている点についてまとめたい。

首藤・岡島（1986）の研究は，日本の幼児も，アメリカ合衆国の幼児と同様に，「社会的慣習規範」と「道徳的規範」の概念的区別が存在することを明らかにしている。しかし，日本の幼児はアメリカ合衆国の幼児のように明確な判断基準をもっておらず，小学校3年生頃より2つの領域を明確に区別し始めることを示した。この結果について首藤・岡島（1986）はアメリカ合衆国と日本のしつけの在りかたの相違をその要因に指摘している。すなわち，アメリカ合衆国の教師は慣習の違反に対し，"〜しなさい"とルールを明示的に述べるのに対し，道徳的規範の違反に対しては直接介入することが少なく他児の気持ちを考えさせる理由づけを用いることが多い（Nucci & Turiel, 1978）。それに対し，日本の母親は道徳的規範の逸脱に対し，「〜しないと悲しいわ」等，そうしない場合の結果を述べ，感情に訴える傾向にある（柏木，1983）ということを要因の一つに指摘している。つまり，逸脱行為に対する善悪の価値提示の在り方が日本の場合には特質的なものがあり，そのことが道徳的規範と社会的慣習規範の領域を明確に捉える時期の違いに影響してい

ることが考えられる。

　領域概念の発達を明らかにする研究ではないが，越中（2005），越中ら（2007）は道徳的規範の逸脱行為に該当する「攻撃行動」に焦点化し，報復や回避等，理由のある攻撃行動に対する許容の判断を検討している。その結果，4歳未満の幼児は全ての攻撃行動に対して悪いと判断する傾向があるのに対し，4歳以上の幼児は報復的攻撃に理解を示す幼児も見られることを明らかにしている。以上の結果は，幼児期でも年齢が上がるにしたがって，善悪の判断を決定する際の視点が広がり，道徳的規範の逸脱行為に対してもその行為に至る状況や文脈を考慮するようになることを意味している。このような文脈性（状況依存性）による判断に焦点化した研究は，森川・鈴木（2006），森川（2007）がある。そして，日本人は欧米人よりも対人関係を優先した判断をすることなどから「状況依存性（文脈性）」（理由があれば逸脱しても仕方ない）の側面から領域概念の発達を検討している。その結果，道徳的規範の逸脱に対しては，6〜7歳は理由があってもいけないと答える割合が高いのに対し，10歳から11歳ごろに，他者の福祉や自己防衛を理由にした場合，逸脱への許容が高まることを示した。

　森川・鈴木（2006），森川（2007）の研究では，最も低い対象年齢が6歳であり，6歳児は理由があっても道徳的規範の逸脱は許されないと考えることから，更に低年齢の3歳から5歳児は文脈や状況による逸脱の許容はしない可能性が高い。

　しかし，越中（2005），越中ら（2007）の調査では，4歳児でも状況による道徳的規範の逸脱行為を許容する結果が示されている。この理由を考察すると，森川が「人の嫌がることをいう」という心理的攻撃内容を扱っているのに対し，越中は「叩く」（身体的攻撃）と「遊んであげない」（関係性攻撃）といった内容を扱っていること，さらに森川・鈴木（2006），森川（2007）は集合調査法（質問が一斉の場で提示され，それに対し被験者が記入用紙に回答を記入する）による調査であるのに対し，越中（2005），越中ら（2007）は個別の面

接方式での調査であること，更に，攻撃の内容が具体的なことや，攻撃に至る経緯が紙芝居を用いて詳細に提示されていることなども要因として考えられる。すなわち，同じ道徳領域に分類される規範内容でも，その内容の違いや提示のありかたによって理解可能となる範囲が異なり，幼児期にも状況依存的な判断をする可能性もあることが示唆される。また，共感性と関係性攻撃の関連について調査した畠山ら（2012）の研究によると，関係性攻撃は年長のほうが年中よりも多く行っていたことが示されている。そして，「関係性攻撃を多く行う幼児は行わない幼児と比較し，同等か，学年によってはそれ以上に自分が攻撃を用いた場合に相手が悲しむだろうと認知（感情認知）していることを明らかにしている。このことは，「相手の気持ちがわかる」ことと「人の嫌がることをしない」ことは別の問題であることを示している。

以上から，次の点が課題に挙げられる。1点目は，現在，「叩く（身体的攻撃）」や「遊んであげない（関係性攻撃）」といった道徳的規範の逸脱行為を幼児は状況によって許容する可能性が示されている。一方，「人の嫌がることを言う」といった心理的攻撃行動に対する検討は幼児期を対象にしたものでは殆ど見られていない。関係性攻撃も心理的攻撃行動と類似する側面を有することが考えられ，調査方法によって，幼児期でも文脈や状況を含めた判断をする可能性がある。

2点目は，越中（2005），越中ら（2007）の調査では理由のある攻撃行動に対する許容について検討しており，意地悪をしようとして「叩く」という身体的攻撃の内容から分析している。しかし，幼児期においても年齢が上がるにつれて社会化，言語能力の発達，自己調整能力の発達が促されることから意地悪のために「叩く」といった攻撃は減少する問題のようにも思われる。また，攻撃行動（身体的・関係性）の要因は「ものの貸し借り」場面からも検討されている。小原ら（2008）の調査では，年齢が上がるにつれてものを巡るトラブルは減少し，遊びや生活のルールに関するいざこざが増加することを明らかにしている。したがって，教育の場に反映させることを目的とした

知見を得るためには，特に，年中児や年長児を想定した場合，調査内容を保育実践で生じている身近な問題から設定し，検討する必要がある。

3点目は，このように子どもの発達を善悪の判断から検討する研究は，基本的な子どもの認識を捉える点で重要なものであるが，それらが実際の人間関係の中でどのように表出されるのかについて検討するためには，仮想の場面に対する質問の回答と共に，実際の行動と照合するような研究も必要となるだろう。

2．子ども同士のかかわりからみる道徳性及び規範意識の発達

子ども同士のかかわりから道徳性及び規範意識の発達について検討した研究では，遊びの仲間入り場面における規範の機能（青井，1995）や，協同的な遊びの展開からの分析（鈴木ら，2004），個と集団の規範の共有過程について（利根川，2013）の研究がある。

青井（1995）は，保育者の提示する「みんな仲良く遊ぶ」という規範が遊び集団をどのように調節しているのかについて，年長児の「遊びへの仲間入り」の場面から検討している。結果，幼稚園では年齢が上がるにしたがい遊びの明確化，組織化が生じ，遊びの流れを維持したいという欲求が芽生え，遊びへの途中参加を許容しない場合も多くなることを指摘する。しかしそれは「みんな仲良く遊ぶ」という規範からの逸脱となるため，別の規範を用いて断る理由にする場合や，「応答しない」等の暗黙の拒否行動をすること，表面的には受容するが，実際には仲間に入りできているとはいえない参加の仕方を強いるなど，規範が幼児の遊びの中で複雑な機能を果たしていることを明らかにしている。青井（1995）の研究からは，規範の機能的側面から子どもの規範意識の様相が浮き彫りにされるが，規範の機能を中心に分析されている内容であることや，「仲間入り」といった場面はあくまでも子どもが遊びの一員となる為の通過点に過ぎない（箕輪，2007）ことから，仲間入りの受容の問題だけではなく，仲間関係や遊び展開のプロセスを含め，さらに

遊びの内容そのものにかかわるルールへの意識から規範意識の様相を捉える必要があるように思われる。

　鈴木ら（2004）は，協同的な遊び（「お店屋さんごっこ」「シャボン玉遊び」「ままごと」「ドッヂボール」「駒回し」「カルタ」）の観察から子どもの道徳性や規範意識の形成へと影響すると考える「子ども同士の感情的繋がり」について検討している。その結果，幼児同士の感情的つながりが構築されていく条件に（役割を見出す，自己成長の実感，帰属意識）が関与していることが明らかになったと述べている。以上の研究は，集団における幼児同士の相互作用から道徳性や規範意識の様相を論じた研究であり，集団レベルでの分析となっている。そのため，どのようなやりとりが個々の幼児の意識の変容を促したのかについては明らかにされていない。個々の幼児の変化を分析することを通して幼児の規範意識の発達について論じている研究（利根川，2013）では，自己調整能力の発達過程と仲間関係やクラス集団の進展との関連について特定の女児（4歳児）の1年間の変容から分析している。その結果，自己調節機能の発達には，クラスのメンバーとしての「かかわりの歴史」が積み重ねられ，クラス内で起こる問題とその解決過程で集団内に「クラス規範の創造と共有」が積み重ねられたことが影響していることを示している。利根川（2013）の研究は自己調整の観点から4歳児の規範意識の発達の様相を明らかにしているが，4歳児の特定の女児を対象としたものであることから，幼児期の規範意識の全体像を見る為には男児の場合や年長児の例など，他の例も検討する必要があるだろう。

第2節　子どもと保育者に焦点化した研究

　次に，子どもと保育者双方を対象とした規範研究ではどのような内容の研究が行われてきたのかについて明らかにする。整理の観点は3．保育者が示す規範と子どもの規範意識，4.指導方法・教育内容の2点である。

3．保育者が示す規範と子どもの規範意識

保育者が示す規範と子どもの規範意識について論じた研究では，a）保育方法の比較による道徳性発達を検討した研究（大倉，1989；松永ら，2012），b）保育者の示す規範が子どもに浸透する過程を検討した研究（結城，1994；松永ら，2013）がある。

a）保育方法の比較による道徳性発達の検討

大倉（1989）は，4-5歳児クラス（自由な活動が多く，協同的に遊ぶ保育を中心）と5-6歳児クラス（賞罰を用いる権威的・指示型の保育中心）のクラスの幼児を対象に，道徳性の発達をインタビュー調査から測定している。その結果は，年齢が低いクラスであるが協同的な保育をする保育者のクラスの幼児の方が賞罰を用いる権威的・指示型の保育を中心とする5-6歳児クラスの幼児よりも道徳性発達の得点が高かった。このことは，自発的・協同的な保育が道徳性の発達を促すことを裏付け，また賞罰を用いる保育によって道徳性は育ちにくいとする理論の裏付けとなるものであろう。また，松永ら（2012）は，幼稚園教育要領に示される「規範意識の芽生え」とは何か，そのための指導・援助はどのようなものが求められるのか，改訂から5年以上年経過した現在も十分な議論がなされていないことを指摘されているが（松永ら，2012；利根川，2013）身体的同調による保育を行う保育者Ａと，指示的な言葉による保育を行う保育者Ｂ，の2クラス（三歳児）の保育実践比較から「規範意識の芽生え」を育む保育者の役割を検討している。結果は，保育者と子ども間の視線共有や身体的同調を重視している保育者Ａのクラスでは，①保育者と子どもに親密性が形成された②子ども同士，あるいは子どもと園の環境の間に親密性が広がり子どもたちが自発的にお互いを肯定的に受け入れあう様子が見られた，という変化を挙げ，指示的な言葉による保育よりも，身体的同調による応答関係の成立が子どもの「規範意識の芽生え」「内的秩

序感覚」の形成を促していることを指摘する。

上記の研究は，保育者と子どもに交わされるやりとりが道徳性や規範意識にどのような影響を及ぼしているのかを検討するものであり，保育者の指示性・主導性を否定し，子どもの主体性を促すような言葉かけや，かかわりの重要性を強調している。

このことはKohlbergの理論の流れを汲み，構成論に基づく保育実践方法を提唱しているDeVries & Zan（1994）も同様の指摘をしており，協同的・相互尊重に基づいた人間関係の重要性を述べている。しかし，DeVries & Zan（2002）は構成論に基づく保育が時に誤解される傾向があることも指摘しており，公正や思いやりに関する民主主義を原理とする保育の在り方は，不必要な強制を最小限にすることを述べているのであり，教師の強制を伴う指導を全て不必要であると否定するものではないことを述べている。

上記の研究による「協同的な保育」を行っている保育者も子どもに対する指示は確認されている。つまり，「協同的な保育」とは，基本的なかかわり方の姿勢を示しているのであり，教師の明確な指導が必要な場面も存在するのである。しかし，どのような場面では教師の明確な指導が必要であり，どのような場面では子どもの主体性や自由意思を尊重していくのか，どのような実態の子どもには明確な指導をし，どのような子どもには見守ったり任せたりするのかは示されていない。この点については現在明確な指導モデルはないように思われ，多くの場合，保育者の経験則や個々の保育者の保育観に委ねられているように思われる。

b）保育者の示す規範が子どもに浸透する過程を検討した研究

結城（1994）は幼稚園での観察研究から幼児が日常的に教師から集団の一員として処遇を受けることで，何が逸脱行為で何が逸脱行為でないのかを集団的に捉えていくことを明らかにしている。たとえば，集団規範から逸脱する行為に対して，教師がその行為をラベリングをすること（望ましい行為を

「大きい組さんみたい」と褒め，望ましくない行為には「おまめさん＜小さい子＞みたい」という事など）を通じ，逸脱行為が可視化されていくと述べている。このようなラベル化が集団内で共有されるようになり，①同じ所属集団メンバーと自分との相互関係を読みとること②自分の所属集団と他の集団との相互関係を読みとることによってその場で要求される規範内容を学習していくことを指摘する。

　松永ら（2013）は，「非言語的応答関係」に注目し，1年間に亘る保育者Aの保育実践観察から3歳児の規範意識の芽生えと集団の規範意識の生成過程における保育者の役割について検討している。その結果，子ども集団に「身体的同調」が積み重ねられ，それを保育者が広める役割を果たしていたこと，子ども集団の行動を規定する「ノリ」が生じ，それを保育者が肯定的に受け止めたことで子どもたちがお互いを肯定的に受け止めあう「居場所」が生成されていることを明らかにした。そして，「居場所」が生成されることにより，集団意識と内的秩序が形成されてゆくことを論じている。規範意識の研究については4歳児以上を研究対象とする場合が多かったが，松永ら（2013）の研究によって，「規範意識の芽生え」の様相とそこにかかわる保育者の役割が示されている点で新たな知見となっている。

　以上の研究から，保育者が示す規範は，集団生活の中でラベル化され，それが時間の経過と共に浸透し，可視化されていくことによって共有されることが示された。また，「規範意識の芽生え」とは，「まだ規範意識と断定できるものではないが，その後の規範意識の形成にかかわる育ちの要素」を示している（無藤，2011）が，松永ら（2013）の研究により，3歳児における規範意識の芽生えは身体的同調と，子どもの居場所生成が重要であることが示された。

　以上のように，集団の中で獲得されていく，あるいは構成していく幼児の規範意識については，保育者の指導の在り方を含めて分析されてきた。そして，保育者と子どもの関係性がどの様にあるべきかについて，クラス比較分

析などによって明らかにされた。しかし，実際には協同的・相互尊重に基づく保育展開を目指されるものの，それを受け入れられない幼児も存在するのが現実ではないだろうか。たとえば，言葉遣いや振る舞いが際立って乱暴，相手の嫌がることをする，集団での活動を過度に嫌がるなど，集団に適応しにくい性格的・行動的特徴があり，周囲と協同的な活動をすることが困難な場合などである。そしてこのような幼児は発達に遅滞がある場合ばかりではなく，集団への抵抗感や，子どもの気質，生育環境など様々な要因が複雑に絡み合っている場合がある。このような場合，クラス集団としての指導だけではなく，個別のかかわりが必要となるだろう。

また，道徳性の発達を促すとされる協同的・相互尊重に基づく保育はその理論に従った保育をすれば，その場から展開していく訳ではなく，そのようなクラス運営に至るまでの過程もあるように思われる。その際，先行研究で「協同的・相互尊重に基づく保育」として論じられる，いわゆる理想とする保育に結びつかないことも多分にあるのではないだろうか。

したがって，クラス集団レベルで子どもと保育者の理想的な関係性のあり方を問うだけではなく，規範意識の形成に課題を感じた，あるいは保育者が規範形成に対するかかわりに困難を感じた個々の子どものケースを分析し，その変化等について分析する必要があるのではないだろうか。そして，協同的・相互尊重に基づく保育へと結びつけていくための保育について検討する必要もあるのではないだろうか。

4．保育の指導方法・教育内容

幼児の道徳性及び規範意識の形成を促す保育の指導方法・教育内容に関する研究では，道徳性の芽生えを培う保育内容は，意図的なものと無意図的なものがあると言われる（大倉，2000；大倉，2001a；大倉 2001b）。大倉（2001b）は「意図的なものとは，カリキュラムとして計画された活動などが代表的であるが，無意図的なものとは，周囲との人間関係を通して形成される道徳的

雰囲気である」と述べている。この点については橋本（2002）も，社会・道徳的雰囲気は"潜在カリキュラム"として存在し，保育者が意図するしないにかかわらず道徳的な価値観，人との関わり，ルールについて子どもたちに教訓として伝わっていくことをDeVries & Zan（1994）の研究結果をもとに論じている。

　一方，意図的なものとはカリキュラムに組み込まれる活動内容であり，主に次のような内容を挙げている。①ごっこなどの遊び②ゲーム遊び（ゲームは，鬼ごっこやかくれんぼに始まり，缶けり，陣地取りなど）③わらべうた④おはなし（絵本，童話，昔話など）⑤動植物の飼育栽培⑥日常生活（片づけ，基本的生活習慣，当番など）などである。その中で特にルールのあるゲーム遊びについては，競争・協力が含まれること，公正な判断を必要とすること，ルールを変更したり，新たに作ったりして工夫して遊ぶために協力が必要となることなどから，道徳性や規範意識の成長を促す要素が多く含まれることを指摘する。

　また，鈴木ら（2010）はルールのある遊びからいざこざが生じることは必然的であり，協同的な遊びから生じるいざこざを通して秩序感覚や規範意識が養われると述べている。

　幼児期の発達を構成主義理論に基づく発達理論から示したPiaget（1932）やVygotsky（1989）らによって，協同的な遊びや活動は子どもが進んで自己調整する機会を与え，道徳性及び規範意識の発達を促すことが論じられている。また，PiagetやVygotskyの理論は我が国の幼稚園教育要領（主に領域「人間関係」）や学習指導要領にも大きく影響していると思われ，現行の幼稚園教育要領においても道徳性や規範意識の形成を促すゲーム遊びや協同製作，協同活動が推奨されている。

　しかし，ごっこ遊びやゲーム遊びの実際に表れる子どもの姿をどのように解釈するのかについて，自主性と指導性にかかわる問題が発生する場合も多く，その指導の難しさが指摘されている。たとえば片山（1955）は実践の中

で戦いごっこ等暴力的行為が含まれるような遊びは，トラブルが発生したり，危険が伴う場合もあり，保育者が一方的に制止したり，保育者が主導的に他の遊びに転換させようとする場面も存在する事実を挙げている。一方，子どもにとってのごっこ遊びの意義を考慮すれば，重大な危険が想定されない限り，保育者が主導的にかかわるよりも体験を通した自律的な気づきを尊重する必要もある。ごっこ遊びのトラブルによって，相手の心情を考慮する必要性や力加減等を自から考える機会が生じることが考えられるからである。

この両義性から，保育者としてのかかわりの在り方について「自律的な道徳性を育む」ことと「保育者の指導」がどのように行われることが相応しいのか，その判断が容易ではないことが指摘されているのである。

また，子ども同士のいざこざについて論じた先行研究では，いざこざが幼児の道徳性や規範意識の形成を促す契機になることが論じられている（Shanz, 1987；河邊，2001；無藤，2001；仙田，2002；鈴木ら，2010）。

そして，子ども同士のけんか，いざこざへの対処については「表面的な解決を促さず，子ども同士の納得（折り合い）を促すかかわり」が基本的指導であるとされるが，実際には双方の納得がいかず，折り合いをつけることもできず，「ものわかれ」によっていざこざが終結することも多いことが明らかにされている（Kinoshitaら，1993）。

さらに，椋木（2011）は保育現場や保育者によって対応に違いがあったり，どう解決すべきかベテラン保育者でも悩む実態があることを挙げ，教育実践の特質上，個々のいざこざの状況が多岐にわたるために，対応もケースバイケースにならざるを得ないが，何歳の子どもには何が善いこと，悪いことだと理解できているのか，理解できていないとすればどのように指導すべきなのか，といった議論が保育現場に十分浸透していないことを指摘している。椋木（2011）の指摘は片山（1955）の指摘とも共通しており，60年が経過した現在も同様の問題を抱え続けていることが示唆される。

第3節　保育者や教育方針に焦点化した研究

　最後に，保育者を対象とした研究ではどのような内容の研究が行われてきたのかについて明らかにする。整理の観点は５．保育者の保育観６．保育・教育理念の２点ある。

5．保育者の保育観

　幼児の道徳性及び規範意識の形成に対する保育者の保育観については，社会的規範の逸脱行為に対する保育者の働きかけについて（首藤ら，2002），学級経営観と学級規範に関わる子どもの捉え方の関係について（中川ら，2011），保育者の道徳指導観の特徴（越中ら，2011）の研究がある。

　首藤ら（2002）は，幼稚園教諭を対象に質問紙調査を実施し，社会的規範の逸脱場面に対する指導の度合いと，評定の理由を自由記述で回答を求めている。

　その結果，保育者の働きかけは基本的には優しく働きかけるという意識が高いものの，他者に不快な思いをさせたり，他者を身体的に傷つける場面，自分の体を傷つける恐れのある場面では厳しいかかわりも辞さないことを明らかにしている。このことは，教師は場面の性質に応じてかかわり方を変えていることを意味しており，特に対人的な問題では相手の尊厳にかかわる内容の規範を重視していることを示している。

　また，中川ら（2011）は，学級経営観と学級規範に関わる子どもの捉え方との関係を質問紙調査によって検討している。

　その結果，保育者は利他的・向社会的な行動を通して規範意識の育ちを把握する傾向が強いことを示している。このことは，越中（2011）の研究でも同様の指摘をしており，保育者は小学校教諭と比較し，思いやりや気持ちに寄り添うことを重視する傾向にあることを明らかにしている。

以上の研究から，保育者は幼児の規範意識を利他的・向社会的な行動から捉えており，他者の尊厳にかかわる規範を重視する傾向性が示されている。しかし，保育者が子どもに対するかかわりを規定する際には，規範の内容によって対応が変化するだけではなく，年齢や子どもの理解力，その行為に及ぶ経緯など複数の要因を考慮してなされることが推測される。また，個々の保育者の保育観は園の教育方針，保育経験といった保育者内の要因によっても異なってくることが考えられる。したがって，規範内容だけではなく，保育者が子どものどのような側面を指導の観点としているのか，保育者内の要因も含めた研究が今後必要となるだろう。

6．保育・教育理念

　幼児の規範意識の形成について保育・教育理念から検討した研究では，a）幼稚園教育要領等の指針分析から論じる研究（三宅，2001；北川，2012；椋木，2011），b）道徳教育及び規範指導の在り方を提案する研究（吉田，1952；小林，1958；宮寺，1973；平野，2002），c）幼児教育の特質との関連から課題について論じた研究（増田，2007；大倉，1994；平山，2003；赤堀，2006；柏・田中，2003）がある。

a）幼稚園教育要領等の指針分析

　幼稚園教育要領等の指針から幼児の道徳性及び規範意識の捉え方や内容について論じる研究では，三宅（2001）が，これまでの『幼稚園教育要領』に示される道徳性の取扱いについて分析し，3つの期（①1964-，②1990-，③1999-）に分けられると述べている。それぞれの期における道徳性の特徴として，①道徳性の捉え方は集団的な生活の規範といった社会規範的なものから個人的集団的な生活の規範といった内面的な道徳的態度へと変わったこと②教師が是認や否定を通して教える類のものから相互作用によって自ら積極的に身につけていくものへと変遷したこと③それまで「仲良く遊びながら」

などポジティブな体験を通じての考え方が葛藤やつまずきなどネガティブな体験を通じておこなうということに方向変換したことを述べている。

　北川（2012）は保育所保育指針と幼稚園教育要領の分析から幼児期の道徳性の捉え方として①人を尊重する心②自主自立の態度③自然や動植物に親しむ心④協調性の4点にまとめられる，と述べ，一方でそれに対する具体的な道徳指導の在り方が検討されていないことを指摘する。

　椋木（2011）は，『幼稚園における道徳性の芽生えを培うための事例集』（文部科学省 2001）に示される幼児の道徳性の発達の特徴及び保育者の指導の留意点について次の3点にまとめている。①幼児期は他律の段階と言われるが，自律的な側面もある②幼児は遊びを通して，他者の気持ちを想像したり理解したりできるようになり，共感や思いやり行動ができるようになる③保育者は児童期以降の道徳性の発達を見通し，その基礎となる道徳性（道徳性の芽生え）を培うことようにする，といった内容である。

　そして「道徳性の芽生え」を捉えられる観点として，「よいこと悪いことに気付き，考えながら行動すること」，「思いやりをもつこと」，「きまりの大切さに気付き，守ろうとすること」という人間関係に関わる内容が，示されている，と述べる。しかし，この3つの内容は幼児期に限られたことではなく，児童期以降でも発達課題となりうるため，幼児期と児童期以降との違いをどのように捉えるか，幼児期の発達的特徴は何か，その3つの内容に示されている力が幼児期にどのように形成されているのか，明確に示す必要があると論じている。

　以上のように，『幼稚園教育要領』や，『幼稚園における道徳性の芽生えを培うための事例集』（文部科学省，2001）等の分析では，育つことが望まれる内容や，育っていく過程を重視するべきであることが示されているものの，保育者の具体的な指導については明確な記述がなく，十分に議論されていないことが共通の課題として挙げられている。

　保育は個々の幼児の発達や状況を勘案して指導がなされるものであること

から，幼稚園教育要領等に示される内容は汎用性の高い，抽象的な記述にならざるを得ないことが考えられる。しかし，何歳の子どもには何が善いこと，悪いことだと理解できているのか，理解できていないとすればどのように指導すべきなのか，といった議論が保育現場に十分浸透していないとすれば，保育現場で生じている規範的問題を想定した指導モデルを仮定し，議論を発展させていくことも必要なのではないだろうか。

b）道徳教育及び規範指導の在り方を提案する研究

三宅（2001）が『幼稚園教育要領』に示される道徳性の取扱いの時代の変化について3つの期（①1964-，②1990-，③1999-）に分けられることを指摘したように，道徳教育や規範指導の方向性は時代によって変化している。そのことは先行研究の内容からもその変容が見て取れる。たとえば，1950年代の研究では，道徳性の発達の学習的側面を強調した研究が多く，幼児期の道徳教育及び規範指導に関しては躾の観点を中心に論じている（小林，1958；吉田，1952）。それは，子どもが初めて触れる規範は，養育者による躾であり，躾を通して伝達された「善悪」の概念が，やがて道徳性の基盤となると考えられているからであろう。

吉田（1952）はその具体的な教育の場や育つ要素について言及しており，幼児の集団において最も身近で理解しやすい道徳概念が「公平」であると述べている。「公平というような考え方は幼児にとっても，最も理解し易い人間関係であり，かつ，社会的に考えても極めて重要な態度である。この態度は，特に多数のものが集まっている幼稚園において，最もよく躾ることができる性質のものである。遊具を使うのにかわり番に使うとか，ものを分けるときに平等に分けるとかいうことである。このことを常に意識して，公平なこと平等なことがよいことで，それに反することが悪いことであるという生活を行わせると，それがかなり早い機会に，人間関係の正しい洞察に移行する。こういったことが幼児の道徳教育なのである。」としている。また，こ

のような公平・平等にかかわる教育の重要性については宮寺（1973）も指摘していることである。宮寺（1973）は「子どものずるさ」の構造と保育者の指導法について論じ，"ずるさ"は子どもが悪いと知りつつ悪くないことのように振る舞うところに問題があるとして，その体験を子どもの道徳指導のきっかけにすることも充分考えられてよいと述べている。そして，具体的な指導としては①予防的指導，②事象を見守り，その起こりを理解しようとすること，の2点を挙げている。

上記の研究はいずれも40年以上前に発表されたものであるが，公平や平等にかかわる内容はその後，構成論から道徳教育の在り方について論じたKohlberg（1971）やDeVries & Zan（1994）の研究においても道徳教育の中心的概念となるものとして扱われており，近年の幼児の実態にも当てはめて考えられるように思われる。たとえば，いざこざの内容を調査した近年の研究でも，3歳児では物の独占による取り合いが多いが，年齢が上がるにつれて遊びや生活のルールにかかわる内容が増加することが明らかにされている（小原ら，2008）。このような対立は具体的な物の所有にかかわる内容から人間関係における権利や平等にかかわる公正・公平の問題がかかわっている。また，岡本（2005）は幼児期の発達の特徴にはゲーム遊びに惹かれ始めることを指摘し，それと同時期に「ルール」の存在や「ズルイ」という概念に気付くと述べている。そして，幼児のゲーム遊びの中で「ズルイ」は最大の悪として扱われ，相手への攻撃や自らの主張に使用するようになること，そしてこのことが子どもの発達に大きな契機をもたらすことを述べる。幼児は「不平等」や「不公平」という言葉よりもまず，「ずるい」という言葉を用いて，その意思を表明しはじめることが指摘されるように，このような公平や平等にかかわる感覚への気付きはこの時期に獲得される社会規範の基礎であることが考えられる。

以上から，道徳教育及び規範指導の在り方を提案する研究を概観することによって2点の事が明らかになった。一つは，幼児期において公平や平等の

意識に基づく道徳教育の重要性が年代に関わらず指摘されてきたこと，二つ目は近年，幼児に対する道徳教育及び規範指導を「躾」との関連から論じる研究は殆ど見られず，道徳や規範を「教育」や「指導」に焦点化した研究も殆ど見られないということである。

　一点目については，今後公平や平等の意識の発達を促す教育を検討していくことが規範意識の形成を促す教育の具体化へと繋がることが考えられる。二点目は，道徳性や規範意識の発達を促す教育については，大人が子どもに価値を示唆し，基礎を養えるようにするという捉え方から，子どもを主体的な存在とし，自ら道徳性や規範意識を形成していく存在として捉える教育観の変化による影響が考えられる。このことについて平野（2002）は，「主体性重視」という言葉は様々な教育観を生み出し，また子どもへ伝達すべき「善さ（しつけ）」の内容と方法をもち得なくなったことを指摘している。教育観の方向転換は道徳性及び規範意識の形成を促す教育の在り方にも当然ながら大きく影響を与えており，特に価値の伝達を含んだ道徳・規範の伝達は幼児の主体性と教育をどのように捉えるのかによってもその在り方が大きく異なることが考えられる。

c）幼児教育の特質との関連から課題について論じた研究

　増田（2007）は，1989年の新教育要領改訂によって主体性を重視した自由保育的理念が強調されて以来，従来の集団主義的な一斉保育から子どもの自己決定を尊重し，個性化・多様化を重視する路線へと転換し，しつけや生活習慣の訓練機能が退化したことを指摘している。大倉（1994）はこの自由保育的理念が標榜されて以来生じている保育現場の混乱について述べており，「子どもの主体性を重視し，環境を通しての教育・保育，また，遊びを通して教育・保育する，といった幼稚園教育要領や保育所保育指針に述べられている指針の意味・内容は十分理解されず，保育者の指導性が無視され，保育者の権威は喪失し，乳幼児のしたいほうだい勝手気ままな行動を容認し，教

育・保育しているとは言い難く，かえって乳幼児をスポイルし混乱を招いている状況が見られる。」と指摘する。このような指摘は本吉（1993），平山（2003），赤堀（2006）も述べており，本来思想を示す言葉であった"自由保育"が表面的な活動形態としての理解に留まり，任せることと放任の違いが明確な定義なしに保育者の曖昧な解釈の中で実践されていること，保育者が価値を伝達する役割を失ったことで教育が偶発性に委ねられていることが危惧されている（本吉，1993：平山，2003）。

また，このような教育の方針転換は，教師と幼児の関係性も変容させ，必要な教師の威厳も喪失させ，道徳性の発達を促す教育実践にも影響していることが指摘されている（大倉1994）。

さらに小倉（2013）は，このような自由保育的理念の推進における「主体性」の重視と，社会文化的な慣習・規範・秩序との関係をどのように捉えていくのかについてその溝を明確にできていない点，その溝によって生じる葛藤的問題は保育者個人の責任に帰着させる結果を招くゆえに，自由保育的理念に忠実であろうとすればするほどに保育者は自らのアイデンティティーが脅かされることを指摘する。

一方，柏・田中（2003）は幼稚園教育は，「教師主導」か「幼児主体」か，といった教師スタンスにより，「教師と幼児」との関係性の構築に影響を与えていると述べ，「ややもすれば支配者となって権力を行使する危険性を多分に内包している」と指摘する。そして，外的権威によりかかった過度の集団圧力とならないように，子どもたちにきまりを教える場合なぜそのきまりを守ることが必要なのかを説明し，少しずつでも納得させ相互作用の中で一人ひとりの幼児に浸透させる必要である。」と論じている。

柏・田中（2003）が述べることは，幼児期の規範意識の芽生えに関する解説でも強調され，①幼児期に規範を身につけることが目的なのではなく，規範に向かう心情や態度をはぐくむことが規範意識の芽生えを培うということ②きまりを守った後の気持ちよさや，守れなかったときの心地悪さを感じる

体験から，なぜ規範が必要なのか，規範を守るとどういうことが起きるのかなどを実体験から学べるようにすること③保育者のかかわりは信頼関係を基盤とした安心感がもてるようにすること④自らきまりの必要性に気付く経験ができるよう，教師の有する規範を強調しすぎることのないように配慮すること（岩立，2008：首藤，2012）が繰り返し述べられてきた。

しかし，幼児の生活の中で生じる規範の内容は多岐にわたり，必要性に気付くのを待つことができる内容もあれば，見守ることが不可能な場合もある。たとえば，片づけをしない，順番を守ることができない，といった規範であれば，その必要性に気付く契機を待ち，見守るといったかかわりが子どもによってはできるかもしれない。しかし，危険が伴う場合や，相手の尊厳を傷つけるような言動が見られる場合，保育者の対応の緊急性が高いことが考えられる。

つまり保育者は規範の内容によって，また子どもの発達や状況によって主体的気付きを待つ場合もあれば積極的な指導を行う場合もあるだろう。この点についてどのような場合にはどのようなかかわりや指導が考えられるのか，更なる研究が求められるのではないだろうか。

大倉（1994）は自律的な道徳性の形成についての考察で，次のことを述べている。我が国の保育理念には，「乳幼児の主体性を重視し，環境を通しての教育・保育，また，遊びを通して教育・保育すること」が幼稚園教育要領，保育所保育指針に明記され，乳幼児を保育者主導で「指導する」のではなく，乳幼児の活動や行動を「援助する」というかかわりを中心に，乳幼児の発達を保障していくことを奨励している。これは，保育者が乳幼児の集団をあるいは個人を，強制的に目標達成に向かって引き上げるといった権力的な関係ではなく，個々のかかわりによる応答的関係を重視しているからである。しかし，このような応答関係は乳幼児と保育者が対等な立場にあることではないことを，岡田（2006）の教育論を引用しながら述べている。あくまでも，人生経験の豊かな年長者である保育者が優勢な立場にあり，未熟・未発達の

部分を多分にもつ,保護養育されなければ生命の危機にも瀕する乳幼児の方が劣勢の立場にあることは自明のことであるからである。

以上のことから,保育者のかかわり方と,そのかかわりを支える「保育者」と「子ども」の関係性については,密接なものでありながら,分けて捉えていく必要があると考えられ,そのかかわりによって生じる教育の作用について異なるものであることが考えられる。

この点について,「自律的な判断力を身につけ,自律性を獲得していく」ことを教育の中心的課題と位置付ける岡田(2006)の「教育的かかわり」の理論に依拠しながら,考察していきたいと考える。

第4節　小括

本章では,幼児の規範意識の形成に関連する先行研究が,どのような視点で幼児の「規範意識」を捉えてきたのかを検討した。先行研究の整理の観点は「子ども及び子ども同士」,「子どもと保育者」,「保育者と教育方針」,として,研究対象別に分類した。本節では第2章全体のまとめと,今後の研究において必要となる観点について考察する。第2章の中で捉えた先行研究の全体像を図2-1に示す。

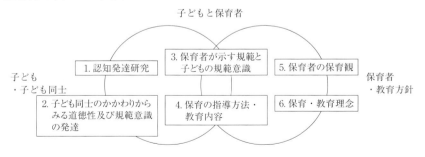

図2-1　先行研究の全体像
※図は第2章1～6と対応している

まず,「子ども及び子ども同士」に焦点化した研究では,1.認知発達研究,2.子ども同士のかかわりからみる道徳性及び規範意識の発達に分類される研究があった。認知発達研究に類する研究は研究数が最も多く,幼児期では3,4歳頃から既に善悪の判断を規定する規範意識が見られることが多くの研究から明らかにされている。

しかし,実際の保育の中で生じる規範的問題が十分に取り上げられてきたとはいえない。また,研究方法が,仮想場面の質問に対する返答から規範意識の発達を検討する手法が中心となるため,基本的な子どもの認識を捉える際には有効であるが,それらが実際の人間関係の中でどのように表出されるのかについては異なった手法の研究と併せて検討する必要があるだろう。

また,子ども同士のかかわりからみる道徳性及び規範意識の発達に関する研究では,協同的な活動や遊びの展開を集団の相互作用全体から分析することで,道徳性や規範意識,集団遊びにおける規範の機能などが検討された。

しかし,個々の幼児に焦点化した研究は少なく,一人一人の幼児の規範意識の発達過程や成長を促した要因については明らかにされていない。また,個々の幼児の継続観察から規範意識の変化を捉えた研究も僅かにみられるものの,研究数が少なく,年齢や性別が限定されている現状にある。ミクロな視点から発達過程を追跡する研究の蓄積が必要となるだろう。

次に「子どもと保育者」に焦点化した研究では,3.保育者が示す規範と子どもの規範意識に関する研究,4.保育の指導方法・教育内容に関する研究があった。

保育者が示す規範と子どもの規範意識に関する研究では,保育実践の比較や継続観察を通して規範意識の形成を促す保育者の役割,在り方が検討されている。そして,保育者の指示的な働きかけよりも協同的・相互尊重に基づく保育が子どもの道徳性や規範意識の形成を促すことが示された。

また,具体的な保育の指導方法や教育内容に関する研究では,ゲームを中心とした規則性のある遊びや協同遊び(活動)が取り上げられ,日常生活の

中では当番活動や片付け，動植物の飼育栽培といった責任を伴う活動が取り上げられている。その中で，保育者に望まれる役割や，子どもと保育者の関係性のあり方が示されている。

　しかし，実際の保育は様々な人間関係の中で展開してゆく性質のものであり，クラス集団に参加する子どもの状態も日々一定ではない。また，協同的・相互尊重に基づく保育が可能となるまでにはその前提となる育ちが必要であると考える。したがって，クラス集団レベルで保育者と子どもの関係性がどのようにあるべきなのかを問うだけではなく，保育者が規範形成に対するかかわりに困難を感じた個々の子どものケースを分析し，その変化や指導法について検討する必要がある。

　「保育者や教育方針」に焦点化した研究では，5．保育者の保育観，6．保育・教育理念に関する研究があった。保育者の保育観に関する研究からは，保育者は幼児の規範意識を利他的・向社会的な行動から捉える傾向にあること，特に他者の尊厳にかかわる規範を重大なものと捉える傾向性が示された。しかし，子どもが規範逸脱行為を行った場合に保育者がどのようにかかわるのかについては，規範の内容によってその対応が変化するだけではなく，年齢や子どもの理解力，その行為に及ぶ経緯，さらに個々の保育者の園の教育方針や園文化，保育者自身の経験といった保育者内の要因など複数の要因から考慮してなされることが推測される。そのため，保育者が子どものどのような側面を指導の観点としているのか保育者内の要因も含めた研究が今後必要となるだろう。

　保育・教育理念に関する研究からは，『幼稚園教育要領』や『幼稚園における道徳性の芽生えを培うための事例集』（文部科学省，2001）などの教育指針から検討する内容や，道徳教育・規範指導の在り方の提案，幼児教育の特質との関連から課題を論じる研究が見られた。

　教育指針からの分析では，その表記の抽象性が高いことから具体的な指導のあり方が見えにくいことが指摘されていた。このことは，教育指針に示さ

れる方向と子どもの実態を結び付けて保育実践に反映させていくことの難しさがその根底に存在するように思われる。したがって，保育現場で生じやすい規範にかかわる問題や，規範指導が困難なケースはどのような実態があるのかを明らかにし，その指導の在り方について議論する必要性があるだろう。

道徳教育・規範指導の在り方の提案に関する研究では，文部科学省が示す教育指針の変化に伴い，論文で提案される指導観の変化が見られた。戦後の教育改革の中で教師の指導性が強調されてきた時代には「躾」を基礎とした道徳教育・規範指導のありかたが論じられてきたが，近年では「躾」という概念は道徳教育や規範指導はもとより，幼児教育全体で用いられることが少なくなった。現在では構成論に基づく教育の在り方について Piaget や DeVries などの理論から論じる研究や，実践からその指導法について論じる研究は見られるものの，道徳教育・規範指導について理論的考察から論じる研究が殆ど見られないことが特徴として挙げられる。また，保育者と幼児の関係性も変容してきていることが指摘され，必要な場面においても幼児に指導しない，明確な価値提示をしないといった「主体性」を尊重すること何でも容認することとの誤解が生じ，保育現場が混乱しているといった指摘である。

では，保育現場における「主体性」と「指導性」の問題は価値伝達をも含む道徳性・規範意識の形成を促す教育の観点から見た場合，どのように理解され，実践されうるのだろうか。今後この点について，保育者の保育観や実践の実態とともに明らかにしていく必要があるだろう。

大倉（1994）は，幼稚園教育要領，保育所保育指針に明記されている指導・援助の理解について，次のように述べている。

幼稚園教育要領，保育所保育指針では，乳幼児を保育者主導で「指導する」のではなく，乳幼児の活動や行動を「援助する」というかかわりを中心に，乳幼児の発達を保障していくことを奨励している。これは，保育者が乳幼児の集団をあるいは個人を，強制的に目標達成に向かって引き上げると

いった権力的な関係ではなく，個々のかかわりによる応答的関係を重視しているからである。しかし，このような応答関係は乳幼児と保育者が対等な立場にあることではないことを，岡田（2006）の教育論を引用しながら述べている。あくまでも，人生経験の豊かな年長者である保育者が優勢な立場にあり，未熟・未発達の部分を多分にもつ，保護養育されなければ生命の危機にも瀕する乳幼児の方が劣勢の立場にあることは自明のことであるからである。

　以上のように，保育者のかかわり方の形態と「保育者」と「子ども」の関係性については，密接なものではあるが，異なる類のものであることを理解していく必要があるのではないだろうか。そして，保育者の指導及び援助は，「かかわり方」と，そこに生じる「教育的な作用」について考慮し，意図的・選択的に行われる必要があるのではないだろうか。

　次章では「自律的な判断力を身につけ，自律性を獲得していく」ことを教育の中心的課題と位置付ける岡田（2006）の，「教育的かかわり」の理論から幼児の主体性と保育者の指導性の問題について考察していきたいと考える。

引用文献

赤堀方哉（2006）「幼稚園教育要領」における「道徳性の芽生え」に関する一考察 梅光学院大学・女子短期大学部論集，39，21-29.

青井倫子（1995）仲間入り場面における幼児の集団調節「みんないっしょに仲よく遊ぶ」という規範のもとで，子ども社会研究，1，14-26.

荒木紀幸（1991）第Ⅳ章　道徳性の発達と学校教育「新・児童心理学講座第9巻道徳性と規範意識の発達」141-174.

Blatt, M. M. & Kohlberg, L.（1975）The Effects of classroom moral discussion upon Children's Level of Moral Judgment, *Journal of Moral Education* Volume4, Issue2, 129-161.

Damon, W.（1975）Early Conceptions of Positive Justice as Related to the Development of Logical Operations *Child Development* **Vol.46**, No.2, 301-312.

DeVries, R. & Zan, B.（1994）*Moral Classrooms, Moral Children : Creating a Constructivist Atmosphere in Early Education.* Teachers College Press.

DeVries, R. & Zan, B. (2002) 橋本祐子, 加藤泰彦, 玉置哲淳監訳「子どもたちとつくりだす道徳的なクラス：構成論による保育実践」大学教育出版.
越中康治 (2005) 仮想場面における挑発, 報復, 制裁としての攻撃に対する幼児の道徳的判断, 教育心理学研究, 53(4), 479-490.
越中康治・新見直子・淡野将太・淡野将太・松田由希子・前田健一 (2007) 攻撃行動に対する幼児の善悪判断に及ぼす動機と目的の影響　広島大学大学院教育学研究科紀要, 第三部教育人間科学関連領域, 56, 319-323.
越中康治・小津草太郎・白石敏行 (2011) 保育士及び幼稚園教諭と小学校教諭の道徳指導観に関する予備的検討, 宮城教育大学紀要, 46, 203-211.
越中康治・白石敏行 (2009) 幼児教育学生の道徳発達観に関する予備的検討　道徳指導観に及ぼす幼稚園教育実習経験の影響, 教育実践総合センター研究紀要, 28, 1-8.
古畑和孝 (編) (1994)「社会心理学小辞典」有斐閣
橋本祐子 (2002) 構成論に基づく保育プログラムにおける道徳教育の実践―理論的背景と新たな展開―, エデュケア, 22, 21-30.
畠山美穂・畠山寛 (2012) 関係性攻撃幼児の共感性と道徳的判断, 社会的情報処理過程の発達研究, 発達心理学研究, 23(1), 1-11.
平野良明 (2002) 幼児期から青年期に至る道徳教育の課題, (特集　道徳教育の現状と課題) 世界平和研究, 28(4), 2-12.
平山許江 (2003) 保育の現状に関する社会規範からの検討：「自由保育」と「環境の構成」の概念ついて, 日本保育学会大会発表論文集, 56, 534-535.
岩立京子 (2008) 幼稚園教育　規範意識の芽生えを培う, 初等教育資料, 837, 東洋館出版社, 90-96.
柏まり・田中亨胤 (2003) 教師と幼児との関係構築過程における園生活の「きまり」修得「規範」概念にかかわる先行研究の整理を通して, 幼年児童教育研究, 15, 9-16.
柏木恵子 (1983)「子どもの"自己"の発達」東京大学出版会
片山久代 (1955) 幼児時代の道徳教育の難しさ, 教育時報, 15, 17-19.
河邉貴子 (2001) 幼稚園教育　人間関係の広がりと道徳性, 初等教育資料, 738, 東洋館出版社, 78-84.
Kinoshita, Y. & Saito, K. & Mastunaga, A. (1993) Developmental changes in antecedents and outcomes of peer conflict among preschool children A longitudinal study. *Japanese psychological* Research, 35, 57-69.

北川剛司（2012）幼児の道徳性を育む保育方法に関する一考察，高田短期大学紀要，**30**，77-83.

小林操（1958）幼稚園の道徳教育について「幼児の教育」**57**(1)，40-41.

Kohlberg, L. (1969) Stages and Sequences：The Cognitive-Developmental Approach to Socialization. In D. Goslin (Ed.) *Handbook of Socialization Theory and Research*, Rand McNally, Chicago, 347-480.

松永愛子・大岩みちの・岸本美紀・山田悠莉（2012） 3歳児の規範意識の生成過程における保育者の役割：身体的同調を生成する環境構成，岡崎女子大学・岡崎女子短期大学研究紀要，**45**，99-116.

松永愛子・大岩みちの・岸本美紀・山田悠莉（2013） 3歳児の子ども集団の「規範意識の芽生え」における保育者の役割―非言語的応答関係による「居場所」生成―，保育学研究，**51**(2)，75-86.

増田榮（2007）幼児期の道徳的心性の形成と教師の役割に関する研究ノート：『幼稚園教育要領解説』および倉橋惣三の保育論を手がかりにして，福岡女学院大学紀要，人間関係学部編，**8**，107-114.

箕輪潤子（2007）幼児の共同遊びに関するレビュー：形態と展開に注目して，東京大学大学院教育学研究科紀要，**46**，269-277.

三宅茂夫（2001）幼児期の道徳性の芽生えを培う教育に関する基礎研究―「心の育ち」をめぐる幼稚園児の保護者・教師の意識，教育学研究紀要，**47**(1)，463-468.

宮寺晃夫（1973）道徳教育における「教え」の役割，保育論叢，**7**，41-48.

森川敦子（2007）子どもの「社会的慣習」概念の発達に関する研究―「状況依存性」に着目して，広島大学大学院教育学研究科紀要，第一部学習開発関連領域，**56**，49-58.

森川敦子・鈴木由美子（2006）子どもの「社会的慣習」と「道徳」との概念区別における「状況依存性」の発達的検討，広島大学大学院教育学研究科紀要，第一部 学習開発関連領域，**55**，53-59.

本吉圓子（1993）「ここがちがう放任保育と任せる保育」萌文書林

文部科学省(2001)「幼稚園における道徳性の芽生えを培うための事例集」ひかりのくに

椋木香子（2011）幼児教育施設での道徳性育成の方法に関する一考察，宮崎学園短期大学紀要，**4**，103-109.

無藤隆（2001）幼稚園教育 幼児期に道徳性を育てる，初等教育資料，**737**，東洋館出版社，82-88.

無藤隆（2011）「保育の学校」第2巻5領域編 kindle版フレーベル館，517-987.

中川智之・西山修・高橋敏之（2011）保育者と小学校教諭における学級経営観，子どもの捉え方，及び規範意識の育ちに関する認知の関係，（第2部自由研究論文）学校教育研究，26，112-124.

新村出（編）（2008）「広辞苑 第六版」岩波書店

二宮克己（1991）第Ⅵ章 規範意識の発達および非行・問題行動と道徳性との関係「新・児童心理学講座 第9巻 道徳性と規範意識の発達」205-242

Nucci, L & Turiel, E（1978）Social Interactions and the Development of Social Concepts in Preschool Children, *Child Development* **Vol.49, No.2**, 400-407.

Nucci, L（1981）Conceptions of Personal Issues：A Domain Distinct from Moral or Societal Concept *Child Development* **Vol.52, No.1**, 114-121.

小原敏郎・入江礼子・白石敏行・友定啓子（2008）子ども同士のトラブルに保育者はどうかかわっているか－保育者の経験年数・トラブルが生じる状況による分析を中心に，乳幼児教育学研究，**17**，93-103.

尾田幸雄（2007）子どもの人間形成と規範意識の確立，（特集 規範意識をはぐくむ学校教育）初等教育資料，**822**，東洋館出版社，2-7.

小倉定枝（2013）保育における「主体性」言説に関する考察—1989年後を中心に—，千葉経済大学短期大学部研究紀要，**9**，13-23.

岡田敬司（2006）「かかわりの教育学 教育役割くずし試論 増補版」ミネルヴァ書房

岡本夏木（2005）「幼児期―子どもは世界をどうつかむか―」岩波新書

岡上直子（2011）遊びや生活の中ではぐくまれる規範意識と幼稚園の役割，（特集 幼児教育の充実）日本教育，**406**，18-21.

大倉三代子（1989）道徳的な自律性の発達：保育方法による相違，日本保育学会大会研究論文集，**42**，488-489.

大倉三代子（1994）幼児の自律的な道徳性の発達 -3- 権威との関係，聖和大学論集**22**，135-144

大倉三代子（1999）幼児の道徳性の発達と父性，日本保育学会大会研究論文集，**52**，482-483.

大倉三代子（2000）自律的な道徳性の発達と保育―幼稚園教育要領・保育所保育指針にみる，聖和大学論集，教育学系，**28**，19-29.

大倉三代子（2001a）自律的な道徳性の発達と保育：保育実践の分析，日本保育学会大会研究論文集，**54**，494-495.

大倉三代子（2001b）道徳性の発達と保育―保育実践の分析と評価，関西教育学会紀要，**25**，104-108.

Piaget, J.（1932）*The moral judgment of the child*, New York：Free Press.
Selman, R.（1976）*Social-cognitive understanding*. In Lickona, T.（Ed）Moral Development and Behavior, New York：Holt.
仙田晃（2002）幼稚園教育 道徳性の芽生えを培う教育の充実，初等教育資料，**757**，東洋館出版社，86-92.
Shantz, C. U.（1987）.Conflicts between Children. *Child Development*, 58, 283-305.
Smetana, J. G.（1981）Preschool Children's Conceptions of Moral and Social Rules *Child Development* **Vol.52**, No.4, 1333-1336.
鈴木由美子・中尾香子・永瀬美帆・藤橋智子（2010）子ども同士のいざこざを解決するための指導方法のあり方，学校教育実践学研究，**16**，145-155.
鈴木由美子・米神博之・松本信吾・臺瑞穂・中尾香子（2004）幼児の道徳性の発達に与える「かかわり」の影響についての研究─集団遊びによる幼児の変容を中心に，広島大学学部・附属学校共同研究紀要，**33**，397-404.
首藤敏元，日本道徳性心理学研究会編著（1992）第6章領域特殊理論，「道徳性心理学」北大路書房，p135
首藤敏元（1999）児童の社会道徳的判断の発達，埼玉大学紀要，教育学部教育科学，**48**（1-1），75-88.
首藤敏元（2012）幼児教育 規範意識の芽生えを培う指導，初等教育資料，**892**，東洋館出版社，86-89.
首藤敏元・二宮克美（2002）幼児の社会道徳的逸脱に対する教師の働きかけ方，埼玉大学紀要，教育学部教育科学，**51**(2)，17-23.
首藤敏元・二宮克美（2003）「子どもの道徳的自律の発達」風間書房
首藤敏元・岡島京子（1986）子どもの社会的ルール概念，筑波大学心理学研究，**8**，87-98.
利根川彰博（2013）幼稚園4歳児クラスにおける自己調整能力の発達過程：担任としての1年間のエピソード記録からの検討，（第1部自由論文）保育学研究，**51**(1)，61-72.
Turiel, E（1983）*The Development of Social Knowledge*, Cambridge University Press.
上杉賢士（2011）「"ルールの教育"を問い直す 子どもの規範意識をどう育てるか」金子書房
Vygotsky, L, S.（1989）神谷栄治（訳）「ごっこ遊びの世界─虚構場面の創造と乳幼児の発達」法政出版

山岸明子（1999）道徳性の芽生えを培う（特集 教育課程の基準の改訂），初等教育資料，**701**，東洋館出版社，82-85.

山岸明子（2000）第1章理論編「新しい幼稚園教育要領と実践事例集道徳性の芽生え：幼児期からの心の教育」チャイルド本社

吉岡昌紀（1985）道徳と対立する社会的慣習の是認に関する実験的研究：Turielらによる規範の二分法の再検討，日本教育心理学会総会発表論文集，**27**，106-107.

吉田昇（1952）幼児の躾と道徳教育，幼児の教育，**51**(11)，14-18.

結城恵（1994）社会化とラベリングの原初形態：幼稚園における集団カテゴリーの機能，教育社会学研究，**55**(0)，91-106.

第3章　道徳的規範意識の形成を促す教育の可能性

　教育は，規範的価値への気づきを子どもに促すものであり，そこに教育者の教育的かかわりは不可欠である。同時に，子どもを学びの主体と捉え，「主体性」を尊重することは保育の基調となることである。道徳性や規範意識の形成に際してもこの主体性を促すことは中心的課題とされる。しかし，そこで対極の関係にならざるを得ない場合も多い「主体性」と「指導性」の問題は，基本的な善悪の枠組みや規範意識が形成されていく時期である幼児期の教育においてどのように教育実践されうるのだろうか。この課題に対応するため，「自律的な判断力を身につけ，自律性を獲得していく」ことを教育の中心的課題と位置付ける岡田（2006）の示す「教育的かかわりの四類型」を保育者の実践を捉える際に依拠する視点として援用したいと考えた。

第1節　自律的な道徳的規範意識の形成を促すかかわり
　　　　　―「かかわりの教育学」からの検討―

　教育学（pedagogy）はもともと語源的に「子どもの指導」を意味し，当面する教育的課題の解決を直接の目的として，教育する立場にあるものの教育的関心と思慮を理論化し体系化したものである。したがって教育学は，本質的に「実践的」であり，「教育者中心的」で，「規範的，当為的」な性格をもっている（和田，1994）。一方，子どもは「本質的に大人に依存した，まだ頼りない存在」であると同時に，すでに「自分の意志を持った独自な人格的存在」（和田，1994）でもある。したがって，自分自身が自分に対して命令者でありうる人間の育成（道徳的主体性を持つ人間）は道徳教育の中心的課題といえる（村井，1990）。

幼児期の道徳性の芽生えを培う教育・規範意識の形成を促す教育の在り方については，戦後の教育改革の中で教師の指導性が強調されてきた時代には「躾」を基礎とした道徳教育・規範指導のありかたが論じられてきた。しかし，1989年の新教育要領改訂頃に自由保育的理念が標榜されて以来，従来の集団主義的な一斉保育から子どもの自己決定を尊重し，個性化・多様化を重視する路線へと転換し，しつけや生活習慣の訓練機能が退化したことが指摘されている（増田，2007）。

そして，「躾」という概念は道徳教育や規範指導はもとより，幼児教育全体で用いられることが少なくなり，近年では構成論に基づく道徳教育の在り方について Piaget や DeVries などの理論から幼児の自律性・主体性を重視する保育の重要性や方法論を中心に論じる研究が多い。それに伴い，道徳教育・規範指導といった価値伝達に関する教育の在り方について理論的考察から論じる研究が殆ど見られないことも前章で明らかとなった。さらに，必要な場面においても幼児に指導しない，明確な価値提示をしないといった「主体性」の誤解が生じ，"自由保育"が表面的に理解され，教育が偶発性に委ねられていることが指摘されている（本吉，1993，平山，2003）。

現在理想的な保育展開として示されることが多い，構成論に基づく「相互尊重的・協同的保育」であるが，相互尊重や協同性が育まれる要因には，道徳的ジレンマ（認知的葛藤体験）が重要な意味をもっていることが示されている（DeVries & Zan, 1994；橋本，2001）。しかしそれが常に展開できるとは限らず，またそのような保育展開が可能となるにはそこに至る多様な経緯が存在するように思われる。それにもかかわらず，その実践へと結びつけていくための方法論は提示されないまま，「相互尊重的・協同的保育」の重要性のみが語られている現状にある。

このことについて岡田（2006）は Piaget の道徳性発達理論について，「この本を読むとその明瞭な論旨に感心させられると同時に，一つの疑問につき当たる。"はて，幼児や児童は口先だけにしろ，こんなに柔順なおりこうさ

第3章　道徳的規範意識の形成を促す教育の可能性

んだったのかな？""何度も何度も命令したり，叱ったりしてやっと少しだけききわけができるようになるだけじゃなかったかな？"という素朴な疑問がそれである。つまり，Piagetのこの二段階説には，親や大人が四苦八苦している無拘束な前道徳的段階をいかに脱するのかという緊急ともいえる問題が抜け落ちているのである」と述べている。

　オランダの教育学者であるLangeveld（1972）は，「教育者が自分の仕事を何ら強制すべきでないもの，つまり植物を生長させる時のように自然なままにしておくことだと考えるとしたら，それは教育と教育者の危険な浪漫主義化だというべきである。もし教育がそういうものだとすれば，それは呼吸することと同じくらい自然なことであろう。それなら教育についてことさら論ずる必要はない。しかし実際には教育はわれわれの引き受けねばならず，また目ざさねばならない課題であり使命なのである。」（p352）と述べている。

　そして，「教育」と同じく「文化」や「社会」というカテゴリーはすべて価値的なカテゴリーであり，なかでも文化と教育はほとんど同じである。つまり，文化を人間のかたちに変えるのが教育である（Langeveld, 1976）と述べる。

　さらに，Langeveldは人間が最初は子どもとして生まれ，子どもが教育によって徐々に成長すること，その場合の教育の基本は大人と子どもの人格的相互的な関係であって，特に子どもが大人と大人の文化に由来する規範に積極的に対面し協調していく過程として理解されなければならないと考えていた。同時に教育の無意図不随意的なものを理想化する立場にも批判的であった。そうした立場は，結局，教育者の責任ある行為よりも教育者には統制不能な諸勢力の影響に教育課程を引き渡してしまうおそれがあるからである。

　これは教育という営みが文化的な存在としての人間にとって不可欠であり，それは存在を「受容」し，「主体性」を重視したかかわりのみに終始するものではないことを意味している。

　一方で，「もともと道徳教育と言うのは，先生や親の命令のまま，あるい

は社会の規則のままに，あたかもロボットのように行動する人間を作り出すことを目的とするわけではない。先生や親の命令を理解し，社会の所規則の意味を知り，その上で，いわば自分自身に命令を下して行動する人間をこそ目的としているのである。こういう種類の人間－自分自身が自分に対して命令者でありうる人間－を私たちは道徳的主体性を持つ人間と呼ぶのであるが，その意味で，道徳教育においては，常にこの道徳的主体性の育成が中心の課題となってくるのである。」（村井，1990）といわれる。藤田（1985）もまた，「道徳教育は，一面では，おとなによる価値伝達の過程である。（中略）そして道徳教育の目標は，現代における人類の歴史的達成をうけて，人間（人権）尊重を基礎に，道徳的諸価値についての内面的自覚を促すこととしてとらえられるのである。しかし，道徳教育は，他面では，子どもによる価値の再発見・再創造の過程として組織される必要がある。それは，道徳的諸価値が真に子どもの身についたものとして獲得されること，また子どもの自主性にもとづくその価値獲得の過程に，社会の発展を担う主体の成長を期待するからである。そしてそこからは，道徳教育の目標が，自主的な価値選択の能力を育てることとしてとらえられ，その目標にふさわしい指導のあり方が，自発性，感受性と知的統制の能力という道徳性の要因の把握にもとづいて求められるのである。」と述べている。このように，規範意識の形成や道徳性の形成を促す教育を考える際，大人からの価値伝達的側面によって子どもに規範的価値の自覚化を図ることと，周囲の規範を主体的に捉え，自律的な態度をとる事ができる存在の育成を目指すことは双方向から考え続けることが求められている。

　自主性・主体性重視の保育が標榜される近年の保育通念は，保育者に教育的意図を実現することと，子どもの意思や主体性を尊重することの間で葛藤を生じさせる要因となっている（山本，2012）。

　また，もう一つの問題には，主体性―指導性への認識の変化が教師と幼児の関係性も変容させつつあることも指摘され，必要な教師の威厳も喪失した

関係性をも生み出すことになっていることが指摘される（大倉，1994）。岡田（2006）もまた，「子供の目の高さに立つ教師，子供の友達のような親，といったかかわり方は何だったのか。民主的なポーズをとることで自己満足を得るだけのものだったのか。（中略）教育者の「役割」あるいは「任務」の視点からは，大人と子供，教育者と被教育者を対等視することは間違いである」（p5）と述べる。

　以上の問題をまとめると，次の問題点について検討する必要がある。

　①規範意識の形成を促す教育は，規範的価値への気づきを子どもに促すものであり，教育者の教育的かかわりは不可欠である。同時に，子どもを学びの主体と捉え，「主体性」を尊重することは保育の基調となることであり，道徳性や規範意識の形成に際しても中心的課題とされる。このように「主体性の育成」と「教師の指導性」の問題は，基本的な善悪の枠組みや規範意識が形成されていく時期である幼児期の教育においてどのように教育実践されうるのであろうか。

　②「教師主導」か「幼児主体」か，といった教師スタンスにより，「教師と幼児」との関係性の構築に影響を与え，教師の権力による外的圧力によって幼児を「支配」する関係性に陥りかねないことが指摘される（柏・田中，2003）。一方で，「保育者の権威は喪失し，乳幼児のしたいほうだい勝手気ままな行動を容認し，教育・保育しているとは言い難い状況が起きている」（大倉 1994）との指摘もある。このような「主体的な保育者―従順な子ども」「主体的な子ども―追従する保育者」という二項関係の両極をゆれながらその関係性の在り方が模索されている現状にあるといわれる（吉村ら，2001：山本，2012）。「教育という活動そのものが成立するには，そもそも教える者と教えられる者という両者の間の根本関係が，"本質的"に前提されていることは言うまでもない。しかし，それが余りにも自明な事柄であるために，総じて"教育する者"の"教育される者"への関係を分析しようとする場合，これをその本来の姿において明確になるよう概念的に叙述することは，実際

上ほとんど不成功におわるのが常である。」(Langeveld, 1976) ともいわれる。

そして特に近年教育のあり方が論じられる際に、「子どもを受容するかかわりが重要である」といったことや、「相互尊重的かかわりが重要である」、といったように多様なかかわりの中の部分的な特徴のみが注目され、それがあたかも全体の基本特徴であるかのように論じられることが多い。

しかし、どの場面においても同様のかかわりが目指されることがふさわしいとは限らず、教師は場面に応じて、また、個々の発達に応じてかかわりを変化させていく必要があるのではないだろうか。では、規範意識の形成を促す保育者のかかわりとはどのように実践されうるのか、そのかかわりに伴う子どもと保育者の関係性はどのような構造となるのであろうか。

以上の2点を保育実践の中で検討するため、本研究では、岡田（2006）の示す「教育的かかわりの四類型」に依拠しながら、規範意識の形成を促す教育的かかわりの在り方について検討したいと考える。

第2節　「教育的かかわりの四類型」の特徴と実証的研究への応用

岡田（2006）は子どもが自律的な判断力を身につけ、自律性を獲得していくのを助けるということが教育の中心的課題であるとして、子どもの自律性を促す教師のかかわりを4つの類型に分類した。本研究では、保育者のかかわりを、岡田の示す「教育的かかわりの四類型」から捉えることで、場や状況による保育者のかかわりの方法論を検討したいと考える。

岡田（2006）の示す教育的かかわりの四類型は、1つ目は「権力的かかわり」、2つ目は「権威的かかわり」、3つ目は「認知葛藤的かかわり」、四つ目は「受容的・呼応的かかわり」である。そして、その4類型のかかわりとその前提となる大人と子どもの関係性について以下の図（教育的かかわりの四類型）で示している（図3-1）。

村井（1990）が「道徳教育」について、権威者や社会が示す規則のままに、

第3章 道徳的規範意識の形成を促す教育の可能性

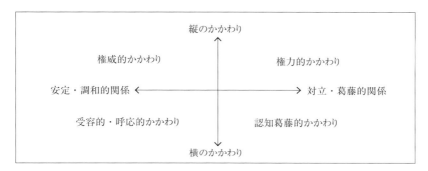

図3-1 「教育的かかわりの四類型」(岡田, 2006)

行動する人間を作り出すことが目的なのではなく，権威者や社会が示す諸規則の意味を知り，その上で，自分自身に命令を下すことのできる自律的な人間（道徳的主体性）の育成が目的であることを述べている。同様に，規範意識の形成を促す教育もまた，規範の範型の獲得が目的なのではなく，自律的な規範意識を形成することが教育の目的ということができるだろう。そして，自律的な規範意識の形成を促すためには子どもの発達に応じて，また状況に応じて多様なかかわり方が考えられる。そしてそれはどれか一つが最適であるものではないが，教師がかかわりを規定する際には，そのかかわりの構造や作用を理解した上で，選択的に行われる必要があるだろう。

1．権力的かかわり

権力的かかわりは乳児期から幼児期にかけて行われる親子間の「躾」などが代表的なものである。そして，教育の場においても権力的かかわりは存在する。しかし，多くの場合，近代的な教育の考え方の中では毛嫌いされ，教師に力のない証拠だとばかにされてきた（岡田，2006）。しかし，「教育関係に権力が介在することは，少なくとも子供が規範意識を獲得し，権威を権威として認めることができるようになるまでの時期にあっては不可避である。そして規範意識の形成に対して，この時期の権力的かかわりが極めて重大な

作用を及ぼすことは衆目の一致するところである。」（岡田，2006）とされる。すなわち，子どもが理性的に判断する力を持たない間，自律的な力を持たない間は用いざるをえないやり方であることも事実である。たとえば，1〜2歳の子どもが自分や他者の身に危険が伴う行動をとっているにもかかわらず，保育者が「自主性」に訴え，自己統制的な行動を待つことは多くの場合しないだろう。さらに，してはいけない行為であることを伝達し，強制的に制止するだろう。勿論，「危ない」「痛い」など様々な理由を伝えるだろうが，子どもが大人の制止の意味を理解し，納得できるようになるのまでには時間を要するだろう。さらに子どもが自主的に「自分や他者にとって危ないからやめる」という判断が可能となるのはもう少し発達的に後のことである。

　このような権力的かかわりの場合，望ましくない行動には周囲の大人が怒った顔や悲しい顔をしたり，厳しい口調で語りかけたりする。反対に望ましい行動をした場合には褒めたり，嬉しそうな態度をとったりする。つまり，大人が強制や禁止，奨励する事柄に対し，子どもがどのような行動をとるのかによって，受ける処遇が異なるのである。また，上記のような大人の態度によっては，乳幼児は愛情の剥奪の危機を感じ，不安が伴う。さらに，それでも望ましくない行動を辞めない場合には，「お尻をたたく」といったしつけが日本ではなされてきたように，その重大性によって身体的な力を行使した強いかかわりをする場合もある。これの最大のものが体罰と称されるような暴力型の罰を伴う脅迫である。前者は感情に訴えるソフトな権力行使，後者が物理的・身体的でハードな権力の行使である。

　愛情関係をソフトな権力作用として教育にもちこむことが可能となるのは，子どもが保護・養育を必要とする存在であり，全面的に愛情に支えられた関係が存在するからである。

　岡田（2006）は「権力という言葉を少し幅を広げて捕らえれば，アメとムチの考え，つまり，相手が本意ではないけれども，誘導して言うことを聞かせる力というのは，ムチだけじゃない，アメもあるんだ，ということです。

子どもが理性的に判断する力を持たない間，自律的な力を持たない間はいっぱい用いざるをえないやり方です。ですから，赤ん坊に対して母親は露骨に権力的なかかわりをしている。それはなにもたたくとかではなく，愛情でコントロールをすることです。(中略)これは露骨に言えばえさをふりまいて子どもを釣っているわけですから，権力的なかかわりなんです。」(p251) と述べる。

以上のように，愛情の関係によって子どもの行動のコントロールを促すのであるが，子どもの衝動を全否定するところには自主的な自己統制能力は育たないことを岡田は指摘する。そして，「自負心や自尊心のような自己統制能力が育つのは，時間的ズレを伴ってであれ，修正を伴ってであれ，自己の欲求が何らかの形で充足される経験の中でである」(p24) と述べる。つまり，権力によって衝動のコントロールが促され，行動の規制がなされるされるわけであるが，それが権力関係の維持を目的とせず，自律を促すことを目的とするのであれば，行動を抑制した結果に付随して，子どもが充足される経験が必要であると述べる。

そして岡田（2006）は「権力的かかわりは，年齢にかかわらず，その関心が課題の方を向いていない被教育者に対して有効であるが，とりわけ有効かつ不可欠なのは関心が向いていないだけでなく，課題の意味を理解するに至っていない幼い子供に対してである。」と述べる。したがって課題の意味が理解できない時期や，自らの規範的枠組みが形成される以前には，身近な大人がそれを伝達し，欲求をコントロールするかかわりが必要となる。そして権力的かかわりによる充足経験をもとに，自律的判断への移行を促していくべきものであると考えられる。

2．権威的かかわり

Langeveld によると，「教育は大人と子供の間の交渉において出現するものであり，本質的に権威関係を含むものである。ここで権威関係と言ってい

るものは，相手と切り離されることの恐れに動機づけられた服従とは違って，真に自主的な服従に支えられている。この本物の柔順は言葉による出会いをなす者の間にのみあり得る。換言すれば反抗期を経て，「否」と言えるようになった者にのみ真の服従があり得る。この頃から子供は禁止や命令の理由を理解しようとしだす。これは尊重せねばならないが，教育者（親）の側の曖昧な態度が全く許されない場面もあり，そこでは権威による動機づけで規範へ導く必要がある。学齢期はこの柔順が加速度的に高まる。」（岡田，2006）とされる。

このように，身体的な自立と共に，ものごとの善悪の判断が少しずつ可能となり始め，自律心が芽生えたころからが従うか従わないかを自らの意思で決定することができるようになる。すると，尊敬や信頼をする相手に自ら服従する関係も成立するようになるという。

岡田（2006）は「大人であることは形をもつことであり，自分で自分に課したものに服すること，自己責任的な自己限定をなし得ることである。責任をもつとは価値と規範を知っており，これに従って生きようとしていることである。信頼が権威の原型である。」（p64）と述べる。そして権威的かかわりの特徴について次のように示してる。

①権威は否と言う能力をもつ子供によって自主的に服従される
②権威による拘束は同時に自由を与える
③権威には時間という技術的必然性がある
④人格関係においては理解より信頼が優位である

そして，権力と権威の区別には権力が功利的服従なのに対し，権威が積極的で自主的な服従を特徴とする点であることを述べている。

「二，三歳の幼児であれば親の行動を観察し，自分で実行する段になると，今度は親に観察者の立場を押し付けて"見て見て！"と言うのであるが，幼児期後期から児童期になってくると，もはや親と自分の立場は相互的なものではなくなり，年長者，大人は自分より優れた者だという固定観念が形成さ

れてくる。そして模倣後の"見て見て！"は"うまくできた？"という承認要求に変わるのである。」（p88）と述べる。このように大人がただ権力を行使するものではなく，信頼し，尊敬する対象となった場合に権力は権威に変わり，それは幼児後期ごろに出現することを指摘する。

　Langeveldは強制的な権力支配と権威を区別し，教育関係の基本に権威関係を見たのもこの教育者と被教育者の自主的な相互性を重視したからである（和田，1994）。作田（1972）は「幼児期における行動様式の習得は，主体にとって重要な意味を持つ人格との関係を通じて行われる。（中略）習得された行動様式が，「望ましさ」と言う価値の性格を獲得するためには，それがどこかで「尊敬」する人格との関係につながっていなければならない。」と述べるように，尊敬の関係から教育がなされることは理想的な教育構造であると考えられる。

　しかし，Langeveldは教育役割（教育労働）を定義するとき，"子供におとなの範形を伝達すること"と"子供にその範形に至る道程を発見させる手助けをすること"を併記しているが，"伝達すること"と"発見させること"の区別が，権威を強調するに際にいつの間にか価値，規範の提示として語られるようになり，伝達に重心が移ってしまいがちであることを権威的かかわりに注意すべきこととして指摘する。

　岡田（2006）は権威的かかわりについて「子どもの信頼，愛着というものを既に勝ち得ている教師とか親とかのかかわりのことですから，もはやアメでつる必要も恐怖心に訴える必要もないわけです。信頼をベースにした，望ましい教育が成り立っていて，伝達も圧縮も非常に速やかに行くわけですね。ですがここでは子どもは教師の言うこと，あるいは親の言うことを信頼しているがゆえに全部真に受けるという落とし穴があります。下手をすると教師の言うことに，一切を批判の余地無しに，その世界をわが世界としてしまうというおそれがあるわけです。つまり，自分の世界だと思っていながら，実は全部教師の世界，親の世界だったということになるわけです。」（p252）と

述べる。

　以上から，権威的かかわりは子どもの自発的服従によるものであることから自律性もないとは言えないが，その基準はどこまでいっても大人の価値意識であり，子ども自身が思考し，判断するという領域に至っていないところに問題があることを指摘する。教育的権威は決して教育者の支配欲のためではなく，子供が従属，無力から脱するのを助けるためにこそある。それゆえ，教育的権威が目的を達するや否や，その存在は無用のものとなるのである。

3．認知葛藤的かかわり

　岡田（2006）は認知葛藤的かかわりの特徴は「対等で異質な他者とのかかわり」であると述べている。「認知葛藤的かかわりとはいかなるものか。それは端的に言って"他者"，すなわち異なる精神との驚きを伴う出会いである。他者の異質性がもたらす衝撃がその作用の原資であるから，異質性を打ち消すような関係は認知葛藤を起こし得ない。」とする。例えば権威者との出会いは，「一方的に価値づけられたモデルと一方的に貶価された自己との出会いに過ぎないから，全力で対峙して葛藤を深めるということはあり得ない。勝負は初めからついている，あるいは放棄されてしまっている。（中略）一般的に言って，認知葛藤的かかわりの当事者は原則的に対等でなければならない。」(p110) と述べている。以上のことを踏まえると，大人は子どもとの力の差が歴然としているため，異質ではあるが，対等な立場ではないことから，認知葛藤的かかわりは起こりにくいことが考えられる。ただし，例外として，対峙する問題の答えや結果，価値や善悪が事前に存在せず，大人が誘導しようとする必要のない場合に，認知葛藤的かかわりの相手となり得ることを述べている。それは大人が子どもと共に真理を探究するものとなる場合であり，言葉通り「子どもと同じ立場に立つ」場合だろう。

　認知葛藤的かかわりを道徳性発達の主要な要因と位置付けたコールバーグの理論では，内発的要因と環境的要因の相互作用を原則としており，道徳性

第3章　道徳的規範意識の形成を促す教育の可能性

の発達を促すのは役割取得（相手の立場にたって感じたり，考える）と認知葛藤（道徳的葛藤）であるとした。それは，相手の立場になって考える場面が必要であり，相手が推測しやすい存在であることが必要である。したがってその相手は権力・権威的な存在の大人ではなく，多くの場合「友だち」の存在となるだろう。

また，認知葛藤が生じる場面とは，互いに共通の問題にたちあい，その解決を考える場面が必要である。たとえば共通の目的があり，AかBかを選ぶ必要のある場面などが例に挙げられる。「相手はAを良いと言っているが，自分はBの方が良い思う。その理由は〜」といった認知的葛藤が生じ，お互いの考えを衝突させる必要が生じる。

そこでは，認知葛藤場面に向かう当事者同士が相手の主張を聞き，自分の主張との違いを理解できなければならず，ある程度，自律的に善悪の判断を決定するだけの枠組みを有していることが前提となるだろう。したがって，当然ながらこのかかわりを乳児や低年齢の幼児に求めても難しいことは自明である。

岡田（2006）「認知葛藤的かかわりは，広く視点の相互性を経験させるという意味では幼児どうしのかかわりからして有効である。（大人，親のかかわりは援助的，補助的に流れやすく，他者性を顕示する度合は少なくなる。）しかし，それが著しい効果を示し始めるのは成熟が進んだ幼児期後期から児童期にかけてであり，これ以降，子供は認知葛藤の経験を経るたびに他者の視点，さらには集合的他者の視点を取り込んでいくことが可能になっていく。そして道徳性発達で見てきたように，その過程は全生涯にわたって進行し得るものであると」(p219)述べる。

以上のように，岡田（2006）は認知葛藤的かかわりは表面的行動の変化ではなく，精神構造，人格構造の深い変化を促すものである事を指摘し，「自分の判断力を行使する世界になっていく段階」としている。そして，このかかわりは思考の根源に作用するため，生涯にわたって人間の思考の変化を促

す重要なかかわりであることを強調している。

　しかし，注意する点として「教科でも，先生の考え方に全部従うだけではなくて，子ども自身の考え方とかが芽生えるとすればこのレベルです。これを伸ばすというのはなかなか難しいことでして，子どもの個性をどこまで尊重するか，闇雲になんでもかんでも子どもの個性という名のもとに尊重していたのでは，それこそ自分勝手な判断力を野放しにするだけになって，下手をすると衝動的，エキセントリックになってしまう恐れもあるわけです。ですから認知葛藤的かかわりが，子どもが本当に悩みぬいて自分の世界を組み替えているのか，それとも自分のエゴを出しているだけのことなのかという，そこの読み取り，読み分けということは非常に大事なものじゃないかなというふうな気がします。」(p253) と述べ，認知葛藤的かかわりの全てが望ましいわけではないことを指摘する。

4．受容的・呼応的かかわり

　受容的・呼応的かかわりは，横の調和的な関係のモデルであるから，相手の存在を認め，受容し，共感的にかかわることと換言できるだろう。しかし，教育の場面や道徳的葛藤，対立の場面では，このようなかかわりによって片付かない問題も多いことを岡田は指摘している。それは，「相手と自分の意見が対立しているとき，自分の意見が"正しく"て，相手のが"誤っている"こと，あるいはその逆は十分あり得るのである。こうしたとき，相手の立場に立って考えてみることは重要ではあるが，肝心なことは自分に正しいと思えるところを納得いくまで主張し続けることであって，相手の言い分を安易に受け入れることではない。」(p174) と述べる。そして，岡田はロジャーズのカウンセリング場面におけるクライアントとカウンセラーの二者関係から，受容的呼応的かかわりについて説明し，相手を無条件に受け入れ，相手の"語りを聴く"ことは，存在の承認であり，「この聴く態度は，相手のさらなる語りを促進する点で一つの呼びかけでもある。それが，相手自身

において他者に耳を傾ける態度をも触発する点で一つの導きでもある。」と述べる。つまり，受容的・呼応的かかわりは人間関係の基本となる互いの存在の尊重，承認であり，自分が相手の存在を承認することによって，相手も自分に対し，耳を傾けることを誘発する相互性が生じるという。すなわち，「相手を受容する―承認される」という承認の連鎖が生じると述べている。

しかし，教育的・治療的かかわりは一般的に言って自立の度合の低い者，依存性の強い存在とのかかわりであり，横のつながりという側面が完全に成立するものではないとも考えられる。

岡田（2006）は権力者，あるいは権威者の承認と受容の違いについて「受容が，すでに子供に獲得されている内容が子供自身の価値尺度でよりよい形とまとまりを持って出現するのを促すだけであるのに対し，承認はたとえ内容や形を与えるのでない局面であるにしても，権威者の価値尺度で子供の表現をよしと評価するのである」と述べる。つまり，受容は行為の善悪の基準が子どもにあるのに対し，承認は大人や他者にあること，受容はどのような形であっても表出する行為そのものを受け入れ，変化を待つのに対し，承認は表出された行為や態度を評価し，変化や維持・促進を求めるものであることが特徴にあるといえる。

そして，評価抜きの根源的受容の経験が人間関係において必要なのは，受容的・呼応的かかわりで実現される関係が，「自分を聴いてもらう経験」と「他者の語りに聴き入る経験」の2つの経験を繋ぐものとなるからであると述べている。

また，受容的・呼応的かかわりについて「これは知識や技術の習得ではない。しかし他者と人格的関係に入ることの学習であり，これを促すかかわりは何よりも教育の名に値する。」（p210）と述べる。

さらに，受容的・呼応的かかわりは人間関係の根底に求められるとしながら，特に効果を発揮する状況について，「子どもが自分の人間関係の世界をなんとか安定させて，自分の世界というものをなんとか獲得して，私はこの

世の中で生きていけるという安心感を得る。ところがその安心感が崩れかけているという状況，そういうときにこそ力を発揮すると思うんですね。自分の世界が崩れかけているという経験を子どもがしているんだと言うことを敏感に察知して，無条件にこどもの世界を肯定してやる，あるいは，子どもの世界を一旦無視しても，自分の世界を子どもに貸し与えるというような形で子どもを支えてやる。そのベースになっているのは，子どもを人格として無条件に受け入れるということです。（中略）子どもがそれこそ生きるのに苦労しているという段階，そういったことに気付けば，直ちにこのようなかかわりが必要になってくる」(p253)と述べる。したがって，受容的・呼応的かかわりは人間関係のベースであるとしながらも，子どもが何かにつまずき，安定感を崩している場合にこそ求められるかかわりであると捉えることができる。

5．「教育的かかわりの四類型」の実証的研究への応用

　以上，岡田が示す「教育的かかわりの四類型」とそれぞれの構造及び作用について，概略を示した。これらのかかわりは，規範意識の形成を促す教育に反映するならば，どのように保育実践されうるのだろうか。

　本研究では，第8章「幼児の道徳的規範意識の形成を促す保育者のかかわり方の検討」において，園生活の中で道徳的規範にかかわる問題が生じた際に保育者がどのようなかかわりをしているのかについて分析を行う。その際に，保育者が実践するかかわりの具体について「教育的かかわりの四類型」を援用しながら考察していきたいと考える。

　そのことにより，様々な様相を呈する保育者のかかわりを一つの視点から整理して捉えることができ，構造的に保育者のかかわりの実態を示すことができるのではないかと考えたからである。同時に，具体的なかかわり方の背後にある子どもと保育者の関係性も含めて保育実践を捉えることができるのではないかと考えた。

そして，道徳的規範意識の形成を促すかかわりの実践を構造的に図式化することで，実践に基づく教育的かかわりのフレームワークを作成し，提案することに繋げられるのではないかと考えた。

引用文献

藤田昌士（1985）「道徳教育 その歴史・現状・課題」エイデル研究所

平山許江（2003）保育の現状に関する社会規範からの検討：「自由保育」と「環境の構成」の概念について，日本保育学会大会発表論文集，56，534-535.

柏まり・田中亨胤（2003）教師と幼児との関係構築過程における園生活の「きまり」修得「規範」概念にかかわる先行研究の整理を通して，幼年児童教育研究，15，9-16.

Langeveld, M. J.（1972）和田修二（監訳）「教育の理論と現実 教育科学の位置と反省」未来社

Langeveld, M. J.（1976）岡田渥美，和田修二（訳）「教育と人間の省察〈続〉─M. J. ランゲフェルド講演集」玉川大学出版部

増田榮（2007）幼児期の道徳的心性の形成と教師の役割に関する研究ノート：『幼稚園教育要領解説』および倉橋惣三の保育論を手がかりにして，福岡女学院大学紀要，人間関係学部編，8，107-114.

本吉圓子（1993）「ここがちがう放任保育と任せる保育」萌文書林

村井実（1990）「道徳は教えられるか」国土社

岡田敬司（2006）「かかわりの教育学 教育役割くずし試論 増補版」ミネルヴァ書房

大倉三代子（1994）幼児の自律的な道徳性の発達-3-権威との関係，聖和大学論集，22，135-144.

作田啓一（1972）「価値の社会学」岩波書店

和田修二（1994）「改訂版 教育的人間学」財団法人放送大学教育振興会

山本一成（2012）主体性のジレンマを超える保育者の関わりについての省察：エドワード・リードの生態心理学概念を手がかりに，乳幼児教育学研究，21，47-56.

吉村香・吉岡晶子・柴崎正行（2001）保育における子どもの主体性と保育者の環境構成─選択の構造をめぐって，乳幼児教育学研究，10，21-31.

第4章　Ⅰ．研究の理論的枠組みのまとめ及び　Ⅱ．実証的研究の展望

第1節　幼児の規範意識の形成に関する先行研究の概観と本研究の意義

　幼児の規範意識の形成に関連する先行研究の全体像は以下の図のように捉えることができた。研究の内容を研究対象ごとに分類すると「子ども及び子ども同士に焦点化した研究」、「子どもと保育者に焦点化した研究」、「保育者や教育方針に焦点化した研究」に大別できる。

　それぞれの内容をみると、「子ども及び子ども同士に焦点化した研究」では、1．認知発達研究、2．子ども同士のかかわりからみる道徳性及び規範意識の発達に分類される研究があった。

　1．認知発達研究に類する研究は研究数が最も多く、幼児期では3．4歳頃から既に善悪の判断を規定する規範意識が見られることが多方向から明ら

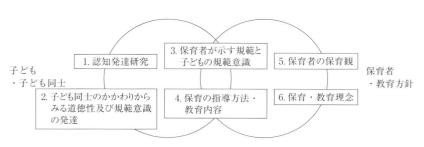

図4-1　先行研究の全体像

かにされている。その検討に使用される道徳領域の例話については，「嘔吐場面」「暴力場面」「順番を抜かす」（首藤・岡島，1986；首藤・二宮，2002；越中，2006）といった内容が中心となっていた。しかし，実際の保育の場面では，上記の例話に示されるような内容以外にも相手の身体的特徴や能力について否定的な言葉を投げかける実態などが見られる。こうした内容は本人の尊厳にかかわるものであり相手を心理的に傷つける可能性が高いといえ，幼児期においても看過できない場面も見られる。しかし，この点については指導的な役割を担う保育者が幼児とかかわる際には幼児理解や保育観が問われる場面でもある。

　すなわち，年齢が低いことから「体験から徐々に気づいていけばいい」と捉え，受容していく見方もあれば，「幼くても相手の尊厳にかかわる言動は慎むことを示すべき」といった見方もある。多くの場合，幼児という年齢を鑑みることと，相手に対する思いやりの醸成を願うこととの間で保育者としての言動に悩まされるものではないだろうか。このようにこれまでの研究では実際の保育の中で生じる，規範的問題が十分に取り上げられてきたとはいえない現状にある。

　また，2．子ども同士のかかわりからみる道徳性及び規範意識の発達研究では，協同的な活動や遊びの展開を集団の相互作用全体から分析することで，道徳性や規範意識，集団遊びにおける規範の機能などが検討された（青井，1995；鈴木ら，2004）。しかし，個々の幼児に焦点化した研究は少なく，一人一人の幼児の規範意識の発達過程や成長を促した要因など，そのプロセスについては殆ど明らかにされていない。

　「子どもと保育者に焦点化した研究」では，保育実践の比較や継続観察を通して規範意識の形成を促す保育者の役割，在り方が検討されていた。そして，保育者の指示的な働きかけよりも協同的・相互尊重に基づく保育が子どもの道徳性や規範意識の形成を促すことが示されている（大倉，1989；松永ら，2012）。

しかし，実際の保育は様々な人間関係の中で展開してゆく性質のものであり，クラス集団に参加する子どもの状態も日々一定ではない。したがって，クラス集団レベルで子どもと保育者の関係性がどのようにあるべきなのか，その理想的な問うだけではなく，保育者が規範形成に対するかかわりに困難を感じた個々の子どものケースを分析し，その変化や指導法について検討する必要がある。

「保育者や教育方針に焦点化した研究」からは，保育者は幼児の規範意識を利他的・向社会的な行動から捉える傾向にあること，特に他者の尊厳にかかわる規範を重大なものと捉える傾向性が示された（中川ら，2011；越中ら，2011）。しかし，子どもが規範逸脱行為を行った場合に保育者がどのようにかかわるのかについては，規範の内容によってその対応が変化するだけではなく，年齢や子どもの理解力，その行為に及ぶ経緯，さらに個々の保育者の園の教育方針や園文化，保育者自身の経験といった保育者内の要因など複数の要因の影響が考えられる。

そのため，保育者が子どものどのような側面を指導の観点としているのか複数の要因から検討する研究が今後必要となるだろう。

第2節　Ⅱ．実証的研究の目的

先行研究を概観することによって，幼児の道徳的規範意識の形成と，保育者のかかわりについて，主に4つの研究課題が挙げられた。

1つ目の「子ども及び子ども同士に焦点化した研究」では，幼児の規範意識の認知的発達に関する研究において，道徳的規範に関する研究が少数みられるものの，その検討に使用される道徳領域の内容が保育実践上に生じる課題が十分に扱われていないことが課題に挙げられた。特に，筆者が問題意識にもったゲーム遊びにおける「ずる」や，相手の身体的特徴や能力について否定的な言葉を投げかけることなどは検討されてこなかった。このような内

容の道徳的規範にかかわる問題は，保育の中でしばしば生じる問題であり，子どもの尊厳にかかわるものである。したがってこのような内容も今後の研究内容に取り上げられる必要がある。

2つ目の「子ども同士の規範共有に関する研究」では，協同的な活動や遊びの展開を集団の相互作用全体から成長過程について分析する研究が中心となっていた。しかし，個々の幼児に焦点化した研究は少なく，一人一人の幼児の規範意識の発達過程や成長を促した要因について分析した研究は殆ど見られないことが課題となった。

3つ目の「子どもと保育者に焦点化した研究」では，保育実践の比較や継続観察を通して規範意識の形成を促す保育者の役割，在り方が検討され，保育者の指示的な働きかけよりも協同的・相互尊重に基づく保育が子どもの道徳性や規範意識の形成を促すことが示されてきた。しかし，実際の保育は様々な人間関係の中で展開してゆく性質のものであり，クラス集団に参加する子どもの状態も日々一定ではない。したがって，その理想的な関係性のあり方を問うだけではなく，保育者が規範形成に対するかかわりに困難を感じた個々の子どもの実態にはどのようなケースがあるのかを分析し，その変化や指導法について検討する必要があった。

4つ目の「保育者や教育方針」に焦点化した研究では，保育者は幼児の規範意識を利他的・向社会的な行動から捉える傾向にあること，特に他者の尊厳にかかわる規範を重大なものと捉える傾向性が示された。しかし，子どもが規範逸脱行為を行った場合に保育者がどのようにかかわるのかについては，規範の内容によってその対応が変化するだけではなく，年齢や子どもの理解力，その行為に及ぶ経緯，さらに個々の保育者の園の教育方針や園文化，保育者自身の経験といった保育者内の要因など複数の要因から考慮してなされることが推測される。そのため，保育者が子どものどのようなことを指導の観点としているのかを明らかにする研究が求められる。

序章で挙げた本研究の全体の目的は，幼児の道徳的規範意識の実態を明ら

かにし，道徳的規範意識の形成を促す保育者の教育的かかわりについて明らかにすることであると述べた。

具体的には以下の3点を全体の研究目的としている。

①．幼児の道徳的規範に対する認識と実態を年齢という発達的枠組みから実証的に示す。

②．保育者が幼児の規範意識の形成に対してどのように捉えており，保育実践が行われているのか，その実践傾向について明らかにする。また，園生活で生じる道徳的規範に関わる問題が生じた際に，保育者はどのようにかかわり方を見極め，かかわっていくのかについて保育者の実践知を体系的に図式化する。

③．①と②を踏まえ，幼児の道徳的規範意識の実態に応じた教育的かかわりのフレームワークを実践への応用を目的に提案することである。

以上の目的を達成するため，以降に行うⅡ実証的研究の目的を次の4点に設定する。

①幼児の規範意識の芽生えとは何か，と言うことについて，現在共通の見解は得られていない。したがって，保育者は幼児の規範意識をどのような場面から捉え，その発達を理解しているのか，幼児の道徳的規範にかかわる問題は保育実践の中でどのような内容がみられるのかについて全国の保育者を対象とした調査から明らかにする。それにより，全国的な幼児の規範意識の実態を明らかにすることができ，我が国の幼児に見られる普遍的な規範問題を捉えることができると考えた。

　そして，筆者が問題意識をもった道徳的規範の問題（ゲーム遊びにおける「ずる」や，相手の身体的特徴や能力について否定的な言葉を投げかけること）と全国の保育者の挙げる規範問題との共通性を確認しながら，本研究における道徳的規範意識の問題の課題設定を行う。

②幼児の道徳的規範にかかわる問題として設定した課題について，幼児にインタビューを行い，道徳的規範への認識の学年的な特徴を明らかにす

る。それにより，幼児の道徳的規範の認知発達的傾向性を捉えることに繋がり，保育者のかかわりを考える際に寄与する知見が得られると考えた。
③園生活の中で幼児の道徳的規範意識は，友だちとのかかわりの中でどのように発達していくのか，その実態を明らかにする。特に，遊びの中では，幼児の道徳的規範意識が，実際の人間関係の中で発揮される。すなわち，認知的側面だけではなく，自身の欲求や，感情のコントロールなどの感情的側面も複雑に絡みながら顕在化する場面であると考えられる。遊びにおける幼児同士のかかわりの中で道徳的規範意識はどのような様相で現れるのか，そして発達の経過を辿るのか，その発達的変容について明らかにする。
④幼児の規範意識の形成を促す教育は保育者にどのように捉えられ，実践されているのかについて明らかにする。そのため，幼児の規範意識の形成に対する保育者の保育観及び保育実践の全国的な傾向性について質問紙調査から明らかにする。また，幼児の道徳的規範にかかわる問題が生じた際に，保育者がどのような視点でかかわり方を見極め，かかわりを規定していくのか，その実践知を保育者へのインタビュー調査から明らかにする。

第3節　Ⅱ．実証的研究の研究方法

　本研究では，序章および，先行研究の概観で述べた問題を踏まえた実証的な研究を行うため，参与観察によるエピソード分析，インタビューの発話内容から分析する質的研究方法と，質問紙調査による量的研究法を併せて子どもの実態及び保育者の保育観や保育実践について検討する。それにより，幼児の道徳的規範意識の実態と，その形成を促す保育者のかかわりについて総合的に捉えることができると考えた。そして，保育実践に応用することの可

能な教育的かかわりのフレームワークについて提案したいと考える。それぞれの調査における研究方法は各章で示す。

第4節　Ⅱ．実証的研究の構成

　本研究は，Ⅰ．研究の理論的枠組みとⅡ．実証的研究で構成している。そして，次章以降で行うⅡ．実証的研究は4つの研究内容で構成している。

　1つ目は，幼児の道徳的規範意識の実態について明らかにするため，全国の保育者を対象に質問紙調査を実施し，幼児の規範意識の発達はどのような場面に表出されると考えられているのかを明らかにする。また，道徳的規範意識の形成に課題があると感じ，特に援助を要すると感じられる幼児はどのような実態があるのかを明らかにする。

　2つ目は，幼児の道徳的規範に対する認識の発達的特徴を明らかにするため，実際に生じた道徳的規範に関する問題を例題化し，例題に対する是非及びその判断理由について幼児にインタビュー調査を行う。そして，各学年（3歳児クラス，4歳児クラス，5歳児クラス）ごとの道徳的規範に対する認識の特徴及び発達的相違点について検討する。

　3つ目は，幼児の道徳的規範意識の変容を縦断的観察から明らかにする事例研究である。道徳的規範に関する問題が生じることの多い「ゲーム遊び場面」に焦点化し，その中で特に道徳的規範の逸脱が多かった特定の幼児の行動の変化から，道徳的規範意識の変容プロセスをエピソード記述の分析から明らかにする。

　4つ目は，幼児の規範意識の形成を促す保育者のかかわりに焦点化した研究である。幼児の規範意識の形成に対する保育観及び保育実践の全国的な傾向性について質問紙調査から明らかにする。また，幼児の道徳的規範にかかわる問題が生じた際に，保育者がどのような視点でかかわり方を見極め，かかわりを規定していくのかを明らかにするため，インタビューの発話内容を

分析し，考察していく。そして，道徳的規範意識の形成を促す教育の在り方について保育者の実践知を体系的に図式化する。

　以上の実証的研究の結果をもとに，幼児の道徳的規範意識の実態に応じた教育的かかわりのフレームワークを実践への応用を目的に提案したい。

引用文献

青井倫子（1995）仲間入り場面における幼児の集団調節「みんないっしょに仲よく遊ぶ」という規範のもとで，子ども社会研究，1，14-26.

越中康治（2006）攻撃行動に対する幼児の善悪判断の発達的変化，広島大学大学院教育学研究科紀要 第三部 教育人間科学関連領域，55，227-235.

越中康治・小津草太郎・白石敏行（2011）保育士及び幼稚園教諭と小学校教諭の道徳指導観に関する予備的検討 宮城教育大学紀要，46，203-211.

松永愛子，大岩みちの，岸本美紀，山田悠莉（2012）3歳児の規範意識の生成過程における保育者の役割：身体的同調を生成する環境構成，岡崎女子大学・岡崎女子短期大学研究紀要，45，99-116.

中川智之・西山修・高橋敏之（2011）保育者と小学校教諭における学級経営観，子どもの捉え方，及び規範意識の育ちに関する認知の関係（第2部自由研究論文），学校教育研究，26，112-124.

大倉三代子（1989）道徳的な自律性の発達　保育方法による相違　日本保育学会大会研究論文集，42，488-489.

大倉三代子（2000）自律的な道徳性の発達と保育—幼稚園教育要領・保育所保育指針にみる，聖和大学論集 教育学系，28，19-29.

鈴木由美子・米神博子・松本信吾・臺瑞穂・中尾香子（2004）幼児の道徳性の発達に与える「かかわり」の影響についての研究—集団遊びによる幼児の変容を中心に，広島大学学部・附属学校共同研究紀要，33，397-404.

首藤敏元・二宮克美（2002）幼児の社会道徳的逸脱に対する教師の働きかけ方，埼玉大学紀要教育学部 教育科学，51(2)，17-23.

首藤敏元・岡島京子（1986）子どもの社会的ルール概念，筑波大学心理学研究，8，87-98.

Ⅱ．実証的研究

Ⅱ．実証的研究は4つの研究内容で構成している。1つ目は，幼児の道徳的規範意識の普遍的な実態について明らかにするため，全国の保育者を対象に実施する質問紙調査の分析である。これは第5章と対応している。

2つ目は，幼児の道徳的規範に対する認識について年齢ごとの特徴を幼児へのインタビューから明らかにする調査である。これは，第6章の第1節-1，第2節と対応している。

3つ目は，幼児の道徳的規範意識の変容を縦断的観察から明らかにする事例研究である。これは第6章の第1節-2と対応している。

4つ目は，幼児の規範意識の形成を促す保育者のかかわりに焦点化した研究である。幼児の規範意識の形成に対する保育観及び保育実践の全国的な傾向性については，第7章と対応している。また，幼児の道徳的規範にかかわる問題が生じた際に，保育者がどのような視点でかかわり方を見極め，かかわりを規定していくのか，その実践知を明らかにする調査は，第8章と対応している。

各章毎の調査内容は以下の通りである。第5章では幼児の規範意識の実態を明らかにするため，保育者を対象に質問紙調査を実施し，①幼児の規範意識は日常生活や遊びのどのような場面で表出されるのか，②道徳的規範意識の形成にかかわる課題はどのような実態があるのか，具体的なエピソードで回答を求めた。それにより，幼児の園生活における規範及び規範意識の様相が具体的に捉えることができる。

第6章では，幼児の道徳的規範に対する認識を明らかにするため，実際に生じた「ゲーム遊びにおける"ずる"」及び「相手を傷つける言動」の問題を例題化し，言動の善悪について質問した。また，継続的観察が可能である「ゲーム遊びにおける"ずる"」については，2年間の観察記録から，幼児のゲーム遊びにおける言動の変容を分析し，道徳的規範意識の発達的変化について考察する。なお，例題に対する幼児の回答は，仮想の場面から検討するものであることから実際に自らの問題として生じる「規範意識」と区別し，

「規範に対する認識」と示すものとする。

　第7章では，幼児の規範意識の形成を促す教育についての保育観と指導の実際について明らかにし，規範意識の形成に対する指導実践の傾向を明らかにする。このことにより，保育者の規範に対する保育観及び実践傾向が明らかになり，規範意識の形成を促すかかわりを考える際の手がかりが得られると考えた。

　第8章では，園生活における道徳的規範に関わる問題に対して，保育者はどのようにかかわることができるのか，その実践を保育者へのインタビューから検討し，道徳的規範意識の形成を促す教育の在り方について保育者の実践知を体系的に図式化する。

　以上，Ⅱ．実証的研究では，幼児の道徳的規範に対する認識の年齢的特徴及び規範意識の実態，保育者の保育観と指導実践の側面から幼児期の道徳的規範意識の形成とそこにかかわる保育者の保育観及び実践について明らかにする。

　それらを通して，道徳的規範意識の形成を促す教育的かかわりのフレームワークを提案することへ繋げていきたいと考えた。

第5章 幼児の園生活における規範意識の実態に関する実証的研究

第1節 幼児の規範意識が表出する場面の検討

1．目的と方法

目的

　本章では，幼児期に接する社会である「幼稚園」において，幼児の規範意識はどのような場面から捉えることができるのか，「日常生活」と「遊び」の場面別に明らかにし，その共通性と相違性について明らかにすることを目的とする。

方法

　調査方法は，質問紙調査法である。Ⅱ．実証的研究では，2つの種類の質問紙調査（《自由記述回答を中心とした質問紙調査》と《選択回答を中心とした質問紙調査》）を実施した。幼児の規範意識が表出する場面については，2つの質問紙調査（《自由記述回答を中心とした質問紙調査》と《選択回答を中心とした質問紙調査》）の双方に共通の質問項目として設定した。

調査対象

　地域性による影響を可能な限り除き，現在の日本における保育の実態を偏りなく調査に反映したいと考えたため岩手県，宮城県，福島県を除く[注1]日本全国各地の幼稚園に勤務する幼稚園教諭を対象とした。

調査期間

2014年9月下旬～11月末。

調査の手続き

全国学校総覧(2012年度)を参考に無作為に抽出した公立幼稚園,私立幼稚園に「幼児期における規範意識の形成に関する研究調査」であることを明記した依頼文を添え,調査への協力を依頼した。1県につき平均して,私立7.27園,公立6園に配布した。(県全体の園数によって差異が生じた) 1園に4部ずつ質問紙と個人用封筒を配布し,各園で返信用封筒にまとめて返信いただくよう依頼した。詳細は以下の表に示す。

表5-1 自由記述回答を中心とした質問紙調査の郵送部数及び回収部数

《自由記述回答を中心とした質問紙調査》(回収率22.2%)						
園の公私	配布園数と配布部数		回収部数			回収部数合計
	配布園	配布部数	男性	女性	不明	
公立幼稚園	264	1056	12	253	3	268
私立幼稚園	320	1280	10	239	1	250
不明			0	1	0	1
合計	584	2336	22	493	4	519

表5-2 選択回答を中心とした質問紙調査の郵送部数及び回収部数

《選択回答を中心とした質問紙調査》(回収率24.4%)						
園の公私	配布園数と配布部数		回収部数			回収部数合計
	配布園数	配布部数	男性	女性	不明	
公立幼稚園	264	1056	19	264	0	283
私立幼稚園	320	1280	7	270	2	279
不明			0	8	0	8
合計	584	2336	26	542	2	570

第5章 幼児の園生活における規範意識の実態に関する実証的研究

なお,《自由記述回答を中心とした質問紙調査》と《選択回答を中心とした質問紙調査》それぞれ,配布園は重複させず,別の園を対象としている。

調査内容

《重複内容》
ⅰ.保育者の属性(公私,経験年数,性別,)
ⅱ.幼児の園生活の中で幼児の規範意識が表れる場面はどのような場面か
(日常生活場面・遊び場面別)

調査対象者の概要

ⅰ.保育者の属性(公私,経験年数)

2.日常生活中で規範意識が表出される場面

分析方法

ⅱ.「幼児の園生活の中(日常生活場面)で幼児の規範意識が表れる場面は

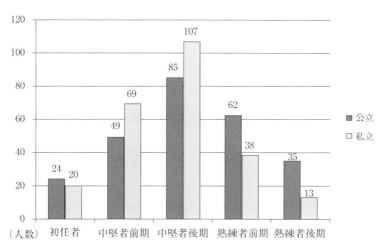

図5-1 調査協力者の属性(自由記述回答を中心とした質問紙調査)

《選択回答を中心とした質問紙調査》

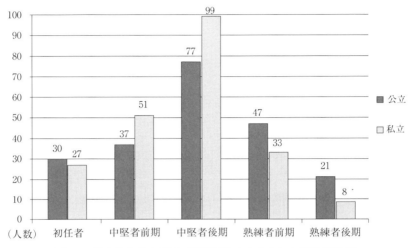

図5-2 調査協力者の属性（選択回答を中心とした質問紙調査）

表5-3 調査協力者の属性（公私，経験年数，性別）

数値は人数を示す

調査内容	園の公私	初任者		中堅者前期		中堅者後期		熟練者前期		熟練者後期	
		女	男	女	男	女	男	女	男	女	男
自由記述	公立	21	3	44	5	82	3	62	0	34	1
	私立	20	0	67	2	100	7	37	1	13	0
選択	公立	23	7	34	3	74	3	46	1	21	0
	私立	26	1	51	0	94	5	33	0	8	0
合計		90	11	196	10	350	18	177	2	76	1

どのような場面ですか」という質問に対する自由記述回答に対してテキストマイニングによる形態素解析（文章を単語あるいはフレーズごとに切り分ける処理）を行った。テキストマイニング分析には，SPSS Text Analytics for Surveys4.0を使用した。

その後，キーワード同士の関係について主成分分析を行った。

分析手順

保育者の記述回答を SPSS Text Analytics for Surveys4.0を使用し，形態素解析を行った。

次に抽出された単語から類似する単語をまとめ，一つのキーワード化する作業を語学的手法に基づくカテゴリー抽出化機能を用いて行った（例えば，「食事」「昼食」「給食」などを「食事」にまとめることなどが自動的に行われる）。

次に，カテゴリーに分類された単語を確認し，異なった意味合いをもつと判断した単語はキーワードから除外した。

また，設定の中でカテゴリー化されなかった単語の中にも，カテゴリー化が可能であると判断した単語についてはカテゴリーとして設定した。

次に，出現頻度が10以上となったカテゴリー（以下キーワードと示す）を使用し，多変量解析を実施した。具体的には，出現したキーワードを01型の2値データに変換し，主成分分析を行った。算出された第1主成分と第2主成分の得点を散布図に示し，キーワード同士の関係を視覚的に捉えることで，幼児の規範意識が表出される場面として記述された内容を捉えることとした。

結果と考察

日常生活の中で規範意識が表出する場面の記述は，945名の回答が得られた。記述の語数は20731であった。

テキストマイニングによる分析の結果，57のキーワードが抽出された。キーワードの主成分分析の結果，第1主成分の固有値が2.78，第2主成分の固有値が2.41と1を超える値を示したため，意味のある主成分であると判断した。第1主成分と第2主成分の得点を散布図にしたものが図5-3である。

「日常生活の中で規範意識が表出される場面」の主成分分析結果の散布図を図5-3に示した。なお，キーワードを示す○が図上で重複し，各キーワー

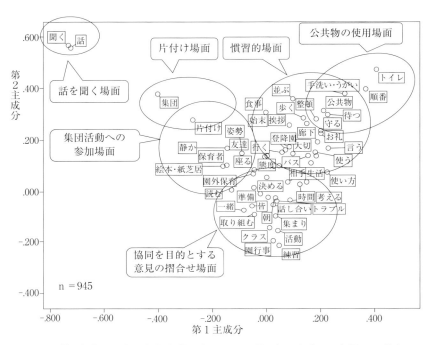

図5-3 「日常生活の中で規範意識が表出される場面」の主成分分析結果の散布図

ドと対応して示されていないものもある。ここではキーワードに注目してそのまとまりを見ていきたい。最も左にみられた横長の楕円は「聞く」「話」といったキーワードが布置した。これらのまとまりを《話を聞く場面》と命名した。

「話を聞く」場面は，朝や帰りの集まりといった活動にかかわる場面から，生活の中で個別的に友だちや保育者の話を聞く場面など，日常のあらゆる場面で生じることが考えられる。そして，相手の話を聞くときには，相手の話していることの言葉を音声として聞くだけではなく，相手の考えや主張を理解しようと意識を傾ける必要が生じる。また，相手が話をしている場で自分の言いたいことがある場合や，関心のない話を聞く場合も，自分の欲求や感

情を制御しながらまずは相手の話に注意を傾けることが求められる。戸田（2007）は相手の話を聞く際にはその態度に関して議論されることも少なくない事を指摘している。つまり「話を聞く」ということは，子どもにとって積極的な動機がある場合ばかりではなく，自己統制を要する場合もある。そのため，規範意識が表出する場面として挙げられたことが考えられる。

　その右下に布置する「集団」「片付け」は，クラスや集団で遊んでおり，片付けを行う際の場面を意味していると考えられる。このまとまりを《片付け場面》とした。《片付け場面》は，活動と活動の間，または遊びと活動の境に生じるものであり，次に何か新しい活動が生じる場合に好むと好まざるにかかわらず行うことが求められるものである。《片付け場面》は幼児にとって生活習慣の形成や生活リズムの形成，生活技術の訓練などの生活習慣的要因を伴う行動と捉えられる教育的場面ではあるが，必ずしも幼児にとって楽しいこと，やってみたいことではないことではないことも指摘される（永瀬，2011）。このように，「やりたくてもやりたくなくてもしなければならない」という義務を伴う行為に対する意識が表れるため，規範意識が表出する場面として挙げられたことが考えられる。

　その下の正円は，「保育者」を中心としながら「静か」「絵本・紙芝居」「読む」「座る」「姿勢」「友達」などのキーワードが布置した。これらのまとまりを《集団活動への参加場面》と命名した。《集団活動への参加場面》では，保育者が絵本や紙芝居などの読み聞かせを行う場面で，幼児がどのような姿勢や態度で参加しているのかについての記述であることが窺える。読み聞かせの最中に違う話をしたり，姿勢を保てなかったりする場合に，周囲の気が散れたり，読み聞かせそのものが成立しなくなる可能性がある。このようなことを避け，集団での活動を成立させるための規範がある。このような規範への意識が表れるため，規範意識が表出する場面として挙げられたことが考えられる。

　次にその右側にある最も大きい正円は，「並ぶ」「歩く」「整頓」「廊下」

「バス」といった日常生活の習慣に関するキーワードや「登降園」「挨拶」「お礼」「大切」「言う」といった基本的な礼儀作法に関するキーワードが布置した。また,「使う」「大切」「使い方」といった物の扱いに関するキーワードが布置した。これらのキーワードのまとまりは日常的に繰り返す生活慣習的内容や, 習得が望まれる慣習的マナーであることからであることから,《慣習的場面》と命名した。

その右上の楕円形でまとめられるキーワードは「トイレ」「順番」「手洗い・うがい」「公共物」「待つ」「守る」といったキーワードが布置した。また,「使う」「大切」「使い方」といった物を扱う際の態度に関するキーワードが布置した。これらは, トイレや水道などの公共物を使用する際に生じるきまりに関する内容であることから,《公共物の使用場面》と命名した。公共物を使用する際には, 順番に使うというきまりが派生する場合が一般的であると考えられる。このような公共の場における約束事に対する意識が表れるため, 規範意識の育ちの一つと捉えられているのだろう。

最後に最も下部に布置する「時間」「考える」「トラブル」「話し合い」「朝」「集まり」「皆」「決める」「準備」「一緒」「取り組む」「クラス」「園行事」「練習」「活動」といった, キーワードが布置した。

これらのキーワードから「トラブル」が生じた際に「皆」で「朝」「集まり」「話し合い」,「考える」場面といった内容が想定される。また,「皆」で「話し合い」をして「クラス」や「園行事」の「活動」を「決める」といった内容も想定される。また,「朝」「集まり」のように《集団活動への参加場面》とも共通するキーワードも上がった。

さらに,「園行事」の「練習」や「園行事」の「準備」を「一緒」に「取り組む」なども考えられる。すなわち, 集団で活動を展開したり, 周囲とのトラブルによって意見を擦り合わせるような場面についての内容が記述された。これらのまとまりを《協同を目的とする意見の摺合せ場面》と命名した。

協同的な活動をするためには周囲と意思の疎通を図り, 目的を共有したり,

問題が生じた場合にはその解決に向けて話し合うことが求められる。そこで，相手の意見を取り入れたり自分の意見を主張したりすることで，自分と他者の意見に折り合いをつけることが必要となる。こうした場面は自己調整能力が発揮される場面とも換言できるだろう。このようなことから規範意識が表出する場面として挙げられたことが考えられる。

　以上，日常生活の中で規範意識が表出される場面は《話を聞く場面》，《片付け場面》，《集団活動への参加場面》，《慣習的場面》，《公共物の使用場面》，《協同を目的とする意見の摺合せ場面》といった内容で捉えられていることが示された。これらの内容は生活の中の秩序維持や習慣性にかかわる規範への意識が中心となっていることが示された。

3．遊びの中で規範意識が表出される場面

　遊びの中で規範意識が表出する場面の記述は，892名の回答が得られた。記述の語数は30516であった。

　テキストマイニングによる分析の結果，43のキーワードが抽出された。キーワードの主成分分析の結果，第1主成分の固有値が2.23，第2主成分の固有値が1.97と1を超える値を示したため，意味のある主成分であると判断した。第1主成分と第2主成分の得点を散布図にしたものが図5-4である。なお，「遊び」というキーワードは頻度が非常に高かったが，「遊び」についての質問であるため，全てのキーワードにかかわることが考えられた。そのため，分析のキーワードから除外している。

　「遊びの中で規範意識が表出される場面」の主成分分析結果の散布図を図5-4に示した。

　まず，一番左の正円では，「ルール」「ある」「ゲーム」「望む」「守る」「決める」「勝ち負け」といったキーワードが布置した。「ゲーム」のなかでは「ルール」を「守る」という場面や，「ルール」の「ある」「ゲーム」遊びにおいて，「望む」「役」を「決める」といった場面，「勝ち負け」を「決める」

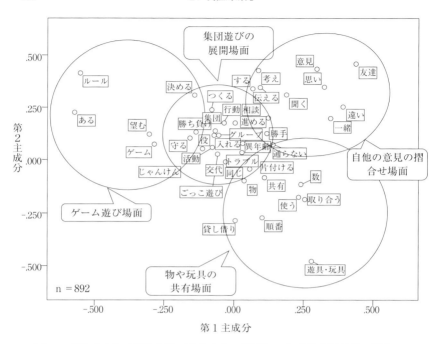

図5-4 「遊びの中で規範意識が表出される場面」の主成分分析結果の散布図

「ゲーム」といった内容が想定される。したがって，これらのまとまりを《ゲーム遊び場面》と命名した。ゲーム遊びにはルールが存在し，参加者に共通のルールを理解することが求められる。具体的には，「もし〜ならば〜する」という命題を理解し，行動すること（河邉，2001）である。それは一定の行動様式（ルール）に沿って遊ぶことによって役割転換や勝敗を生み出していく性質をもっている。しかしルールによって変化していく役割や遊びの展開のあり方は必ずしも自分のイメージに沿った形で進む場合ばかりではない。このような場合にどのような行動をとるのか，子どもにとって強い葛藤が生じことが考えられる。このように欲求と規範が対立する場面での言動は，規範意識が表出する場面の一つと捉えられることが伺える。

その右側には,「つくる」「行動」「進める」「集団」「グループ」「異年齢」「トラブル」「同じ」「ごっこ遊び」「交代」「入れる」「じゃんけん」「活動」「役」が布置した。また,「決める」「勝ち負け」「守る」も《ゲーム遊び場面》と併せて考えられる。

　これらは,「集団」や「グループ」で「同じ」遊びを「進める」ことや,「ごっこ遊び」の「グループ」に「入れる」(仲間入り),「じゃんけん」で「役」を「決める」場面などが考えられる。これらのまとまりを《集団遊びの展開場面》と命名した。このように集団で遊びを展開していく場合,それぞれの参加者が望む展開にずれが生じることがある。その場合,強引に主張する側の意見ばかりが通っていたり,幼児同士の仲間関係によって一方的に決定していったりすることも考えられる。このような場面で,全て平等にということは難しい場合も多く,どちらかが譲ったり,妥協案を見出す必要が生じるだろう。しかし,一方的な決定ではなく,可能な限り互いが納得できる方法を考えることは,公平性や平等の意識の表れと考えられるのではないか。こうしたことから,規範意識が表出する場面として挙げられたことが考えられる。

　その右上にあるまとまりでは,「意見」「思い」「聞く」「考え」「伝える」「する」「相談」「勝手」「違い」「一緒」といったキーワードが布置した。

　このことから,遊びの中で「意見」を「伝え(る)」たり,「意見」を「聞(く)」いたりする場面が考えられる。また,遊びを「勝手」に進めず周囲の友達と「相談」する内容であることも伺える。これらのまとまりを《自他の意見の摺合せ場面》と命名した。これも《集団遊びの展開場面》と同様に,自分の意見と他者の意見のずれに対してどのような態度をとるのか,ということが,規範意識の育ちの一つとして考えられていることが窺える。

　その下にみられる大きな正円のまとまりは,「片付ける」「物」「数」「共有」「取り合う」「使う」「順番」「貸し借り」「遊具・玩具」などが布置した。以上のキーワードから「物」を「片付ける」場面のほか,「遊具・玩具」や

「数」に限りがある「物」を「順番」で使用したり,「貸し借り」をする場面であることが考えられる。また,「遊具・玩具」や「数」に限りがある「物」を「取り合う」場面も考えられる。これらのまとまりを《物や玩具の共有場面》と命名した。

遊びの中では,特定の玩具を使用することがその遊びの成立にかかわるなど,重要な意味を持つことも多い。しかし,園内における玩具は共有物であるため,一人一つ用意されているものでなければ全て数が限定される。このような「物」の使用や所有を巡るいざこざが生じることは幼稚園では珍しくなく,特に低年齢の幼児ほどいざこざの要因となることが多いことが明らかにされている(小原,2008)。これは,《集団遊びの展開場面》や《自他の意見の摺合せ場面》と同様に,自分の欲求と他者の欲求が衝突した際にどのように折り合いをつけていくのか,欲求対立が生じた場合の態度を通して,規範意識の育ちの一面が表れると考えられているのだろう。

以上,遊びの中で規範意識が表出される場面は《ゲーム遊び場面》,《集団遊びの展開場面》《自他の意見の摺合せ場面》,《物や玩具の共有場面》いった内容で捉えられていることが示された。これらの内容は,自他の欲求対立が生じた場合に,どのように折り合いをつけていくのか,公正・公平にかかわる規範への意識を中心にその育ちが捉えられていることが示唆された。

4.日常生活と遊びにおける規範の相違と関連性

2.日常生活中で規範意識が表出される場面と,3.遊びの中で規範意識が表出される場面から,幼児の規範意識が表れる場面を具体的に捉えた。

そして,そのまとまりごとの特徴を見ていくと,

2.日常生活の中で規範意識が表出される場面では《話を聞く場面》《片付け場面》《集団活動への参加場面》《慣習的場面》《公共物の使用場面》《協同を目的とする意見の摺合せ場面》といった内容であり,集団活動・習慣的な視点で捉えられていた。

一方，3．遊びの中で規範意識が表出される場面では，《ゲーム遊び場面》《集団遊びの展開場面》《自他の意見の摺合せ場面》《物や玩具の共有場面》といった公平性や他者との協調的要素が窺えるキーワードで捉えられていた。このことから，日常生活と遊び場面における規範は，その内容が異なった特徴を有することが考えられる。

したがって，「遊びの中で規範意識が表出する場面」と，「日常生活の中で規範意識が表出する場面」の共通性と相違点についてキーワードの判別分析

表5-4　日常生活場面と遊び場面の規範キーワードと判別相関係数

遊び		日常生活	
遊具・玩具	-.372	時間	.071
ルール	-.265	使い方	.072
思い	-.222	相手	.073
ある	-.192	読む	.074
ごっこ遊び	-.181	園外保育	.075
ゲーム	-.173	言う	.076
友達	-.160	マナー	.077
貸し借り	-.105	保育者	.086
決める	-.105	クラス	.093
トラブル	-.098	生活	.100
物	-.098	待つ	.100
する	-.094	並ぶ	.102
取り合う	-.087	食事	.112
意見	-.086	挨拶	.120
異年齢	-.075	園行事	.120
じゃんけん	-.058	トイレ	.133
		集まり	.146
		活動	.256
		片付ける	.300
		話	.330

$p<.001$

表5-5 判別結果の正解率

		遊び	日常生活	合計
度数	遊び	830	62	892
	日常	14	931	945
%	遊び	**93.0**	7.0	100.0
	日常	1.5	**98.5**	100.0

によって検討した（表5-4）。

具体的には，2．日常生活で規範意識が表出される場面の記述と3．遊びの中で規範意識が表出される場面の記述を合わせ，双方がどのようなキーワードで捉えられているのか，検討した。その結果は表5-4，表5-5のとおりである。

以上から，幼児の園生活の中で表出する規範意識を想定したキーワードは「遊び場面」と「日常生活場面」とでは有意に異なっていることが示された。遊び場面の具体的な内容としては，「遊具・玩具」にかかわる貸し借りや取り合いといった内容，物の独占によるトラブル，ゲーム遊びやごっこ遊び，じゃんけんにかかわるルールに関する内容であることが遊びの規範場面として捉えられていることが読み取れる（表5-4）。

一方，日常生活場面では「使い方」「マナー」，「挨拶」といった慣習的内容から「食事」や「活動」「トイレ」といった，生活様式そのものにかかわるキーワードが挙がった（表5-4）。

共通となったキーワードは「活動，順番，使う，集団，守る，ルール，聞く，トラブル，一緒，決める，友だち，片付け」というキーワードであった。これらのキーワードは日常生活場面・遊び場面で共通して規範意識の要素として捉えられていることが明らかになった。

本研究全体の目的は規範意識の中でも正義や福祉，公正といった価値概念を土台とする「道徳的規範意識」の形成を促すかかわりを検討することにある。

第5章　幼児の園生活における規範意識の実態に関する実証的研究　　　105

　本節では2．日常生活中で規範意識が表出される場面と，3．遊びの中で規範意識が表出される場面をキーワード同士のまとまりから捉えた。結果，2．日常生活中で規範意識が表出される場面では，《話を聞く場面》《片付け場面》《集団活動への参加場面》《慣習的場面》《公共物の使用場面》《協同を目的とする意見の摺合せ場面》といった内容がみられ，集団活動・習慣的な視点で捉えられていることが明らかとなった。(図5-3)。

　その内容は，先行研究で示される「社会的慣習」に該当する内容で捉えられていることが確認できた。

　一方，3．遊びの中で規範意識が表出される場面の内容をみると《ゲーム遊び場面》《集団遊びの展開場面》《自他の意見の摺合せ場面》《物や玩具の共有場面》といった内容がみられ，特に《ゲーム遊び場面》は，ルールを守ることや，《自他の意見の摺合せ場面》では自分の意見だけではなく，周囲と意見を擦り合わせる場面などが挙げられた。また，《物や玩具の共有場面》では，物の独占に関する内容であり，これらは遊びの中で自分と他者が公平な立場で遊ぶことへの意識や，公正さに対する意識が顕在化する場面であると考えられる（図5-4）。これらの内容は先行研究で示される「道徳的規範」に該当する内容で捉えられていることが確認できた。

　本研究では，公正・公平，正義にかかわり，相手の尊厳や心情にかかわる規範である「道徳的規範意識の形成をテーマとしている。その中でも特に，公正・公平に対する意識がルールによって顕在化する「ゲーム遊び」は，幼児期の道徳的規範意識が表出する代表的な場面として位置付けることができるのではないかということを序章で述べた。

　先行研究においても，幼児の集団において最も身近で理解しやすい道徳概念が「公平」や「平等」であることが指摘され（吉田，1952：宮寺1973），ルールのあるゲーム遊びは他者との協同を目的とする自己調整能力，役割取得能力の発達が促され，道徳性の発達を促す契機となり得ることが指摘されてきた（Piaget, 1932：Vygotsky, 1989：DeVries & Zan, 1994：橋本，2002）。

また，本節の調査結果から，遊び場面における《ゲーム遊び場面》は幼児の道徳的規範意識が顕在化する場面として保育者共通に捉えている場面であることが確認できた。したがって，以降の研究課題のなかでも《ゲーム遊び場面》で表出される道徳的規範の問題を道徳的規範を代表する課題として設定し，その後の分析を進めていくことにする

第2節　幼児の道徳的規範意識の形成における現状の課題とその要因の分析

　保育実践の中では，保育者が道徳的規範意識の形成に課題を感じ，特に援助を要すると感じられる幼児が存在することが推測される。保育者が「かかわることの難しさ」を感じるのはどのような実態のある場合なのだろうか。また，保育者は対象児にどのようにかかわり，それによってどのような変化が対象児にみられるのだろうか。
　この点を明らかにすることによって幼児の道徳的規範意識の形成に伏在する問題や，実践上の課題を捉えることができるのではないかと考えた。

1．道徳的規範意識の形成に課題を感じ，特に援助を要すると感じられる幼児の実態に関する調査

調査対象者及び調査期間
　前掲（《自由記述回答を中心とした質問紙調査》への回答者）。

調査内容
　以下の内容を選択回答及び自由記述方式によって回答を求めた。
　Q1.「相手の心情や尊厳にかかわる規範（道徳的規範）」への意識の育ちに課題を抱え，特に援助を要すると感じる幼児に接した経験の有無
　　　（選択回答）

Q2. 対象児とかかわった年齢（選択・複数回答）
Q3. 対象児の性別（選択回答）
Q4. 対象児の課題が見られた場面（選択回答）（①遊びの場面　②生活場面　③遊びと生活全て）
Q5. 特に強く課題を感じたエピソード（自由記述）
Q6. 対象児の課題の要因に考えられること（選択回答）

> ①自信の欠如　②自尊感情の欠如　③乳児期からの親子関係
> ④親のしつけのあり方　⑤共感性の発達の未熟さ　⑥親の情緒が不安定
> ⑦自己主張の経験が少ない　⑧主張を受容された体験が少ない
> ⑨同年齢の幼児とかかわった経験が少ない
> ⑩周囲に望ましくない行動のモデルが存在する
> ⑪人に対してしてはいけないことを教えられていない
> ⑫その他

※規範の無理解による言動は，認知発達上の問題や，発達に何らかの特性を有している場合，対峙する規範への意識をもつ前段階であることが推測されるため，対象としないことを予め説明文に示している。

結果

Q1. 「相手の心情や尊厳にかかわる規範（道徳的規範）」への意識の育ちに課題を抱え，特に援助を要すると感じる幼児に接した経験の有無

　道徳的規範意識の形成に課題を抱え，特に援助を要すると感じられる子と接した経験の有無を図5-5に示す。

　この結果を見ると，7割を超える保育者が道徳的規範意識に課題を抱え，特に援助を要すると感じられる幼児と接した経験があると答えている。このことから，園生活を通して道徳的規範に接していること，またそこにかかわる問題が日常の中で発生することが珍しいことではないことが窺える。

Q2. 対象児とかかわった年齢（複数回答），Q3. 対象児の性別

　対象児とかかわった年齢及び対象児の性別を図5-6に示す。Q2では，対象

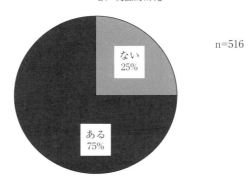

図5-5 道徳的規範意識の形成に課題を抱え,特に援助を要すると感じられる子と接した経験の有無

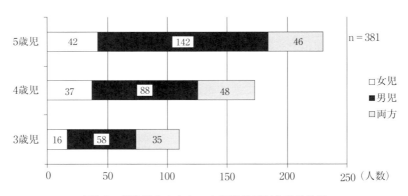

図5-6 対象児とかかわった年齢及び対象児の性別

児とかかわった年齢を質問した為,対象児の年齢は複数回答となる場合も多かった。3歳児から5歳児まで受け持った場合などは全てに該当し,4歳児,5歳児と受け持った場合などもある。そのため最終学年である5歳児は最も多くなった。さらに,園の組織によっては受け入れ年齢が4歳児や5歳児からとなる場合も考えられ,学年が上がるにしたがって対象となる子どもの数が増加することが考えられる。そのため,課題を感じられることが多いのは5歳児であるとは断定できないが,5歳児になると園生活や社会的経験の増

加により，道徳的規範に関する知識は増加することが考えられる。このようなことから，道徳的規範に関する善悪の判断は，年齢が上がるにしたがってその発達が期待されるものであるゆえ，特に課題を感じる場合が多くなることも考えられる。

　Q3の性別については男児が全体の約6割となり，「両方」を含めると7割を超えた。規範意識の発達に影響を与える発達的要因の一つに自己調整能力（self-regulation）[注1]の発達がある。保育者評定による自己調整能力調査では，男児よりも女児の方が自己抑制能力が高いことが複数の調査結果から明らかにされている（柏木，1988：伊藤・内山，2001）。この結果は従来の自己調整研究の結果と関連させて理解することができるだろう。また，男児の方がゲーム遊びや戦いごっこといった遊びを好む幼児が多くなることも考えられ（湯淺，2015），それらの遊びは夢中に行うほど道徳的規範から逸脱しやすくなる特徴を有することが勘案される。一方，女児の課題エピソードの割合は少ないものの3割以上存在している。男児との遊びの志向が異なることや，表立った道徳的規範の逸脱行為をしないなど性差による影響があることも推測できる。

Q4. 対象児の課題が見られた場面　（①遊びの場面　　②生活場面　　③遊びと生活全て）

　対象児の課題が見られた場面を図5-7に示す。保育者が道徳的規範意識の形成に課題を感じる幼児について，どのような場面で特に課題が感じられるのかについての回答をみると，その殆どが遊びと生活全般であった。例えば遊びの中で，ルールの逸脱や「ずる」のように不公平な遊び方が生じた場合，時に「遊びの中で行われることはあくまでも遊びである故，できるだけ問題視しない方がよい」といった考え方もが存在する。また遊びの中で道徳的規範意識に問題が感じられる場合に，その問題の善悪について問いかけても，「遊びだから良い」という主張をする幼児も存在する。しかし，遊びの中で

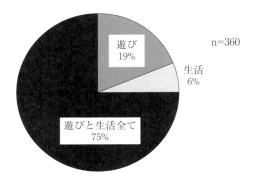

図5-7 対象児の課題が見られた場面

道徳的規範意識の形成に課題が感じられる幼児は日常生活でも同様に課題を感じる保育者が多いことが示された。岡本（2005）は幼児はゲーム遊びを好むようになると同時に「ずるい」という言葉を覚え、そのことを遊びの中で最大の悪として扱うようになると述べる。そして、遊びのルールと日常生活の中で発揮される規範の共通性と相違性についてはまだ解明されていないことが多いが、その関連の可能性について指摘している。遊びと日常生活の規範の構造上の共通点や相違点についてはここでは触れられないが、日常的に幼児に接している保育者はこの双方の問題には共通性があると回答している。このことから、遊びを通して形成された道徳的規範意識は日常生活においても反映していく可能性があり、その逆も十分に考えられることが指摘できよう。

Q5. 特に強く課題を感じたエピソード

道徳的規範意識の形成に課題を感じ、特に援助が必要であると感じられる幼児の具体的なエピソードを自由記述から集計した。共通する内容ごとにエピソードをカテゴリーに分類し、対象の幼児の性別と共に示すと次のような結果となった。

特に強く課題を感じたエピソードの内容と対象児の性別を図5-8に示す。

第5章　幼児の園生活における規範意識の実態に関する実証的研究

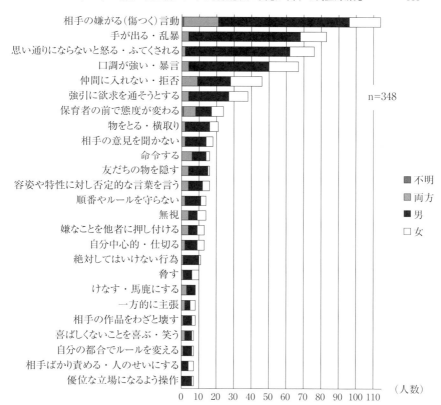

図5-8　特に強く課題を感じたエピソードの内容と対象児の性別

　最も多く挙げられた内容は「相手が嫌がる（傷つく）言動」であり，その次に「手が出る，乱暴」な行為であった。このような，相手に不快な感情を与える行為や，危険が及ぶ行為については，社会の中では特に優先される規範であり，周囲とより良い関係を築いていくためには基本として身につけていくことが望まれる規範であろう。こうした規範の逸脱が著しい場合，規範意識の育ちに特に課題を感じることが考えられる。

　次に多かったのが，「思い通りにならないと怒る」「口調が強い・暴言」と

いった内容であった。これらの内容は、直接的に危険が生じるものではないが、感情をコントロールすることができずに周囲に対する態度が乱暴になるものである。思い通りにならない状況が生じた際にその感情が態度に表れることは珍しいことではなく、むしろ通常のことであると考えられる。しかし、その程度や頻度によっては、周囲への影響も大きくなるため、社会的な存在として自己の感情をコントロールする力を養っていくことが期待される。そのため、課題と感じる保育者が多くなったとことが考えられる。

全体的にエピソードのカテゴリーに挙げられた対象児の性別は、男児の方が多いが、内容によっては女児の割合が増す内容もあった。そこでカテゴリーの内容によって学年や性別に偏りが見られるのか検討するため、それぞれのカテゴリー別に年齢・性別を分類するクロス集計表を作成した。そしてχ^2検定（Fisherの直接法）、残差分析を行った。以下に上位（30件以上）となったカテゴリーの分析結果を示す。なお年齢については、「規範意識の形成に課題を感じ、特に援助を要すると感じられる幼児とかかわった際の年齢」について質問している。そのため、「3歳児、4歳児」と回答が重複する場合がある。ここでは、年齢と性別の違いを見るため、年齢が限定されていた（3歳児のみ記入、4歳児のみ記入、5歳児のみ記入）回答者の回答を抽出し、分析を行った。

特に強く課題を感じたエピソードの内容（上位6項）と対象児の性別のクロス集計結果を表5-6に示す。全体的にみると、男児の割合が高く、女児が少なかったが、有意差がみられたカテゴリーは「仲間に入れない」［$\chi^2(2)$ 6.11, $p<.05$］、「強引に欲求を通そうとする」

［$\chi^2(2)$ 6.24, $p<.05$］であった。残差分析の結果、「仲間に入れない」で3歳児クラスに差が見られた。このように、「仲間に入れない」など仲間関係を操作することによって相手を傷つける「関係性攻撃」は女児の方が多く行うことも指摘されている（畠山・山崎, 2002）。エピソードに挙がる内容に攻撃的意図が含まれるか否かはここでは測ることができないが、女児は遊び内容

表5-6 特に強く課題を感じたエピソードの内容(上位6項)と対象児の性別のクロス集計結果

( )は人数を示す。年齢・性別の行に示す数値はエピソードの件数を示す。

年齢・性別 記述カテゴリー	3歳児(49)		4歳児(85)		5歳児(145)		χ^2
	女(14)	男(35)	女(30)	男(55)	女(34)	男(111)	
相手の嫌がる(傷つく)言動	3	4	4	19	10	32	
手が出る	4	13	3	18	7	25	
思い通りにならないと怒る	1	7	6	13	7	28	
口調が強い・暴言	1	8	8	10	8	23	
仲間に入れない	5	0	5	6	5	10	6.73*
	*						
強引に欲求を通そうとする	0	3	7	5	3	12	6.01*
			*				

* $p<.05$

とともに、誰と遊ぶかといった相手や、仲間関係を重視する幼児が3歳児では男児よりも多くなることが考えられる。そして、望まない相手が仲間に入ろうとする場合や、特定の仲間のみで遊びを展開したい場合に、排他的な言動をとることも考えられた。

「欲求を強引に通そうとする」では、4歳児クラスに差が見られ、女児の割合が高くなった。森下(2000)によると、女児は自己主張が3歳児から4歳児半にかけて伸びることが明らかにされている。このことからも、性別、年齢的な発達の影響があることも考えられる。

上記に挙げたカテゴリー以降の内容は、関係性に関する内容(「仲間に入れない・拒否」、「命令」、「脅す」)、強引な行動、自己中心的な行動(「欲求を強引に通す」「物をとる・横取り」「相手の意見を聞かない」「順番やルールを守らない」「嫌なことを他者に押し付ける」)、望ましくない意図を隠蔽するような内容(「保育者の前で態度が変わる」「友だちのものを隠す」「無視」)であった(図5-4)。また、「絶対してはいけない行為」には、「針で友だちを指す」と言ったもの

や，「人に唾を吐きかける」，「相手に砂を投げる」などの内容を含んでいる。また，「人としてしてはいけない行為」といった具体的な内容を含まない記述も含めている。

なお，最上位の「相手の嫌がる（傷つける）言動」には，「相手の嫌がることを言う」，「相手を傷つけることを言う」「相手の嫌がることをする」といった記述（具体的内容が示されていない記述）をまとめている。「相手が嫌がる（傷つける）」言動について具体的に記されたものについては，その内容をまとめるカテゴリーを設定した（例えば，「相手を叩く」という記述は，「手が出る・乱暴」に分類した。また，「友だちにチビと言う」，「障がいについて否定的な指摘をする」といった具体的な記述のあった内容は「相手を傷つける言動」には含めず「容姿や特性に対し否定的な言葉を言う」に分類した。）。

「相手を傷つける言動（心理的な攻撃的意図が伺える内容)」についての具体が示された記述では，「容姿や特性に対し否定的な言葉を言う」が最も多かった。このような問題は「遊び」か「日常生活」といった枠組みでは捉えることのできない内容であり，どのような場面でも起こり得るものである。そして，このような問題については，保育者がどのようにかかわるのかについてはこれまで殆ど議論されてこなかった問題であり，このような言動がみられた場合に保育者がどのようにかかわるのかについては個々の保育者の保育観に委ねられてきた部分であることを既に序章で述べた。

以上から，筆者が実践の中で問題意識にもった「他者を傷つける言動」については多くの保育者がその問題性を挙げるところであり，園生活の中で生じる道徳的規範の問題として共通性の高い問題であることが確認できた。したがって，本研究で取り上げる道徳的規範の課題の一つとして「相手を傷つける言動」を位置付け，研究を進めていくこととする。

Q6. 対象児の課題の要因に考えられること

対象児の課題の要因に考えられることを図5-9に示す。対象児の言動の要

第5章　幼児の園生活における規範意識の実態に関する実証的研究　　115

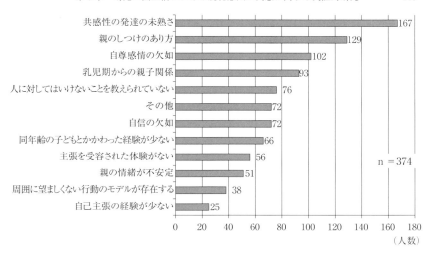

図5-9　対象児の課題の要因に考えられること

因についてみていくと，共感性の発達の未熟さといった回答が最も多かった。続いて親のしつけのあり方が挙げられた。このように見ていくと，多様な要因が複雑に絡み合っているようにも思えるが，特に身近な大人とのかかわり方や関係性がその育ちに影響していると捉えられていることが示された。このことを受け，保育者としてどのようなかかわりが可能であるのか，以降の調査も含めて検討していきたい。

2．保育者のかかわりと幼児の変化

1．道徳的規範意識の形成に課題を感じ，特に援助を要すると感じられる幼児の実態に関する調査で，道徳的規範意識の形成に課題を抱える幼児に対し，保育者はどのようにかかわったのか，またその変化の有無や経緯について明らかにする。それにより，実践上支持されているかかわり方の傾向と共に，道徳的規範意識の形成に課題を有する幼児の変化の実態が捉えることができると考えた。

調査対象者及び調査期間

前掲（《自由記述回答を中心とした質問紙調査》への回答者）。

調査内容

以下の内容を選択回答及び自由記述方式によって回答を求めた。

Q7. 園生活の中での対象児の変化の有無

（①変化した②少し変化した③なかなか変化が見られなかった）

Q8.（変化した場合）対象児の変化の期間

①何かのきっかけの直後　②数ヶ月　③1年間かけて　④2年間かけて
⑤3年間かけて　⑥その他

Q9. 対象児に接する際に心がけたこと

①繰り返し自分の行いについて考える機会を設けた　②保護者と連携を図った
③良いところ・良くなったところを褒めた　④情緒の安定を図った
⑤保育者とのかかわりを増やした　⑥受容的にかかわった
⑦保育者の考えや願いを繰り返し伝えた　⑧相手（友だち）の立場や思いを伝えた
⑨相手（友だち）の立場を自分に置き換えて考えるよう話をした
⑩クラス全体で話し合った　⑪その他

Q10. 変化した要因に考えられること

①保育者の伝えていたことが伝わった
②自分がしていたことと同様のことを他者にされて気が付いた
③自信がなかったことに自信がついた　④トラブルを通じて学んだ
⑤友だちから指摘された　⑥自尊感情が育まれた　⑦親子関係が変化した
⑧気持ちをコントロールできるようになった　⑨その他

第5章 幼児の園生活における規範意識の実態に関する実証的研究　　117

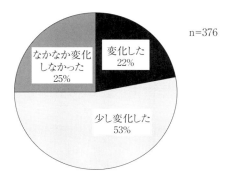

図5-10　園生活の中での対象児の変化の有無

結果
Q7. 園生活の中での対象児の変化の有無

　園生活の中での対象児の変化の有無を図5-10に示した。この結果を見ると，道徳的規範意識の形成に課題を抱える幼児の変化は「少し変化した」が最も多く，次いで「なかなか変化しなかった」が多かった。このことは，道徳的規範意識の形成に課題を抱える幼児の言動要因がすぐに変化するものではないことや，保育という限られた時間の中で保育者が対象児にかかわっていくことには限界があることも感じられる。そして，変化は大幅に期待できるものではないということが示唆される。そもそも幼児期では，「規範的な行動を幼児がとれるようになること」が目的なのではなく，規範の必要性に気付くための芽生えを促すことに重点が置かれている。したがって，行動面が変化することを教育の目的にはしていない。しかし，何らかの気づきを促すためのかかわりは必要なこととなるだろう。その中で「少し」でも変化する結果が生じているということは「芽生え」が顕在化したものと捉えることができるのではないだろうか。

　すぐに変化することを求めずに，先の発達を見通し，時間をかけてかかわっていくことが求められる内容であることが示される。

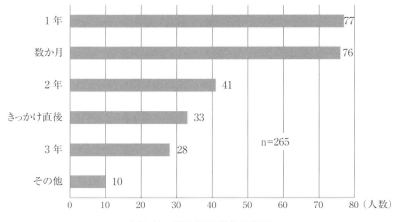

図5-11 対象児の変化の期間

Q8. （変化した場合）対象児の変化の期間

対象児の変化の期間を図5-11に示す。Q7の結果と共に見ると，年間を通して少しずつ変化していくことが最も多いことが窺える。また，「何かのきっかけの直後」に変化することもあるようであるが，基本的には急な変化が期待できるものではないことが窺える。道徳的規範にかかわる問題は，他者の心情や尊厳にかかわり，周囲を不快な感情にさせたり，傷つけたりする言動が多い。このことから同様の行動が続く場合に保育者は変化を急ぐことも推測されるが，このような実態を踏まえた長期的なかかわりの方法も検討されていく必要があるだろう。

Q9. 対象児に接する際に心がけたこと

対象児に接する際に心掛けたことを図5-12に示す。この結果から，保育者は「相手の立場や思いを伝えた」や「相手の立場を自分に置き換えて考えるよう話をした」など，相手の感情に気付くようなかかわりを中心としていることが窺える。また「良いところ・良くなったところを褒めた」といった

第5章 幼児の園生活における規範意識の実態に関する実証的研究　　119

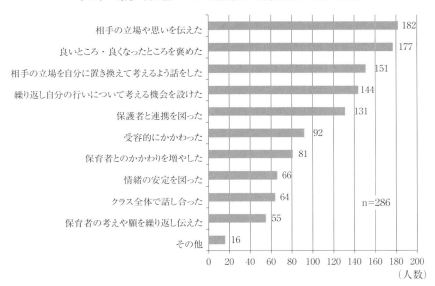

図5-12　対象児に接する際に心掛けたこと

「評価行為を通した変化」を期待するかかわりが挙げられた。

　また，どのようなかかわりを行うのかは対象の幼児や状況にも影響されることが考えられる。この点については，その後の調査の中で考察していきたい。

Q10. 変化した要因に考えられること

　対象児の変化の要因を図5-13に示す。最も多かったのが気持ちをコントロールできるようになった，という内容であった。また，トラブルを通じて学んだ，自分がしていたことと同様のことを他者にされて気が付いた，友だちから指摘された，の内容は全て同年齢の友だちとのかかわりから気づいたという内容となるだろう。また，気持ちをコントロールできるようになる，ということは気持ちをコントロールする必要性を本人が実感することが求め

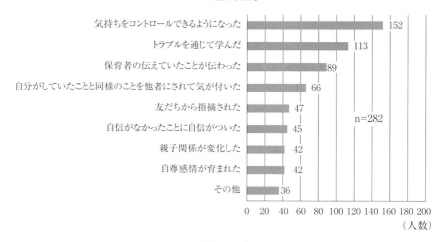

図5-13　対象児の変化の要因

られる。そのためには幼児同士の関係が強く影響することが考えられる。

　保育者が幼児に伝達していく規範的価値も重要であると考えられるが，幼児同士のやりとりは，実感に伴う気付があり，自らの問題として考える機会が生じるからこそ，幼児の変化を促す要因となることが多くなるのではないだろうか。

第3節　小括

　第1節では，幼児の規範意識が表出する場面の検討を行った。結果，幼児の日常生活の中で規範意識が表出される場面として捉えられている場面は，《話を聞く場面》《片付け場面》《集団活動への参加場面》《慣習的場面》《公共物の使用場面》《協同を目的とする意見の摺合せ場面》といった内容だった。一方，遊びの中で規範意識が表出される場面は《ゲーム遊び場面》《集団遊びの展開場面》《自他の意見の摺合せ場面》《物や玩具の共有場面》いっ

た内容が示された。

　これらの内容を見ると，日常生活場面では，集団生活そのものにかかわる内容や，秩序の維持に必要である内容が示されており，幼児の興味関心とは関わりなく行われるものが多いことが伺える。すなわち，「○○すべし，○○ねばならない」といった内容のものが多く含まれており，慣習的な内容が多い。これらは好むと好まざるにかかわらず受け入れることが求められるものであり，互いの生活を円滑にしやすくするために必要なものであるといえるだろう。

　一方，遊びの場面では，自ら選びとるものであり，それゆえに幼児の欲求にかかわる内容が多い。例えば，ゲーム遊びに参加し，勝ちたいという欲求をもっていたとすれば，ゲームのルールはその遊びをより魅力あるものにするとともに，欲求の達成を阻むものともなり得るという特質がある。また，子ども同士の欲求が対立する場面では互いの欲求の実現について相手の意図を推測したり，自己調整する必要が生じ，周囲とかかわる中でやってよいこと，いけないことを考えさせる場が必然的に発生することが考えられる。

　第1節で挙がったキーワードも，遊び場面では，「遊具・玩具」にかかわる貸し借りや取り合いといったキーワード，物の独占によるトラブル，ゲーム遊びやごっこ遊び，じゃんけんにかかわるルールに関するキーワードであり，いずれも幼児の遊びにおける公平や公正にかかわる言葉が挙がった。一方，日常生活場面では「使い方」「マナー」，「挨拶」といった慣習的内容から「食事」や「活動」「トイレ」といった生活様式にかかわる内容のキーワードで捉えられていた。

　以上から，幼児の園生活の中で表出する規範意識は「遊び場面」と「日常生活場面」の場面の内容は質的に異なる特徴を有することが示唆される。

　第2節では「幼児の道徳的規範意識の形成における現状の課題とその要因の分析」から，次の事が明らかとなった。

1．道徳的規範意識の形成に課題を感じ，特に援助を要すると感じられる幼児に接した経験をもつ保育者は7割を超えること，特に男児に多く見られたということが明らかとなった。

また，対象児の課題がみられる場面は，遊びや日常生活問わず，園生活全体全般でみられる傾向にあることが明らかとなった。このことは，遊びの中で道徳的規範意識の形成を促すような体験をすることが生活面へも影響していくことが示唆される。

そして，道徳的規範意識の形成に課題を感じ，特に援助を要する幼児の具体的なエピソードでは，「相手が嫌がる（傷つく）言動」であり，その次に「手が出る，乱暴」な行為であった。このような，相手に不快な感情を与える行為や，危険が及ぶ行為については，社会の中では特に優先される規範であり，周囲とより良い関係を築いていくためには基本として身につけていくことが望まれる規範である。こうした規範の逸脱が著しい場合，規範意識の育ちに特に課題を感じることが考えられる。

全体的にみると，記述されたエピソードは男児が多く，女児が少なかったが，「仲間に入れない」，「強引に欲求を通そうとする」では，女児の割合が高まり，有意差が見られた。この結果から，女児は遊び内容だけではなく，誰と遊ぶかといった相手や，仲間関係を重視する幼児が年齢によっては男児よりも多くなることが考えられる。そして，望まない相手が仲間に入ろうとする場合や，特定の仲間のみで遊びを展開したい場合に，排他的な言動をとることが考えられた。

全体的に，「相手の嫌がる（傷つく）ことを言う，する」といった記述が多かったが，「相手が嫌がる（傷つける）」言動について具体的に記されたものについては，その内容をまとめるカテゴリーを設定した（例えば，「相手を叩く」という記述は，「手が出る・乱暴」に分類した。また，「友だちにチビと言う」，「障がいについて否定的な指摘をする」といった具体的な記述のあった内容は「相手を傷つける言動」には含めず「容姿や特性に対し否定的な言葉を言う」に分類した。）。

「相手の嫌がる(傷つく)ことを言う,する」は具体的な記述がないものを示したが,そのエピソードには上記のような内容が多分に含まれていることが考えられる。

そして,このような問題は「遊び」か「日常生活」といった枠組みでは捉えることのできない内容であり,どのような場面でも起こり得るものである。そして,このような問題については,保育者がどのようにかかわるのかについてはこれまで殆ど議論されてこなかった問題であるが,実践を行うにあたってはでは個々の保育者の保育観や園文化等に委ねられてきた部分であることを既に序章で述べた。

また,遊びの中で,相手の意見を聞かず自己中心的に遊びを展開するものや,ルールの逸脱,自分の都合でルールを変えていくような内容も多く挙がった。

エピソードの記述の中でも「意図的に」「わざと」というキーワードが散見され,子ども自身に「いけないこと」と言う認識があるものの,行う行動であることに,かかわりの難しさが存在するように思われた。

そして,対象児の行動の要因には共感性の発達の未熟さや,親のしつけのあり方,自尊感情の欠如などが上位に挙がった。複数の要因が絡み合っていることが考えられるが,総じて身近な大人とのかかわり方や関係性についての内容が散見された。

また,道徳的規範意識の形成に課題を感じ,特に援助を要する幼児に対する対応は,相手の感情に気付くよう促すかかわりが最も多かった。対象児の変化は1年以上かけて少しずつ変化した,といった回答が多く,その要因には友だちとのかかわりに起因する内容が多く挙がった。

以上から,第5章「幼児の園生活における規範意識の実態」では,「幼児の規範意識が表出する場面」,及び,「道徳的規範意識の形成に課題を感じ,特に援助を要する幼児」の具体的なエピソードから分析し,考察した。幼児の園生活における規範は,日常生活の中での規範と,遊び場面における規範

は異なる特徴があり，特に遊びの中では公平や公正にかかわる道徳的規範意識の内容が中心に捉えられていた。また，保育者が道徳的規範意識の形成に課題を感じ，特に援助を要する幼児の実態は，周囲の友だちの感情を傷つけたり，嫌がる言動，乱暴な言動，自己中心的な言動などが中心となっていた。これらの内容は遊びか，日常生活か，といった場面的枠組みで捉える事ができず，他者とのやりとりが生じる場面全般にかかわる問題であり，子どもが社会的存在として生きていくための基礎的な育ちと考えられるゆえに重要であると考える。

　しかし，幼児期の道徳性及び規範意識の形成に関する研究では，道徳的規範意識の形成に焦点化した研究は殆どみられていない現状にある。

　したがって本研究では，道徳的規範意識の形成にかかわる実践的課題としてルールのある「ゲーム遊び」における「公正・公平」にかかわる問題と，相手を傷つける言動に焦点化し，幼児の道徳的規範に対する認識の発達と保育者の保育観及びかかわりについて後の分析の中で明らかにしていくこととする。

注
注1）自己調整（self-regulation）とは，自己の欲求や意思に基づいて自発的に自己の行動を調整する能力のことを示す（Thorensen & Mahoney, 1974；山本，1995）。自己調整（self-regulation）は「自己調整」（山本，1995；鈴木，2006；崎浜，2000；利根川，2013）という用語で示される場合あれば，自己制御（柏木，1988；首藤，1995；森下，2000；松永，2007）と示される場合もあり，双方の用語を分ける明確な定義は殆どみられない。但し，どちらも柏木（1986）の示す理論的枠組みに基づき，自分の欲求や意思を明確にもち，それを他者や集団の前で表現する「自己主張」的側面と，集団場面で自分の意志や欲求を抑制・制止しなければならないとき，これを抑制する「自己抑制」的側面から「自己調整（自己制御）」を捉えてきた点で共通している（董，2007）。

　幼稚園教育要領及び，道徳性の芽生えを培う事例集では，幼児の自己調整について，規範意識の芽生えとかかわりながら「自分の気持ちを調整する力」として示さ

れている。また，関連する部分の記述には，「制御」よりも「調整」という用語が用いられている。本研究は，幼児の規範意識の形成を促す教育的かかわりを検討する立場であることから，幼稚園教育要領及び，道徳性の芽生えを培う事例集の表記に倣い，「自己調整」という用語を用いることとする。

引用文献

畠山美穂・山崎晃（2002）自由遊び場面における幼児の攻撃行動の観察研究：攻撃のタイプと性・仲間グループ内地位との関連，発達心理学研究，13(3)，252-260.

伊藤篤・内山伊知郎（2001）幼稚園児の自己主張・自己抑制に関する発達的変化，人間科学研究，9(1)，47-56.

柏木恵子（1988）「幼児期における「自己」の発達―行動の自己制御機能を中心に―」東京大学出版会

河邉貴子（2001）小川博久（編）「遊びの探求―鬼遊びにおけるルールと遊びの魅力―」生活ジャーナル，190-209.

宮寺晃夫（1973）道徳教育における「教え」の役割，保育論叢，7，41-48.

森下正康（2000）幼児期の自己制御機能の発達(1)思いやり，攻撃性，親子関係との関連，和歌山大学教育学部紀要 教育科学，50，9-24.

小原敏郎・入江礼子・白川佳子・上垣内伸子・酒井幸子・内藤知美・吉村香（2013）保育者の保育観に関する研究：保育経験年数，保育所・幼稚園の違いに着目して，保育士養成研究，31，57-66

岡本夏木（2005）「幼児期―子どもは世界をどうつかむか―」岩波新書

Piaget, J.（1932）*The moral judgment of the child*, New York：Free Press.

橋本祐子（2002）構成論に基づく保育プログラムにおける道徳教育の実践―理論的背景と新たな展開―，エデュケア，22，21-30.

崎浜秀行（2001）自己調整（self-regulation）研究に関する考察(1)，名古屋大学大学院教育発達科学研究科紀要，心理発達科学，48，65-72.

鈴木亜由美（2006）幼児の日常場面に見られる自己調整機能の発達：エピソードからの考察，京都大学大学院教育学研究科紀要，52，373-385.

Thoresen, C. E. & Mahoney, M. J（1974）*Behavioral self-control*, NewYork：Holt Rinehart & Winston.

利根川彰博（2013）幼稚園4歳児クラスにおける自己調整能力の発達過程：担任とし

ての１年間のエピソード記録からの検討, (第１部自由論文) 保育学研究, 51(1), 61-72.
董存梅 (2007) 董幼児の自己制御の発達及び文化的特徴との関連―日中の比較を中心に, 東北大学大学院教育学研究科研究年報, 56(1), 215-227.
Vygotsky, L. S. (1989) 神谷栄治 (訳)「ごっこ遊びの世界―虚構場面の創造と乳幼児の発達」法政出版
山本愛子 (1995) 幼児の自己調整能力に関する発達的研究：幼児の対人葛藤場面における自己主張解決方略について, 教育心理学研究, 43(1), 42-51.
湯淺阿貴子 (2015) 幼児のゲーム遊びに生じる「ずる」の実態と仲間との相互交渉による意識の変容：縦断的観察からのエピソード分析から (第１部〈特集論文〉園生活における子どもの育ち合い) 保育学研究, 53(3), 248-260.
吉田昇 (1952) 幼児の躾と道徳教育, 幼児の教育, 51(11), 14-18.

第6章　道徳的規範に対する認識の年齢的特徴及び実態の発達的変容

　前章までの調査結果から，幼児の園生活における道徳的規範の実践的課題として2つの課題《ゲーム遊びにおける「ずる」》と《他者を傷つける言動》を設定し，本章以降で中心的に扱う課題としていく。本章では，課題に対するインタビュー調査の結果から，幼児の道徳的規範に対する認識と実態を検討する。

　第1節　ゲーム遊びにおける「ずる」に対する認識の年齢的特徴及び実態の発達的変容の「1．ゲーム遊びにおける"ずる"に対する幼児の認識の年齢的特徴」では筆者の保育実践の中で見られた事例を例題化した内容から検討した。「3．ゲーム遊びにおける"ずる"の実態と発達的変容」では，筆者の縦断的観察のエピソード内容から分析した。

　第2節　他者を傷つける言動に対する幼児の認識では，筆者の保育実践の中で見られた事例から趣旨を損なわない形で内容を変え，新たに筆者が作成した例題から検討した。

　例題に対する回答から幼児の善悪の認識を捉える方法は主に，認知発達研究に類する研究の中で豊富に研究が行われており，幼児期では3．4歳頃から既に善悪の判断を規定する規範意識が見られることが多方向から明らかにされている。しかし，その検討に使用される道徳領域の例話については，「嫌がらせ（嘔吐場面）」「暴力場面」「順番を抜かす」（首藤・岡島，1986；首藤・二宮，2002；越中，2006）といった内容が中心となっており，実際の幼児の遊びの中で見られるゲーム遊びの「ずる」に関する内容は検討されてこなかった。また，相手の身体的特徴や能力について否定的な言葉を投げかける実態などが幼児の実際の姿としてで見られることも多くの保育者が記述に挙

げている。そこで，本章では，保育者が道徳的規範意識の形成に課題を感じる場面として多く挙げられていた2つの課題《ゲーム遊びにおける「ずる」》と《第2節　他者を傷つける言動に対する幼児の認識》から幼児の道徳的規範にかかわる問題への認識を明らかにする。そして，本研究では，認識の発達だけではなく，実態と併せてその発達を検討する必要があると考えた。そのため，対象児を設定し，継続的観察が可能である道徳的規範問題（ゲーム遊びの「ずる」）の実態を継続観察・分析することを通して，継続的観察の困難な道徳的規範問題（他者を傷つける言動）へも応用させて捉えたいと考える。それにより，認識の年齢的な特徴と実態の姿を併せて考察することができると考えた。

　なお，道徳的規範の例題に対する回答は，仮想の場面から，他者に起こった問題として検討するものである。インタビューから捉える幼児の規範に対する認識は，実際に自らの感情や行動が伴う「規範意識」と区別し，「規範への認識」と示すこととする。

第1節　ゲーム遊びにおける「ずる」に対する認識の年齢的特徴及び実態の発達的変容

1．ゲーム遊びにおける「ずる」に対する幼児の認識の年齢的特徴

　本節の目的は幼児の道徳的規範意識が発揮される場面であり，その体験が道徳的規範意識の形成に影響することが考えられるゲーム遊びの中で生じる「ずる」に焦点化し，「ずる」に対する幼児の認識を明らかにしたいと考える。具体的には，「ずる」に対する善悪の判断やその行為に対する捉え方を明らかにすることにより，幼児の規範意識の発達の認知的側面を捉えることができると考えた。

　それにより，保育の中で生じる「ずる」に対し，保育者がどのようにかか

わることができるのか，その発達による違いを踏まえた指導を考えるために有用な知見になると考えた。

調査対象

調査対象は千葉県私立A幼稚園に通う幼児を対象とした。その詳細は表6-1の通りである。本調査では，ゲーム遊びの中で実際に生じた「ずる」により，いざこざが生じた経験のあるエピソードを例題化した。

千葉県私立A幼稚園では，4歳児クラスごろから子どもたちが自発的に行うゲーム遊びが増加すること，3歳児クラスでは，ゲーム遊びに興味を示すものの，ゲーム遊びに対する興味のあり方も多様であり，ルールに対する認識が4歳児クラス以上と大きく異なることが観察と予備調査を通して推測された。また，4歳以下の子どもの行動は欲求に従ったものを中心にしているが，4歳児以上になると，欲求と行動との間に，行動に先立つ行動の基準が介在するようになることが指摘されている（宮寺，1973）。本調査は「ずる」に対する認識から規範意識の発達を捉えるものであることから，本調査で調査対象とするのは4歳児クラス以上の幼児とした。

表6-1　調査対象の概要

	4歳児クラス	5歳児クラス
2x 年度	25名 男児15名；女児10名	18名 男児14名；女児4名
2y 年度	27名 男児14名；女児13名	29名 男児19名；女10名
2z 年度	16名 男児10名；女児6名	26名 男児13名；女児13名
合計	68名	73名

調査日

2x 年度　201a 年 2 月 28 日〜 3 月 13 日
2y 年度　201b 年 2 月 22 日〜 3 月 8 日
2z 年度　201c 年 2 月 28 日〜 3 月 14 日

調査方法

半構造化インタビュー（予め設定したインタビュー内容項目に即しつつも、相手の受け答えに応じて柔軟に質問内容に言葉を補足したり表現を別の言い回しに置き換えたりすることが可能なインタビュー方法である）を行った。周囲の影響をできるだけ受けず、且つ幼児に緊張感を与えずに思ったことを表現することができるよう、幼児が普段使用しているホール（全体での集合時などに使用される場所の一角）で行った。

調査の内容は以下に示す例題内容と、例題をイメージしやすくするための補助的な絵を幼児に提示しながら質問した。

例題内容

例題 1 《じゃんけんの後出し》

鬼ごっこをしようとして鬼を決めるために○○くん（ちゃん）[※1]とお友だちがじゃんけんをしました。

○○くん（ちゃん）がグーを出してお友だちがチョキを出したので○○くん（ちゃん）はじゃんけんに勝ちました（提示図①）。ですが、負けたことが分かったお友だちはすぐに手をパーに変えて「勝った」と言い（提示図②）、鬼をしないで逃げていきました。

提示図①　　　　　提示図②

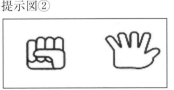

第 6 章 道徳的規範に対する認識の年齢的特徴及び実態の発達的変容　　131

例題 2 《鬼決め[※2]の操作》
　何人かで鬼決めを始めましたが，最後にお友だち一人と○○くん（ちゃん）が残りました。お友だちが足を指さす人をしていましたが，鬼決めのやり方と違う指の動かし方をして，わざと自分の足に指が当たるようにしました（提示図③を使用しながら説明）。そして○○くん（ちゃん）は鬼をすることになりました。
提示図③

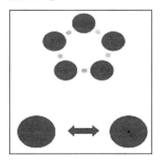

例題 3 《タッチされたのにタッチされていないように振る舞う》
　鬼ごっこが始まり，○○くん（ちゃん）が鬼をすることになりました。○○くん（ちゃん）はお友だちにタッチし，捕まえました。○○くん（ちゃん）はお友だちにはっきりとタッチしたのですが，お友だちはタッチされていないかのように逃げていってしまいました。

例題 4 《タッチされそうになると毎回バリアをする》
　鬼ごっこをしているときに，捕まりそうになったときに毎回バリアをして捕まらないようにしている人がいました。

※1 ○○くん（ちゃん）と示す○○は，調査対象の子どもの名前を入れている。
※2「鬼決め」とは，鬼を決定する方法で，人数が多くじゃんけんで鬼を決めること

が困難な際に用いられる。全員で片足を出して円形を作る。その中の一人が「オ・ニ・キ・メ・レス・コ・ピ・ニ・ス」という言葉に合わせて足を順番に指さしていく（提示図④）。最後は「ス」で終わる。「ス」に当たった人から円から外れていく（鬼をしない人となる）。最後の一人になるまで行い，最後に残った人が鬼をする。

提示図④

オ⇒1，ニ⇒2，キ⇒3，メ⇒4，レス⇒5，コ⇒6，ピ⇒1，ニ⇒2，ス⇒3
最後が3となる為3の人が抜ける。これを最後の一人になるまで繰り返す。

調査内容

(1)例題に対する善悪の判断：例題に示す行動に対して，しても良いと思うか，してはいけないと思うかの是非を尋ねる。

(2)「してはいけない」内容の認識：玉置・山本（2006）によると，幼児は発達により「悪い」と「ずるい」が分化されておらず，混同している場があることが指摘されている。したがって，(1)の質問で「してはいけない」と答えた幼児に対し，提示した行動は「悪い」と「ずるい」のどちらに該当すると思うか尋ねた。また，調査を行う中で「悪い」，「ずるい」ではなく「ダメ」と答える幼児が複数見られた。そのため，「ダメ」と答えた幼児は「悪い」か「ずるい」を選ぶように促すのではなく，「ダメ」に分類した。

(3)状況依存性判断とその理由：(1)の質問に対して「いけない」と答えた子どもに対し，森川（2008）が示す「状況依存性」判断を参考に，「仕方ない時もある」か「絶対にしてはならないか」を尋ねた。また，質問に対し，「仕方ない時もある」，「絶対にしてはならない」との返答があった場合には，そのように判断した理由について質問した。

質問の途中で回答に戸惑う場合には，「わからない」や「答えない」という回答でも良いことを伝えながら調査を行った。

第 6 章　道徳的規範に対する認識の年齢的特徴及び実態の発達的変容

分析方法
(1)「例題に対する善悪の判断」，(2)「"してはいけない"内容の認識」について回答結果を年齢別に集計した。その後に，年齢差を検討するためχ^2検定及び残差分析を行った。
(3)「状況依存性判断とその理由」の分析を照合して考察するため，コレスポンデンス分析を行った。

　まず幼児が語った判断理由を文章化し，SPSS Text Analytics for Surveys4.0を用いてテキストマイニングによる形態素解析（文章を単語あるいはフレーズごとに切り分ける処理）を行った。抽出された単語は出現頻度によらず，基本的に全ての単語をキーワードとして扱った。しかし，「思う」「する」など，そのキーワードを省いた場合も十分に意味が捉えられると判断した場合にはその後の分析に使用するキーワードから除外した。（たとえば「相手が悲しむと思う」という一文から「相手」「悲しい」というキーワードであれば「思う」がなくても理解可能であると判断する事などである。）

　次に年齢別に，各質問に対する行動の是非（状況依存性判断）の結果と，その理由を示すキーワードをコレスポンデンス分析によって対応図に示した。

結果と考察
《じゃんけんの後出しについて》
(1)「じゃんけんの後出しに対する善悪の判断」及び(2)「"してはいけない"内容の認識」の分析結果を表6-2に示す。

　この結果を見ると4歳児クラスから既に殆どの幼児がじゃんけんの後出しは「してはいけない」行為であると認識していることが示された。また，「してはいけない」行為をどのような内容として捉えているのかをみると，4歳児クラスでは「ずるい」が最も多く，「悪い」，「ダメ」という内容も見られた。

　5歳児クラスでは，「してもいい」と答えた回答者はいなかった。また，

表6-2 「じゃんけんの後出しに対する善悪の判断」及び(2)「"してはいけない"内容の認識」の分析結果

( ) = %

判断 / クラス		4歳児（n = 68）	5歳児（n = 73）	χ^2残差分析
OK		1（1.5）	0	—
NG*	ダメ	6（8.8）	0	**
	悪い	22（32.4）	19（26）	n. s.
	ずるい	34（50）	51（69.9）	*
	無回答	3（4.4）	1（1.4）	—
無回答		2（2.9）	2（2.7）	—

*$p<.05$ **$p<.01$

「してはいけない」理由も「ダメ」と答える幼児が該当せず，約7割の幼児が「ずるい」であると答えていた。

4歳児クラスと5歳児クラスでは，結果に若干割合が異なるものの，「してはいけない行い」として認識している点，半数以上が「ずるい」と認識している点で共通していた。

「してはいけない」の内容である，「ダメ」，「悪い」，「ずるい」について年齢による差が見られるのか，χ^2検定を行った。その結果，有意差が見られた。[$\chi^2(2)=9.17 p<.05$] 残差分析の結果，「ダメ」，「ずるい」に有意差がみられた。「ダメ」は4歳児クラスが多く，「ずるい」は5歳児クラスが多かった。

(3)「じゃんけんの後出しに対する状況依存性判断とその理由」

次に，(1)「じゃんけんの後出しに対する善悪の判断」で「いけない」と答えた幼児に，「絶対にいけない」行為か，「仕方ない場合もある」か，尋ねた。その結果が表6-3である。

状況依存性判断を質問した結果，4歳児クラス，5歳児クラス共に「絶対にいけない」が多い結果となった。また，割合をみると，4歳児クラスの幼

第6章 道徳的規範に対する認識の年齢的特徴及び実態の発達的変容　　135

表6-3 「じゃんけんの後出し」に対する状況依存性判断

( ) = %

判断＼クラス	4歳児（n=65）	5歳児（n=71）
絶対ダメ	43（66.2）	51（71.8）
仕方ない場合もある	14（21.5）	14（19.7）
わからない	8（12.3）	6（8.5）

児の方が，5歳児クラスの幼児よりも「仕方ない場合もある」と答える幼児が多かった。状況依存性判断の結果について年齢による差がみられるのかχ^2を行ったが，有意差は見られなかった。この結果を幼児の述べた判断理由と照合するため，コレスポンデンス分析を行った。その結果が図6-1，図6-2である。

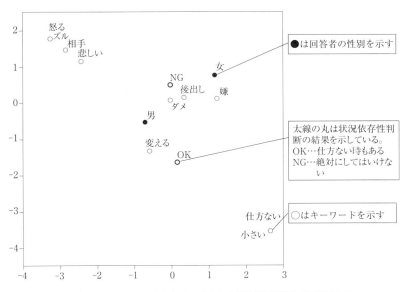

図6-1 「じゃんけんの後出し」に対する状況性判断とその理由のコレスポンデンス分析の結果（4歳児クラス）

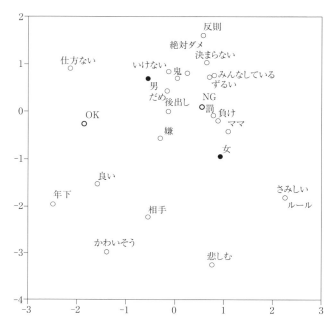

図6-2 「じゃんけんの後出し」に対する状況性判断とその理由の
コレスポンデンス分析の結果（5歳児クラス）

　表は，縦軸と横軸の値が0に近づくほど頻度が多いことを示している（以降，縦軸と横軸の0が交差する点を中心と示す）。また，近くに布置されたキーワード同士は関連性の強いキーワードとして見ることができる。
　4歳児クラスでは中心付近に「NG」と共に「後出し」「ダメ」といったキーワードが近くに布置している。
　このことから，「絶対にしてはいけない」と答えた幼児はその理由を述べるというよりは「後出しはダメ」といった事実そのものをいけない理由として判断していることが窺える。
　また，「仕方ない場合もある（OK）」の右下方向に「仕方ない」「小さい」というキーワードが布置されている。中心から離れているため頻度は低いも

のの,「小さい子の場合は仕方ない」と回答していることが読み取れる。

更に,左には「怒る」,「ズル」,「相手」,「悲しい」というキーワードが集合している。この結果から,相手の感情を推測する結果,「いけない」と判断する幼児も存在することが示された。

5歳児クラスでは,中心付近に布置したキーワードが4歳児クラスよりも増加した。

中心付近に布置されたキーワードをみると,「だめ」「後出し」「いけない」「嫌」といった行為そのものをいけない理由に挙げる傾向がみられた。また,「反則」,「罰」といったキーワードも見られることからルールの逸脱行為としての認識が強まることが示されている。また,「仕方ない場合もある（OK）」の直下には「年下」「良い」「かわいそう」といったキーワードが布置された。したがって,自分よりも幼い存在の行為ならば許容する,という意識が窺える。そして,中央に「ママ」というキーワードが挙がっている。この回答は「ママにダメと言われたから」といった内容であった。このように,養育者という子どもにとって関係の深い大人の示す規範が,ルールを守る際の基準となっている例もあった。

以上から,後出しという行為は,ゲーム遊びを頻繁に行うようになる4歳児クラスには既に「いけない行為」として認識していることが明らかとなった。また,理由に挙げられた回答内容を見ると,4歳児クラスでは理由を述べるよりもその事実が示されることが多く,事実上「ダメ」な行為として認識されていることが窺える。しかし,少数ではあるが,「相手」の感情をその理由に挙げる幼児も見られた。

5歳児クラスでも同様に禁止された行為として捉える回答も多いが,そのほかにもルールの逸脱を根拠にする場合や,「きまらない」といった,行為が招く展開についての言及があった。

このように,後出しは「してはいけない行為」であるという認識は共通しているが,その理由の理解の仕方は4歳児クラスと5歳児クラスとでは異な

る可能性が示される。

《鬼決めの操作について》

(1)「鬼決めの操作に対する善悪の判断」及び(2)「"してはいけない"内容の認識」の分析結果を表6-4に示す。

　4歳児クラスでは、ゲーム遊びの際に「鬼決め」をしたことがない幼児も多く、それに伴って無回答の割合が増加した。また、「してはいけない」行為として捉えた幼児も、その内容については、「悪い」行為と認識する幼児が半数を超えた。また、「ずるい」と回答した幼児は約4割存在した。4歳児ではゲーム遊びを日常的に好んで参加する幼児と、興味の対象がゲーム遊びではない幼児がおり、それによってゲーム遊びの経験値が大きく異なっている。そのことがこの結果に表れたことも推測できるが、遊びの好みも含めた調査は実施していないため、この点については更なる検証が必要である。

　一方、5歳児は、その9割が「してはいけない」ことと捉え、その6割以上が「ずるい」に該当すると回答した。

　「してはいけない」の内容である、「ダメ」、「悪い」、「ずるい」について年

表6-4　(1)「鬼決めの操作対する善悪の判断」及び(2)「"してはいけない"内容の認識」の分析結果

（　）＝%

判断	クラス	4歳児（n＝68）	5歳児（n＝73）	χ^2残差分析
OK		0 (0)	2 (2.7)	—
NG**	ダメ	0 (0)	0 (0)	—
	悪い	27 (39.7)	19 (26)	**
	ずるい	19 (27.9)	47 (64.4)	**
	無回答	0 (0)	1 (1.4)	—
無回答		22 (32.4)	4 (5.5)	—

$**p<.01$

齢による差が見られるのか，χ^2検定を行った。その結果，有意差が見られた。[$\chi^2(2) = 10.02$, $p<.01$] 残差分析の結果，「悪い」，「ずるい」に有意差がみられた。「悪い」は4歳児が多く，「ずるい」は5歳児が多かった。

5歳児クラスでの「鬼決めの操作」は調査園では毎年確認される行為である。「鬼決め」の操作は言葉を発しながら指を操作する内容であるために，一見しただけでは気づきにくいという特徴がある。そうした分かりにくさから，ただ単に「悪い」のではなくその意図を隠蔽するような行為であるからこそ「ずるさ」が感じられるだろう。また，5歳児クラスでは遊びや生活のルールにかかわるいざこざが増加することが指摘されている（小原ら，2008）。このことから，5歳児クラスでは，遊びの中でもルールや公平性に対する意識が強くなり，「ずるい」といった感覚を理解する幼児が増加することも考えられる。

(3)「鬼決めの操作に対する状況依存性判断とその理由」

次に，(1)「鬼決めの操作に対する善悪の判断」で「いけない」と答えた幼児に，「絶対にいけない」行為か，「仕方ない場合もある」か，尋ねた。その結果が表6-5である。

状況依存性判断を質問した結果，4歳児クラス，5歳児クラス共に「絶対にいけない」が多い結果となった。それぞれの，割合をみると，4歳児クラスの幼児の方が，5歳児クラスの幼児よりも「仕方ない場合もある」と答える幼児が若干多かったが，全体的にそれほど大きな差とはならなかった。状

表6-5 「鬼決めの操作」に対する状況依存性判断

（ ）＝％

判断＼クラス	4歳児（n＝46）	5歳児（n＝67）
絶対ダメ	33（71.7）	55（82.1）
仕方ない場合もある	11（23.9）	9（13.4）
わからない	2（4.3）	3（4.5）

況依存性判断の結果について年齢による差がみられるのかχ^2検定を行ったが，有意差は見られなかった。

　この結果を幼児の述べた判断理由と照合するため，コレスポンデンス分析を行った。その結果が図6-3, 図6-4である。

　4歳児クラスでは，中心付近に「面白くない」「ダメ」といった回答が布置された。また，「OK」の上に「小さい」「仕方ない」「いい」「遊び」が布置している。前の《じゃんけんの後出しについて》でも見られたことであるが，といったように，自分よりも幼い相手は許容するという回答がみられた。さらに，上部に「遊び」「いい」が近くに布置している。これは遊びだったら許容するという回答であった。

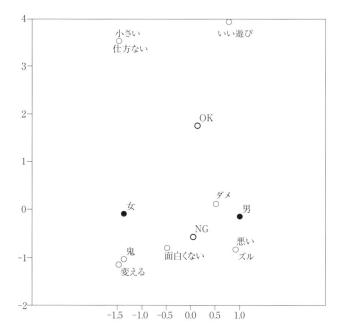

図6-3　「鬼決めの操作」に対する状況性判断とその理由のコレスポンデンス分析の結果（4歳児クラス）

第6章 道徳的規範に対する認識の年齢的特徴及び実態の発達的変容　　141

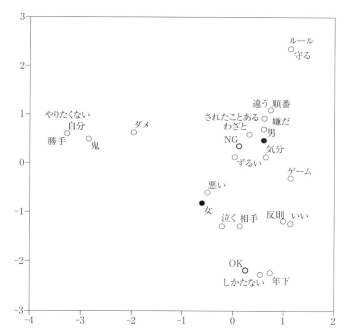

図6-4 「鬼決めの操作」に対する状況性判断とその理由の
　　　コレスポンデンス分析の結果（5歳児クラス）

　また，「悪い」「ズル」といったといった評価以外にも，「鬼を変えたから」という事実に関する内容が挙げられた。
　5歳児クラスでは，回答内容が4歳児クラスと比較して倍以上増加した。中心付近に布置しているのは，「嫌だ」「気分」といった感情にかかわる内容や，「わざと」「悪い」「ずるい」といった意図性を判断の理由に挙げる内容が挙がった。
　他にも，「されたことある」といった経験に基づいた回答や，「相手」「泣く」といった相手の行動を推測する回答も見られた。このように過去の経験からその後の展開を予測し，それを判断の根拠とする点で，4歳児クラスの判断との特徴の違いが指摘できる。また，左中央には，「自分」「勝手」「や

りたくない」「鬼」「ダメ」といった自己中心的行動であるがゆえに「いけない」とした理由もあった。また,「仕方ない場合もある」を示す「OK」では,「年下」が布置された。

《タッチされたのにタッチされていないように振る舞う》
(1)「タッチされたのにタッチされていないように振る舞うことに対する善悪の判断」及び
(2)「"してはいけない"内容の認識」の分析結果を表6-6に示す。

　4歳児クラスの結果と5歳児クラスの結果を見ると,「しても良い」と回答した幼児がみられなかったこと,「してはいけない」と回答した場合にもその内容を「ずるい」と捉える幼児が多い点で,共通点がみられた。無回答の割合が4歳児クラスの方が8％を超えたが,4歳児クラスも5歳児クラスも全体的な割合も大きな差は見られなかった。「してはいけない」の内容である,「ダメ」,「悪い」,「ずるい」について年齢による差が見られるのか,χ^2検定を行ったが,有意差は見られなかった。このことから,「タッチされたのにタッチされていないように振る舞う」という明らかなルール逸脱行為は年中時期から年長児とほぼ同様に判断している可能性が示される。

表6-6 (1)「タッチされたのにタッチされていないように振る舞うことに対する善悪の判断」及び(2)「"してはいけない"内容の認識」の分析結果

( ) = %

判断	クラス	4歳児（n=68）	5歳児（n=73）
OK		1 (1.5)	0
NG	ダメ	4 (5.9)	2 (2.7)
	悪い	22 (32.4)	27 (37)
	ずるい	33 (48.5)	40 (54.8)
	無回答	2 (2.9)	1 (1.4)
無回答		6 (8.8)	3 (4.1)

第6章　道徳的規範に対する認識の年齢的特徴及び実態の発達的変容　　143

(3)「状況依存性判断とその理由」

次に，(1)「タッチされたのにタッチされていないように振る舞うことに対する善悪の判断」で「いけない」と答えた幼児に，「絶対にいけない」行為か，「仕方ない場合もある」か，尋ねた。その結果が表6-7である。

以上のように，状況依存性判断を検討した結果も，4歳児クラス，5歳児クラス共に「絶対にいけない」が多い結果となり，この結果でも(1)「例題に対する善悪の判断」及び(2)「"してはいけない"内容の認識」の結果と同様に，その割合に大きな差が見られなかった。状況依存性判断の結果について年齢による差がみられるのかχ^2検定を行ったが，有意差は見られなかった。

次に，この結果を幼児の述べた判断理由と照合するため，コレスポンデンス分析を行った。その結果が図6-5，図6-6である。

4歳児クラスの判断理由をみると，中心付近に「ダメ」「ずるい」「タッチする」といったキーワードが布置し，「タッチしたのにダメ，ずるい」といった事実を判断理由に示していた。またその右下に「されたことある」といった経験に基づく理由を挙げる幼児も見られた。右上には，OKの近くに「間違え」「許す」が布置している。間違えた場合には良いが，タッチされた自覚がある場合には許容しないという認識であることが明らかとなった。以上から，その理由を言語化することについては未発達な面が多分にあるものの，語られた内容を見ると，相手の意図や自らの経験を判断理由に挙げる内容が存在することも明らかとなった。このような「明らかなルール逸脱行

表6-7　「タッチされたのにタッチされていないように振る舞うこと」に対する状況依存性判断の結果

( ) = %

判断＼クラス	4歳児（n=61）	5歳児（n=70）
絶対ダメ	45（73.8）	54（77.1）
仕方ない場合もある	9（14.8）	11（15.7）
わからない	7（11.5）	5（7.1）

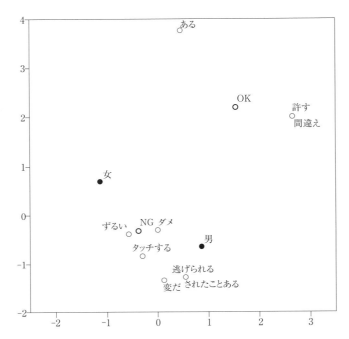

図6-5 「タッチされたのにタッチされていないように振る舞うこと」に対する状況性判断とその理由のコレスポンデンス分析の結果(4歳児クラス)

為」に対しては，4歳児クラスの幼児も自らの体験から不公平感への気づきを有している幼児が存在することが示唆される。

5歳児クラスでは，中心付近に「友だち」，「ずるい」，「捕まった」が布置していた。また，「悲しい」「かわいそう」といったタッチをした側へ同情を示す回答や「迷惑がかかる」といった責任的回答も中心付近に確認された。そして少数ではあるが，「仕方ない場合もある (OK)」の右方向に「いい」「回数制限」「反則」「年下」が集合し，布置している。「回数制限」のキーワードは「〜回まで」といった回答を筆者がキーワード化したものであるが，制限のある行動としては容認するという内容であった。また，「反則」「年下」とあるように，これまでの例題と同様，自分よりも年齢が幼い場合には

第6章　道徳的規範に対する認識の年齢的特徴及び実態の発達的変容

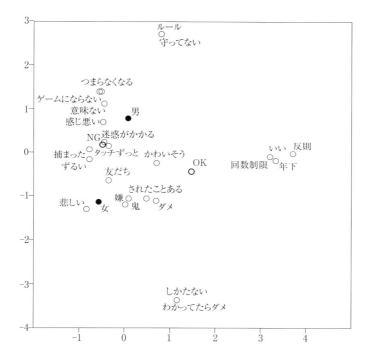

図6-6　「タッチされたのにタッチされていないように振る舞うこと」に対する状況性判断とその理由のコレスポンデンス分析の結果（5歳児）

許容するという回答がみられた。

　下部に布置された「しかたない」「わかってたらダメ」というキーワードは，意図性の有無が許容の判断にかかわることが示される。

《タッチされそうになると毎回バリアをする》
(1)「タッチされそうになると毎回バリアをすることに対する善悪の判断」，
(2)「"してはいけない"内容の認識」の分析結果を表6-8に示す。

　4歳児クラスでは，「しても良い」と答えた割合と，無回答の割合が5歳児クラスと比較して約倍に増加した。また，「してはいけない」と答えた中

表6-8 「タッチされそうになると毎回バリアをすることに対する善悪の判断」，(2)「"してはいけない"内容の認識」の分析結果

( ) = %

判断		4歳児（n=68）	5歳児（n=73）	χ^2残差分析
OK		11（16.2）	6（8.2）	―
NG*	ダメ	1（1.5）	3（4.1）	n.s.
	悪い	19（27.9）	14（19.2）	*
	ずるい	19（27.9）	41（56.2）	*
	無回答	0	1（1.4）	―
無回答		18（26.5）	8（11）	―

*$p<.05$

でも，「悪い」と「ずるい」が同数となった。このように，「バリア」は実際に遊びの中で行われているものであることから良い，としたり，判断に迷ったりしたことが考えられる。

しかし，5歳児クラスでは，「しても良い」と答えた割合が減少し，「してはいけない」と答えた割合は増加した。またその内容も「ずるい」の割合が高くなった。このように「タッチされそうになると毎回バリアをすること」に対しては年齢による認識の違いがあることが窺えた。

「してはいけない」の内容である，「ダメ」，「悪い」，「ずるい」について年齢による差が見られるのか，χ^2検定を行った。結果，有意差が見られた。[$\chi^2(2)=6.35$, $p<.05$] 残差分析の結果，「ダメ」，「ずるい」に有意差がみられた。「ダメ」は4歳児クラスが多く，「ずるい」は5歳児が多かった。

(2)「状況依存性判断とその理由」

次に，(1)「タッチされそうになると毎回バリアをする」で「いけない」と答えた幼児に，「絶対にいけない」行為か，「仕方ない場合もある」か，尋ねた。その結果が表6-9である。

この結果を見ると，「絶対にいけない」と答える割合が4歳児クラス，5

第6章 道徳的規範に対する認識の年齢的特徴及び実態の発達的変容　　147

表6-9 「タッチされそうになると毎回バリアをする」に対する状況依存性判断

（　）＝％

判断＼クラス	4歳児（n＝39）	5歳児（n＝59）
絶対ダメ	22（56.4）	35（59.3）
仕方ない場合もある	9（23.1）	17（28.8）
わからない	8（20.5）	7（11.9）

歳児クラス共に高かった。しかし，5歳児クラスでは，「仕方がない場合もある」と答えた割合が最も多い例題となった。状況依存性判断の結果について年齢による差がみられるのかχ^2検定を行ったが，有意差は見られなかっ

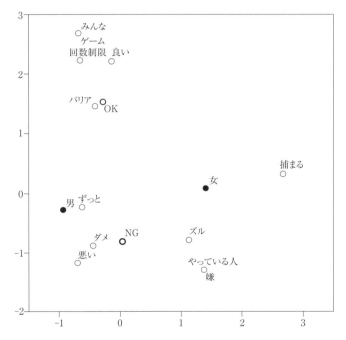

図6-7 「タッチされそうになると毎回バリアをする」に対する状況性判断とその理由のコレスポンデンス分析の結果（4歳児クラス）

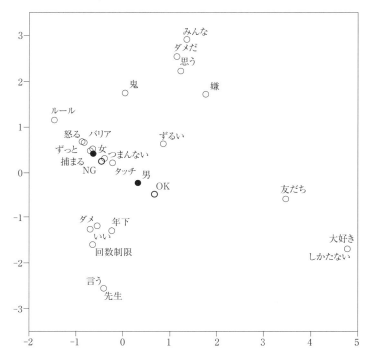

図6-8 「タッチされそうになると毎回バリアをする」に対する状況性判断と
その理由のコレスポンデンス分析の結果（5歳児クラス）

た。この結果を幼児の述べた判断理由と照合するため，コレスポンデンス分析を行った。その結果が図6-7，図6-8である。

4歳児クラスでは，「絶対にいけない」を示す「NG」の周りに，「悪い」，「ダメ」，「ずっと」といったキーワードが布置していた。これは「ずっとはダメ」や「ずっとは悪い」といった内容であった。また，「ズル」「やっている人」「嫌」というキーワードが隣接している。したがって，実際に遊びの中で毎回バリアをしている人がおり，それが「ずるい」と思い，「嫌だ」という感情を経験していることが窺える。しかし，「仕方ない場合もある」を示す「OK」の周りには「バリア」「良い」「回数制限」などが布置している。

以上から，「～回までなら」といった条件付きで許容される場面を経験していることが考えられる。

5歳児クラスでは，「絶対にしてはいけない」を示す「NG」が中央に布置している。そしてその周辺に「つまんない」「ずっと」「怒る」「捕まる」といったキーワードが挙がった。これらは，実際に「捕まりそうになると毎回バリア」をされた結果，生じるであろう感情を見通するものであり，同様の経験をすることによって理解されたものと考えられる。また，「仕方ない場合もある」を示す「OK」の左下には，「年下」「ダメ」「いい」「回数制限」「言う」，「先生」というキーワードが布置している。これは，「ダメだけど年下ならいい」や，「毎回はダメだけど一回（回数制限）ならいいと先生が言った」というものであった。また，右の方では，「友だち」，「大好き」，「しかたない」のキーワードが隣接していた。数は多くはないものの年長児では仲間関係が許容条件になり得ることが示唆された。

2．ゲーム遊びにおける「ずる」に対する幼児の認識のまとめ

本研究では，ゲーム遊びの中で生じる「ずる」に対し，幼児がどのように認識しているのか学年ごとの特徴を明らかにすることを目的としていた。そのため，実際に幼児のゲーム遊びの中で生じた「ずる」のエピソードを例題化し，幼児に善悪の判断やその行為に対する捉え方を検討した。結果，《じゃんけんの後出し》や《タッチされたのにタッチされていないように振る舞う》といったルールの逸脱が明確な行為については4歳児クラスの幼児も5歳児クラスの幼児とほぼ同様の回答傾向を示した。しかし，判断の理由を問うと，4歳児は「だめ」「いけない」「嫌」といった行為そのものを「いけない行為」として理由に挙げる傾向がみられた。また少数ではあるが，「相手が泣く」といった理由を述べる幼児も存在した。許容理由をみると，4歳児クラス，5歳児クラス共に「年下」や「間違い」の場合を示すキーワードが挙がっていた。特に「年下」の場合にはルールを理解していなかっ

たり，意図的行為ではなかったりする可能性を推測するからだろう。また，日常的に「小さい子には優しくしなければならない」といった投げかけを周囲の大人から受けていることも考えられる。

以上から，《じゃんけんの後出し》や《タッチされたのにタッチされていないように振る舞う》といったルールの逸脱が明確な行為については，4歳児クラスの幼児も，5歳児クラスとほぼ同様の解釈の仕方をしている結果が示された。しかし，その理由を言語で表現する力が発達の途上であるために理由を述べることができない4歳児も少なからず存在することが考えられる。

一方，《鬼決めの操作について》と，《タッチされそうになると毎回バリアをする》については，4歳児クラスの幼児と5歳児クラスの幼児で違いがみられた。

《鬼決めの操作について》では，4歳児クラスの幼児が「鬼決め」をしたことがない幼児も存在し，経験のない幼児は無回答が多かった。「鬼決め」をしたことがある幼児も「悪い」行為として捉えている幼児の方が若干多かった。一方5歳児では，6割以上が「ずるい」と回答しており，その回答内容からも経験に基づいて「いけない」と回答する内容が増加した。

4歳児クラスでも「やっている人が嫌だった」と回答している幼児がみられたことから，不快な体験が「いけない」と言うことの実感を促すことが確認できる。

《タッチされそうになると毎回バリアをする》については，「してもいい」と回答する割合が4歳児クラス，5歳児クラス共にもっとも高い結果となった。これは「バリア」は鬼に捕まることを拒否できる方略として広く認知されている行為であり，容認されているものである。このことから，実際行われているものであることを理由に「してもいい」と回答する幼児が増加している。しかし，タッチされそうになった場合に毎回バリアをするとゲームが成立しない。そのため，どこまでバリアを使用するのかということについては「～回まで」と回数制限を設定しない限り，明確なルールはない。このよ

うな「曖昧なルール」については自分の欲求と周囲との遊びの関係について考慮する必要性が生じるため，幼児の状況理解と自己調整能力が顕在化する場面だろう。

　5歳児クラスにおいては毎回バリアをした結果を推測することによって「いけない」と判断する幼児もいれば，「先生が言っていた」ことを理由に挙げる幼児も存在した。

　例題のように，「毎回バリアをする」と言う事態が生じた場合に，それを防止するために「バリアの回数を決める」「バリアをなしにする」というルールを追加していくことも考えられる。しかし，ルールの有無で行動の是非を決定するのであれば，「ルールがなければ何をしても良い」という発想を生み出す可能性もあるのではないだろうか。ルールの生成も必要に応じて考えられるが，「ルールにはないが，○○のようにした方が良い」という個々の気づきを促すこともまた，道徳的規範意識の形成には必要なことのように思われる。このように考えると，必ずしも「ルール」の設定は積極的に行うことが良いとは限らないのではないかと思われる。

　しかし，このような「ルールの無設定」による「自主的な気づきによる行動調整」が期待できるのは，自分の行動と遊び全体の関係について考慮することができる程の発達にあることが前提となり，それが難しい場合，遊びが崩壊していく可能性が多分にあるだろう。

　この点については幼児の年齢やゲーム遊びの経験値，参加する幼児の自己調整能力などを考慮しながら保育展開していく必要があるといえる。

　また，先行研究では，幼児期では公平性概念の獲得の発達によって「悪い」と「ずるい」の混同がみられることが指摘されていた（玉置・山本，2006）。そして，4歳児では，「ずるい」を適切に使用できない幼児の割合が5歳児よりも多くなることが指摘されていた。本研究では4歳児クラスは「ダメ」という結果も含めた回答を示したが，内容によって，「ずるい」を理解している幼児も増加した。特に，「タッチされたのにタッチされていない

ように振る舞う」は，4歳児クラスも「ずるい」の割合が5歳児クラスと殆ど変わらず，唯一有意差が確認されなかった。ルールとして決定されている内容の明確な逸脱行為であり，コレスポンデンス分析の結果でも「されたことがある」という回答が挙がっていることから，4歳児クラスでも遊びの中で実際に体験している内容については，5歳児と殆ど変わらない程に発達することが示された。

しかし，「じゃんけんの後出し」は「タッチされたのにタッチされていないように振る舞う」と同様に明確なルール違反であり，4歳児クラスでも後出しの経験のある幼児は多いことが推測され，割合から見ると，4歳児も「ずるい」と回答した幼児が最も多くなった。しかし，4歳児クラスと5歳児クラスで有意差が生じる結果となっている。これは，4歳児に「ダメ」と回答した幼児が有意に多かったことの影響が考えられる。以上から，「ずる」の中でもルール違反となるような内容については4歳児クラスでも多くの幼児が理解していることが示された。

またその他の「鬼決めの操作」と，「タッチされそうになると毎回バリアをする」については，その体験がない4歳児クラスの割合も増加し，無回答も増加した。このこともあり，5歳児クラスの方が「ずるい」と認識する割合が有意に高いことが明らかとなった。

そして4歳児クラスでは，「ダメ」と回答する幼児が5歳児よりも多いという特徴が見られた。「ダメ」は，善悪の判断というよりも行為の禁止としての意味合いが強いように思われる。これは，低年齢のうちは「悪い」ということよりも「ダメ」か「良い」かということを養育者からしつけとして伝達されるからと考えられ，その影響が残るものと考えられる。

以上から，体験したことのない，または少ない内容については4歳児クラスでは「悪い」と「ずるい」が分化されていない傾向にあることが示唆される。

全体的に，4歳児クラスよりも5歳児クラスの方がゲーム遊びの「ずる」

を「ずるい」と判断していた。このことから，「ダメ」という行動の規制に始まり，そこに善悪の判断が付加されるようになると「悪い」を使用することが考えられる。また玉置・山本（2006）が指摘するように，本研究の結果でも，「悪い」が徐々に内容によって分化され，「ずるい」という公平性・公正観の概念の萌芽となっていくことが示された。また，内容によっては4歳児クラスも5歳児クラスと同じ程度に「ずるい」を理解していることが示された。この認識の変化についての普遍性は，今後，他の幼児集団の例も検討していく必要があるだろう。

　本研究では調査の実施時期が2月の後半であることから，4歳児クラスの幼児も殆どの幼児が5歳児になっている。また，5歳児クラスの幼児も6歳児になっている割合が高く，小学校就学を控えている時期である。したがって，進級当初の4歳児クラスと5歳児クラスの幼児の調査を行った場合にはまた異なる結果となることが予想される。

　今後は他の時期との比較や，ゲーム遊び体験の経験値をも含めた分析が必要となるだろう。

3．ゲーム遊びにおける「ずる」の実態と発達的変容

　本項では，ゲーム遊びで生起した「ずる」の場面に着目し，「ずる」が継続的に観察された幼児の行動記録から行動変容のプロセスを明らかにすることを目的とする。その際，他者との相互交渉が「ずる」を行う幼児の意識及び行動の変容を促す要因となっているのかについても同時に検討する。そして，そこに見られる意識及び行動の変容は規範意識の芽生えと繋がるものであるのか，考察する。

　なお，「ずる」の定義については，第1章－第6節「本研究で使用する「公正・公平」に関する用語の定義」に示している。

分析方法
記録と分析資料の作成

　保育中に参与観察による筆記記録（メモ）及びデジタルカメラによる写真・動画機能を使用し，対象となる場面を可能な限り記録した。保育終了後にそれらを文章化し，フィールドノートとして分析資料を作成した。対象場面はゲーム遊びが生じた開始から終了までである。

　分析方法は，遊びの一連のやりとりの中で最初のずるが何度か繰り返された場合や，別のずるが見られた場合はそれぞれを1つのエピソードとみなした。

　まず，個々のエピソードの特徴を挙げ，同様の特徴をもつエピソードごとに分類した。エピソードの分類には質的研究分析ソフトMAXQDAVer.11を使用した。

観察期間

　2009年4月～2011年3月（平成21年度当初～平成22年度終了）までの約2年間である。

　観察時間は8：30～10：00，14：00～14：30

　調査を行った園は1学年1クラス編成である。その為，年中時期から年長児へと進級しても，クラスに在籍する子どもの変化はない。

対象児及び分析対象とするエピソードの枠組み
対象児

　P男を主な対象児とした。P男は年中時期，年長時期の観察で最も多く「ずる」が確認された幼児であった（4歳時期55％，5歳児クラス43.5％，（表6-10））。，このため，周囲とのやりとりがP男の変化の要因となっているのかについて，変化のプロセスから捉えることができると考えたからである。分析対象とするエピソードは，4歳児クラスと5歳児クラスでのものである。

第6章 道徳的規範に対する認識の年齢的特徴及び実態の発達的変容　　155

表6-10　エピソード数の詳細

(　) = %

	男児	女児	全体	P男
4歳児クラス	15 (75)	5 (25)	20	11 (55)
5歳児クラス	41 (89.1)	5 (10.9)	46	20 (43.5)

分析対象とする「ずる」のエピソードの枠組み

　本研究では他者との相互交渉による意識及び行動の変容について分析したいと考える。そのため，分析対象とするエピソードの枠組みとして他者の反応の有無の観点から以下の2つのタイプを設定した。

①他者の不快反応ありタイプ：ルールを理解した上で自分の欲求を達成するために相手の立場や欲求を考慮せずに強引に行動し，その結果受け手や周囲の幼児が何らかの疑問を呈したり，不快感を示すもの。

②他者の不快反応なし①他者の不快反応ありタイプと同様にルールを理解した上で，自分の欲求を達成するために相手の立場や欲求を考慮せずに強引に行動するが，何らかの理由により「ずる」の受け手の幼児が不快感などの反応を示さないもの。そのため「ずる」を行った幼児の主張が結果的に通るもの。また，受け手が偶然的に気付かなかった場合も含むものとする。

　なお，考察にはP男が「ずる」を行わなかった場面（2件）も分析対象としたがエピソード数には含めていない。

結果と考察

⑴エピソードの概観

　P男の「ずる」エピソードの内容を時系列的にみると，一定の時期に同種の「ずる」が複数回続く傾向が確認された。一定の時期ごとのまとまりに分けると4つに期に分けてみることができた。その詳細を表6-11に示すこととする。

表6-11　期毎のP男の「ずる」内容とそれに対する周囲の反応内容及び件数

期	エピソードNO	エピソードの枠組みのタイプ	P男の「ずる」内容の特徴	他児の反応
1期 (4歳児4月 ～7月)	1	②反応なし	理由なく役割を強引に決定する	
	2	①反応あり	理由を述べるが, 自己中心的な理由であり, 役割を強引に決定する	遊びから抜ける
	3	②反応なし	理由なく役割を強引に決定する	
	4	②反応なし	理由を述べるが, 自己中心的な理由であり, 役割を強引に決定する	
	5	①反応あり	理由なく役割を強引に決定する	「ずる」を指摘し, ルールを確認する
	6	②反応なし	理由なく役割を強引に決定する	
2期 (4歳児7月 ～5歳児 4月)	7	①反応あり	やりたくない役になった際に役割の決めなおしを求める	不満を言う
	8	②反応なし	やりたくない役になった際に役割の決めなおしを求める	
	9	②反応なし	やりたくない役を特定の他者に決定付ける	
	10	①反応あり	役割決めに加わらずにやりたい役をする	不満気な表情をする
	11	①反応あり	やりたくない役になった際に役割の決めなおしを求める	
	12	②反応なし	やりたくない役を特定の他者に決定付ける	
	13	②反応なし	役割決めに加わらずにやりたい役をする	
	14	②反応なし	やりたくない役になった際に役割の決めなおしを求める（理由づけあり）	
	15	①反応あり	負けても役割の決めなおしを求める	「ずる」を指摘し, ルールを確認
	16	①反応あり	やりたくない役になった際に役割の決めなおしを求める（理由づけあり）	「ずる」を指摘し, ルールを確認
	17	①反応あり	やりたくない役になった際に役割の決めなおしを求める	不満を言う
	18	①反応あり	役割の決め方を独断で決定	不満を言う
3期 (5歳児5月)	19	①反応あり	役割決めに加わらずにやりたい役をする	受けてが指摘ルールを確認
	20	②反応なし	遊びの展開中ルールから逸脱（鬼になっても鬼をしない）	
	21	①反応あり	やりたくない役になった際に役割の決めなおしを求める（理由づけあり）	「ずる」を指摘し, ルールを確認
	22	①反応あり	やりたくない役になった際に役割の決めなおしを求める（理由づけあり）	不満を言う
	23	②反応なし	やりたくない役になった際に役割の決めなおしを求める（理由づけなし）	
4期 (5歳児6月)	24	①反応あり	捕まらないで済むための理由付けをする	「ずる」をする側に同意／「ずる」をされた側(鬼)に同意
	25	①反応あり	自分の都合でルールを作成・変更する	「ずる」をされた側(鬼)に同意
	26	①反応あり	遊びの展開中ルールから逸脱（鬼になっても鬼をしない）	「ずる」を指摘し, ルールを確認
	27	①反応あり	遊びの展開中にルールから逸脱し, 正当化する	「ずるい」と指摘する
	28	②反応なし	遊びの展開中ルールから逸脱（捕まった場合の行動をしない）	
	29	①反応あり	遊びの展開中ルールから逸脱ルールから逸脱（捕まっていないふり）	「ずる」を指摘し, ルールを確認
	30	①反応あり	自分の都合でルールを作成・変更する	「ずるい」と指摘する
	31	②反応なし	遊びの展開中ルールから逸脱（捕まった場合の行動をしない）	

第6章　道徳的規範に対する認識の年齢的特徴及び実態の発達的変容　　157

　表6-11には，期の分類，エピソードナンバー，前述した本研究における「ずる」のタイプ，P男の「ずる」の内容の特徴，P男の「ずる」に対して周囲の幼児が不快感や疑問など納得がいかないことを示した反応である。

(2)事例と考察

　各期において特徴的な事例を挙げ，考察を示すこととする。なお，記載している事例番号は本稿において取り上げるエピソードの一連の流れを示している。「」内は，P男の行動の目的や意図を示している。エピソード番号は一つの「ずる」として切り取った部分（＿＿＿で示す）であり，観察された順序を示している。一つの枠内に二つ以上のエピソードが含まれる場合には，事例中に上付きのNoを記している。文中の《》は「ずる」の分析枠組みに示す，2タイプのどちらかを示す。
　下線＿＿＿はP男の「ずる」に対する他児の反応を示している。
　なお，一連のやりとりを示す枠内の記述のまとまりを「事例」と示し，事例の中から分析単位として切り取った部分を「エピソード」として表記する。
　『』で示した箇所は，表6-17の"P男の「ずる」内容の特徴"を示している。

「ずる」が確認された事例
1) 1期（4歳児4月〜7月）
『理由なく役割を強引に決定する』

≪②他者の不快反応なしタイプ≫

事例1：4歳児　7月3日「鬼をやりたい」エピソードNO.3

氷鬼の鬼を決めるため，P男，V男，W男，X男が集まる。V男が「俺鬼やりたい」というとX男も「俺も鬼がいい」と言う。P男が「ダメ，じゃんけん」と言い，じゃんけんをする。何度も繰り返しているがあいこが続き，決まらない。P男が

> 「俺鬼やる」と言うと，V男，X男も「俺も鬼やる」と言う。W男は何も言わなかった為，一人が逃げる人になる。V男が，「でもこれじゃ逃げる人一人しかいないよ」と言う。その後も誰が鬼をするのか決めるためのじゃんけんをはじめるが決定しない。P男が「じゃあ，まずPが鬼やるから皆は逃げる人ね。10数えるから逃げて」と言って「1，2，……」と数を数え始める。皆が逃げ出し，氷鬼が始まる。

　P男はゲーム遊びを始める以前の時期から自分のしたいことを積極的に主張しながら遊びを展開する傾向にあった。周囲の友だちとかかわりながら遊ぶことが多かったが，友だちの主張と自らの主張がぶつかる場面では自分の主張を強く通そうとすることが多く，いざこざへと発展することも多かった。

　この場面においてもV男，X男の二人が「鬼をやりたい」と言ったが，P男が「ダメ，じゃんけん」と制止している。

　ここでは，「鬼をやりたいと主張する」→「じゃんけんが行われる」→「決まらず再度主張し合う」→「じゃんけんをする」という経緯で進展していた。それでも決定せずにいると，P男が「じゃあ，まずPが鬼やるから皆は逃げる人ね。10数えるから逃げて」と言って数を数え始めている。V男，X男，W男はそこで自分の主張をすることなく「逃げる役」として遊びを開始している。

　P男ははじめ「鬼は俺」と主張したが，V男やX男も同様に主張することから，「俺が鬼」ということが実際に鬼をすることに結びつかないと考えたのではないだろうか。

　そこで「まず自分が鬼をする」という言葉を使用することで周囲に変化を予期させる断定の仕方を行い，「数を数える」といった鬼の行動を実際に始めてしまうことで鬼の役になることを実現させている。V男，X男，W男はP男が「まずPが……」といった言葉を使用したことによって自分にも順番がくることを想起したのではないだろうか。更にP男が10を数えるという行為を始めたことによって遊びの開始を感じ，「鬼をしたい」と主張するタイミングを失ったことで「逃げる役」として遊びを始めたものと考えら

れる。

『理由を述べるが，自己中心的な理由であり，役割を強引に決定する』
≪①他者の不快反応ありタイプ≫

事例2：4歳児　7月3日「鬼をやりたい」エピソードNO.2

氷鬼の鬼を決めるため，P男，V男，W男，X男が集まり，じゃんけんをしている。P男とW男が勝つ。勝った方が鬼をするのか，負けた方が鬼をするのか決まっておらず，P男が「じゃあさ，W男くんと僕が鬼ね」と言う。すると，V男が「僕も鬼やりたかった」と言う。再度じゃんけんが行われ，今度はV男とP男が負ける。P男が「でもさ，さっき僕勝ったから，鬼は僕とV男君ね。X男くんとW男君逃げて」と言うと，X男が「僕やっぱりやらない」と言って抜ける。W男一人が逃げる人になる。

　ここでは，「鬼をやりたい」という幼児が多いが，じゃんけんの結果がどの役割となるのか（勝ったら鬼をする等），事前に決定することなくじゃんけんが行われている。P男はじゃんけんの結果がどのようなものであれ，自分のやりたい役になろうとしている。事例1ではP男が強引に決定しながら遊びが進行していくことに，周囲が疑問を示す様子はみられていなかったが事例2においては直接的ではないもののP男の言動の直後にX男が「やっぱりやらない」と言っている。納得できたのであれば遊びが開始される直前の場面で遊びから抜けることは通常考えにくい。したがってここでは「遊びを辞める」ということ自体がP男の言動に対する意思表示となっていると考えられ，周囲がP男の言動に対する疑問を感じ始めていることも示唆されている。

2) 2期（4歳児7月～5歳児4月）

『役割決めに加わらずにやりたい役をする』

≪①他者の不快反応ありタイプ≫

事例3：4歳児　10月2日「鬼をやりたくない」エピソードNO.10

> 鬼ごっこをするのにP男・V男・Q男・Z男が集まる。何回かじゃんけんをするがあいこが繰り返され，決定しない。P男が「じゃあ，Q男君とZ男くんでじゃんけんね」と言う。Q男とZ男は腑に落ちない表情を浮かべながらもじゃんけんする。

　P男はQ男とZ男がじゃんけんするように決定付け，P男自身は鬼を決める選択肢から抜けている。Q男，Z男はそれまでにも自己主張をすることが少ない幼児であった。このことから，P男はこの2人であれば「なぜ自分たち2人がじゃんけんなのか」といった主張をすることなく鬼が決定していくだろう，と予測したことが推測される。しかし，Q男もZ男も納得していないことが表情に表れていることから，P男の進行に疑問を感じていることが伺える。

『やりたくない役を特定の他者に決定付ける』

≪②他者の不快反応なしタイプ≫

事例4：5歳児　4月12日「鬼をやりたくない」エピソードNO.12

> P男が「氷鬼しよう」と提案すると，D男・B男・Y男・Q男・Z男・V男が集まる。P男「じゃんけん」と言い，皆でじゃんけんをする。人数が多いのでなかなか決まらない。5回目のじゃんけんでP男がパーを出す。チョキの人もいたが，「今グーだった人」と言うとQ男・B男が手を挙げる。「じゃあQ男くんとB男くん鬼ね。10数えて」と言ってゲームが始まる。

　それまでは鬼をして遊ぶことに遊びの魅力を感じている参加者が多かったものの，この時期より，鬼はやりたくないものという認識へと変化した。

第6章　道徳的規範に対する認識の年齢的特徴及び実態の発達的変容　　161

ゲームへの参加者も増加するが，それによってじゃんけんでの役割決めが難しくなる状況が生じた。また鬼が決定しても「鬼をやりたくない」と主張することが多いことから役割決めに時間を要し，ゲーム遊びをなかなか開始できないことが続いていた。P男はこの状況を解決し，且つ自分が逃げる役として遊ぶことができるよう，Q男とB男が鬼に決定したかのように進行し，「10数えて」と遊びを開始する進め方をしている。事例1と同様に強引に遊びを進行するという方法をとっているが，「グーを出して負けたから」という理由付けをしている点で，事例1とは異なっている。また，じゃんけんの参加者は自分と周囲がじゃんけんで何を出しているのかを確認している様子があった。ここではチョキを出した幼児は自分がチョキを出していることを表明することはなかったが，なぜグーを出した人が鬼になったのか，疑問に感じる幼児も存在していたことが推測される。

『負けても役割の決めなおしを求める』
『やりたくない役になった際に役割の決めなおしを求める』

≪①他者の不快反応ありタイプ≫

事例5：5歳児　4月27日「鬼をやりたくない」エピソード NO.15，16，17

V男，B男，D男，P男氷鬼をするためじゃんけんをする。V男が一人勝つ。B男，D男，P男の3人でじゃんけんをする。<u>B男・D男2人がグーを出し，P男がチョキを出す（P男が一人負ける）。P男が「B男君とD男君でじゃんけん」と言う。</u>(NO.15)すると，<u>D男が「何で？今グーだった（自分は勝った）じゃん」と言う。</u>するとP男「でもさ，二人一緒だったからもう一回じゃんけんだよ」(NO.16)と言うと，<u>V男が「え，何で？P男くん鬼だよ」と言う。</u>すると<u>P男が「違うよ今は間違えたからもう一回じゃんけん」と言う。</u>(NO.17)<u>V男が「何で？意味分かんない。じゃあもう一回ね」と言い</u>，皆でじゃんけんをする。

B男，D男，P男の3人で行ったじゃんけんでは，人数が少ないため，結果が明確に捉えられる。したがってP男が負けたことは明らかなことで

あった。しかしP男はB男とD男が同じものを出したことに着目し、同じもの同士でじゃんけんをするよう促すことで、自分が鬼の役割になることを回避しようとしている。しかし、D男がその理由をP男に問い、それを見ていたV男（じゃんけんの当事者ではない）もP男が鬼に決定したと発言する。P男は「出す手を間違えた」いう理由を述べているが、V男は「意味がわからない」と不満を述べている。ここではそう言いながらも、いざこざに発展することなくじゃんけんを再度繰り返している。これは、遊びの継続や維持などを願ったものであると考えられるが、周囲がP男の言動に対し言葉で指摘するようになった点が変化の特徴として指摘できる。

3) 3期（5歳児5月）
『遊びの展開中にルールから逸脱する』
『やりたくない役になった際に役割の決めなおしを求める』
≪①他者の不快反応あり②他者の不快反応なしタイプ≫

事例6：5歳児　5月11日「鬼をやりたくない」エピソードNO.20, 21, 22, 23

けいどろの警察（鬼）を決定するじゃんけんをすると、P男が負ける。D男が「P男君鬼に決まりね」と言うと周囲が逃げ出す。そのタイミングでQ男が「俺も入る」といって入る。P男は鬼になったもののなかなか捕まえに行かない。(NO.20) そこにD男の母が迎えに来てD男が帰る（抜ける）ことになる。P男は「D男くん帰った、じゃんけんやり直し」と言う。(NO.21) W男が「え、何で？P男君負けたじゃん」と言う。するとP男が「だってQ男君も途中で入ったし」と言う。(NO.22) W男が「一人入ったくらいでまたするの？」と言うと、P男が「もう一回じゃんけんだよ！」と怒鳴る。(NO.23) W男は「わかったよ、もう一回じゃんけんね」と言ってじゃんけんを行う。

はじめのじゃんけんでP男が負け、D男がP男に鬼であることを確認している。また、P男もそれまでのようにじゃんけんの決め直しを求めたり、鬼を特定の他者に決定づけたりすることなく鬼となった。この様子からは、

じゃんけんの結果が役割決めに反映しており，P男の変化といえるだろう。しかし，P男は鬼になったものの鬼としての行動をしようとせず，D男が帰ったことなどを理由に鬼の決め直しをしようとしている。この行動から，役割決めにおいては友だちとのやりとりを通して気の進まない役割も引き受けなければならないことを理解してきているが，実際に鬼という役割として遊ぶことを受容しきれず，強い葛藤を抱えていることが一連の言動から読みとれる。

4) 4期（5歳児6月）
『遊びの展開中ルールから逸脱』
『遊びの展開中にルールから逸脱し，正当化する』
≪①他者の不快反応あり②他者の不快反応なしタイプ≫

事例7：5歳児　6月18日「捕まりたくない」エピソードNO.26，27，28

> けいどろを行っており，P男は泥棒役（逃げる人）をしていた。P男はけいどろをしている最中だったが，けいどろをしていない人と話し込む。そこにD男が来てP男にタッチをする。すると<u>P男が「今つかまってないよ」と言う</u>。(NO.26) <u>D男が「何で？だってタッチしたよ」と言うと，P男は「話してたからタッチじゃない」と言う</u>。(NO.27) すると<u>D男「何それずるい。ならやめれば？」と言う。それに対しP男は黙っている。しかし牢屋にはいかない</u>。(NO.28) D男は暫くP男の様子を見ていたが，それ以上P男に声を掛けず，違う人を捕まえにいった。

けいどろの中で警察役に捕まった場合，牢屋となる場所に行かなければならないが，P男は予期しないタイミングでのタッチに驚き，「話をしていた」ということを理由に例外であることを主張した。しかし，それに対してD男が「ずるい」と言い，ゲームに参加するのを辞めることを提案した。すると，P男はそれ以上主張することがなかった。ここでは役割決定の場面での回避行動から遊びの展開場面での回避行動へと変化した点が時期的特徴として挙げられる。

『遊びの展開中ルールから逸脱ルールから逸脱』
『自分の都合でルールを変更，作成する』
≪①他者の不快反応あり②他者の不快反応なしタイプ≫

事例8：5歳児　6月18日「捕まりたくない」エピソードNO.29，30，31

V男が警察（鬼）になり，泥棒役のP男が捕まる。P男は捕まった際に行く牢屋に向かわず，捕まっていないかのように園庭を走った後，花壇の前に立った。(NO.29) V男がP男に「さっきタッチしたよ」と言いに行くと，「じゃあタッチされたらここ（花壇）でもいいってことね」といって花壇の淵に座る。(NO.30) V男が「だめだよずるい」と言う。しかし，P男は何も答えず座り続けている。V男が違う人を捕まえに行くと，P男は牢屋に向かわず，再び花壇の前から離れ，園庭を走り出した。(NO.31)

　事例7と同様に，警察（鬼）に捕まった状況になることを回避した行動であるが，P男が「捕まっていない」と言葉で表出することなかったことが本事例の特徴的な点である。これは事例7で「捕まらない」と主張したことでD男に「ずるい」と指摘されたことにより，捕まっても捕まっていないと主張することを友だちが受容しないことを理解したからではないかと考えられる。しかし新たに「何も言わずに捕まった場合の行動をしない」ということで望まない状況を回避しようとした。P男が捕まったにもかかわらず牢屋に行かずにいることに気付いたV男にも「ずるい」と指摘される結果となった。それでも牢屋にいかないことから，捕まった状況になることに強い抵抗感を感じていることが窺える。加用[14]はルール遊びとプライドの関係について述べており，鬼ごっこに類する遊びで「捕まった」ということは「負け」を意味するため，年長児ではプライド意識にかかわり，大変傷つく幼児も存在することを指摘している。

　このように初期に見られていた「望んだ役割をする」ための内容から「望んだ立場で遊ぶ」ための内容へと変化していく過程には，遊びの経験や友だちの指摘によって変化していく部分もあることが示唆された。しかしながら，

第6章　道徳的規範に対する認識の年齢的特徴及び実態の発達的変容　　165

事例7，事例8に見られるようなプライドにかかわる内容に関しては，周囲の指摘やかかわりだけではなく，自身のプライドの傷つき方の発達的変化も関係してくるのではないかと考えられる。この点について今後更なる分析が必要である。

「ずる」が確認されなかった事例

　観察を続けたのは3月までであり，全体的には4期以降の事例も存在した。しかし，P男が行った「ずる」の事例が確認されたのは，本研究で設定した4期が最後だった。ここでは，「ずる」を行ったの事例を中心に観察記録に残していること，また，P男のみを観察対象にした訳ではないことから，P男がそれ以前に行っていた「ずる」を行わなくなった事例を一つ一つ挙げるとはできない。しかし，P男以外の幼児が行った「ずる」の記録の中に，P男が以前に行っていた「ずる」を行わなかった事例がみられた。また，観察記録の中にP男の成長が表れていると筆者が感じた事例があった為，可逆的に考察し，その成長を促した要因について述べていきたい。

1)事例9：5歳児　9月7日
「公正を求める・鬼を受け入れる」

> W男，D男，P男，Q男で鬼ごっこをすることになる。P男が「じゃあQ男君鬼決め[注2)]して」と言うと，Q男が鬼決めを始める。しかしQ男は自分の足を入れずに鬼決めをしている。それに気がついたP男がQ男に「足入ってない」と指摘する。Q男が足を入れ，順番どおりに行う。P男に決定するが，鬼を拒否することなく行う。

　ここではQ男の「ずる」に対してP男が指摘している。P男の指摘によってQ男は公正な方法で鬼決めをするよう修正した。結果的にP男が鬼に決定したが，これまで見られたような鬼を回避するような言動は見られず，鬼役を受け入れて行なう様子が確認された。

P男が行っていた鬼を回避するための「ずる」は，事例3から事例6にかけて紹介している。その間には，P男と周囲の友だちのやりとりの変化が生じていることが見て取れる。たとえば，表6-17に示す2期から3期にかけて「鬼をやりたくない」ことに起因する「ずる」のエピソードが続くが，他児の反応の量の変化及び，その内容の変化が確認できる。すなわち，内容の変化には，初めは「不満げな表情を浮かべる」程度の反応が僅かにみられる程度であったが，「ルールを確認する」「不満を言う」などP男への指摘内容が具体的かつ，公正ではないことへの指摘内容へと変化した。このような周囲の反応の変化が，P男に自身の行動について考える契機を与えたものと考えられる。すなわち，周囲の立場からすると自身の行動が不公平な行為であり，それが不満を引き起こすことに繋がること，結果的にそれが自分にとっても望ましくない状況（いざこざに発展する，「ずるい」友だちだと思われ，関係性が悪化するなど）へ繋がる可能性があることを知るきっかけとなったのだろう。そのことが，事例9のような育ちへと結びついたことが考えられる。

2）事例10： 5歳児　10月19日
「他者の心情を察する」

> D男，P男，V男，Q男が集まり，ゲーム遊びをしようとしている。人数が少ない為，P男がZ男と保育者を誘った。メンバーが7人になると，Q男が「ハンターやろう」と言う。P男が「先生鬼やって」と言い，保育者が鬼をすることになる。保育者が「ハンター」のやり方を知らずに尋ねると，P男が「捕まえたら牢屋に入れるの。それで全員捕まえられたらゲームオーバー。」と説明する。保育者（以下：保）が「捕まった人は仲間にタッチされれば逃げられる？」と聞くとP男が「逃げれないよ，全員捕まえるのを2回やったら鬼交替」と答える。保が了承すると，D男が「逃げる人帽子白ね」と言う。全員帽子を変えると始まる。保が全員捕まえ，ゲームが終了する。2回目のハンターが始まる前に保が「少し休憩していい？」と聞くと，D男が「みんな休憩ね」と参加メンバーに言う。<u>P男が「鬼決め直す？」</u>と保育者に言う。保「そうしてくれると助かるな」と言うと，<u>P男が「もう一回鬼</u>

> 決めね，集まって」と言う。再度鬼決めをするが，保育者が最後のほうまで鬼を決めるメンバーに残った。最後2人になった時に保が鬼にならずに済み，V男が鬼に決まる。するとP男が「先生鬼にならなくて良かったね，鬼になるかと思ったでしょ」と言う。

P男は，鬼を続ける立場となった保育者に対し，「鬼の決めなおしを行いたいか」ということを聞いている。しかし，鬼の決めなおしを行なったものの，保育者が最後まで鬼を決めるメンバーから外れることができず，鬼になりそうな状況となった。そして最後の「鬼決め」で鬼にならなかったことに対し，「よかったね，鬼になるかと思ったでしょ」と言っている。これは，P男自身が鬼をすることを避けたい思いを過去に感じていたこと（特に2期から3期にかけて），鬼を続けなければならない状況や，鬼になるかもしれない状況に陥った経験を積み重ねることによって，同様の状況に置かれた他者の心の動きを推察できるようになったものと考えられる。

神長（2004）は「大人は幼児が思いやりの心を持って人と接することができるようにと願うが，それは単に教えれば身に付くものではなく，その心が育つまでには時間がかかることを自覚しなければならない。つまり，友だちとのかかわりにおける様々な葛藤やつまずきなどの負の体験を通して幼児はだんだんに友達の思いに気づくようになり，そのことが思いやりの心につながっていく。」と述べる事と一致する。また，共感するために必要である「想像力」は，無からは生じず，その前提には過去の経験が必要であること，すなわち，想像力と経験は相互に依存する関係にあるといわれる（内田，1994：Vygotsky, 2002）。このように，状況から他者の心情を察するような共感性は想像力と体験とが深いかかわりをもっていることがP男のエピソードの変化からも実感でき，実体験に基づく学びが道徳的規範意識の形成に不可欠であることが指摘できる。

4．ゲーム遊びにおける「ずる」の実態と発達的変容のまとめ

　規範意識の芽生えは葛藤やつまずきを経験し徐々に芽生えてくるものといわれている。本研究では「ずる」が最も多く確認されたＰ男の行動の記録から変容プロセスを明らかにした。その際，他者との相互交渉がＰ男の意識及び行動の変容を促す要因と繋がっているのかについて検討した。

　一連のプロセスをみた結果，1期にはゲーム遊びにおける役割決めで自分の欲求を通す為の強引な行動が見られた。2期にはやりたくない役割を特定の他者に決定したり，ルールに沿った決め方をするものの望まない役になると決め直しを求めるものが見られた。3期においても役の決め直しを求めることは続いたが，役割決めに関する内容だけではなく，遊びの展開中に行われる「ずる」へと変容していった。4期には役割決定に関する内容は見られなくなり，遊び内容そのものに関する「ずる」が中心に見られるようになった。そして自身の主張を正当化するような変化が見られた。

　他者とのかかわりの影響からみると，①望んだ状況にするための同じような内容の「ずる」が一定期間繰り返される。これによって周囲の幼児が「ずる」に対し疑問を抱くようになる②周囲の幼児が「ずる」に対して疑問や不満を抱き，表情に表したり，言葉によって指摘したりするようになる③友だちの指摘を受けることで，自身の行動の意味や結果について考える機会を得る④突然変化はしないが，Ｐ男自身が内面的葛藤を解決する方法を見出しながら徐々に変容していく，という4つの段階を経ていることが明らかとなった。

　また，「ずる」の受け手である周囲の幼児の反応に着目すると，当初見られていた「ずる」に対しては明確に指摘する様子は殆ど見られなかった。しかし同様の「ずる」が繰り返されることによって疑問や不平等感を抱くようになり，徐々にずるに対する指摘をするように変化していった。しかし，どの場面においてもＰ男の「ずる」を追及するものではなく，あくまでも指

摘したり，不満を示す迄に留まり，P男を排他的に扱うものではなかった。こうした許容し合う関係にあったこともP男の意識及び行動の変化を促す要因の一つとなったと考えられる。

事例8以降，筆者の観察にはP男の「ずる」は確認されず，事例9．10．のような様子もみられた。以上に見られた時系列的変化の要因を考察すると，4歳から5歳にかけての年齢の推移に伴う発達的要因，自己調整能力の発達等が考えられるが，経験的要因としては，友だちとの相互的なやりとりが前述した4段階の変化を促す重要な役割を果たしていることが考えられる。

以上から，ゲーム遊びに参加する際の意識及び行動の変容は友だちとのかかわりから自身の行動の善悪について考える機会が生じたことが要因の一つにあると指摘することができる。そしてそれはP男自身が他者と遊ぶ中での望ましい価値を見出していったプロセスでもあった。これらの変化のプロセスは規範意識の芽生えの筋道と捉えることができよう。

本研究では，ゲーム遊びに見られる「ずる」の記録から特定の男児の行動の変化に焦点化し，他者とのかかわりの影響から考察した。今後は，「ずる」を行う幼児の葛藤解決の過程を明らかにすること，複数の子どもの例や他の集団での幼児にみられる「ずる」の変化も併せて検討し，ずるに対する意識の発達の過程を更に検討していきたいと考える。

注
（注1） ルールが含まれる遊びは数多く，その遊びにおけるルールの重要性も様々である。また，その呼ばれ方も「ルール遊び」，「ごっこ遊び」，「ゲーム遊び」「鬼遊び」等一様ではなく，それらを分類するための明確な定義付けはなされていない。ヴィゴツキーは，想像的な遊びは全て社会的ルールが含まれると論じ，その内容は2種類に分けて示している。一つは想像的な状況を伴いつつ隠れたところにルールが含まれれるような見立て遊び（人形を赤ちゃんに見立てる，病院ごっこ，おままごと等）に類するものである。もう一つは明らかにルールを伴い，隠れたところに想像的な状況が含まれる遊び（鬼ごっこ，けいどろといったものから野球やサッ

カーなど)である。前者の遊びは発達に伴い後者のタイプの遊びへと変化していくことが論じられており,後者の遊びのタイプは「ゲーム遊び」と示されている(『ヴィゴツキーの新・幼児教育法:幼児の足場づくり』 L. E. バーク,A. ウインスラー著:田島信元,田島啓子,玉置哲淳編訳,北大路書房,2001 pp.45-47)。本論文ではヴィゴツキーの論じる後者のタイプに該当する遊びを対象とする為,統一して「ゲーム遊び」と示すこととする。

(注2)鬼を決定する方法で,人数が多くじゃんけんで決めることが困難な際に用いられる。全員で片足を出して円形を作る。その中の一人が「オ・ニ・キ・メ・レス・コ・ピ・ニ・ス」という言葉に合わせて足を順番に指さしていく。最後は「ス」で終わる。「ス」に当たった人から円から外れていく(鬼をしない人となる)。最後の一人になるまで行い,最後に残った人が鬼をする。

オ⇒1,ニ⇒2,キ⇒3,メ⇒4,レス⇒5,コ⇒6,ピ⇒1,ニ⇒2,ス⇒3
最後が3となる為3の人が抜ける。これを最後の一人になるまで繰り返す。
(※地域によって言葉が異なるが,現在様々な地域の幼児が行っているとの情報もある)

第2節 他者を傷つける言動に対する幼児の認識

本節の目的は,幼児の園生活上で生じる普遍的な道徳的規範の問題である「他者を傷つける言動」に対し,幼児がどのような認識をもっているのかについて明らかにすることをである。具体的には,「他者を傷つける言動をしない」といった道徳的規範の逸脱例に対する善悪の状況依存性判断と,その判断理由を学年別に明らかにし,比較することである。

例題の設定には,筆者の保育経験の中で複数回生じ,いざこざへ発展したことのある内容の「他者を傷つける言動」を選定し,例題化した。それによ

第6章　道徳的規範に対する認識の年齢的特徴及び実態の発達的変容　　　　171

表6-12　調査対象の概要

	3歳児クラス	4歳児クラス	5歳児クラス
23年度	23名 男児14名：女児9名	25名 男児15名：女児10名	18名 男児14名：女児4名
24年度	18名 男児11名：女児7名	27名 男児14名：女児13名	29名 男児19名：女10名
25年度	実施なし	17名 男児10名：女児7名	26名 男児12名：女児14名
合計	41名	69名	73名

り，「他者を傷つける言動」に対する子どもの認識の発達上の特徴を知る事ができ，保育の中で「他者を傷つける言動」が生じた際に，保育者がどのようにかかわることができるのか，発達に即した指導を考えるための有用な手掛かりが得られると考えた。

調査対象

　調査対象は千葉県私立A幼稚園に通う幼児を対象とした。その詳細は表6-12の通りである。

調査日時

　23年度　2012年2月28日〜3月13日
　24年度　2013年2月22日〜3月8日
　25年度　2014年2月28日〜3月14日

調査内容

　以下に示す例題内容と，例題をイメージしやすくするための補助的な絵を幼児に提示しながら質問した。例題に示される行動に対しての是非とその判断理由について質問していき，回答方法は，森川（2008）が示す「状況依存性」判断を参考に，「仕方ない時もある」か「絶対にしてはならないか」を

尋ねた。回答に戸惑う場合には,「わからない」や「答えない」という回答でも良いことを伝えながら調査を行った。また,質問に対し,「仕方ない時もある」,「絶対にしてはならない」との返答があった場合には,そのように判断した理由について質問した。また,性別設定が回答に影響を与えないよう,回答者と同性(男児→Aくん,女児→Aちゃん)の設定とした。

例題内容

≪個々の能力に関する例題≫
赤と白に分かれてリレーをしていました。自分のチームは勝っていたが,自分と同じチームで走るのが遅れるAくん(ちゃん)の番で抜かされ,大差が開き,結果負けてしまった。同じグループの人が「Aは遅い」「Aのせいで負けちゃった」と言った。
Q1:Aくん(ちゃん)に「遅い」と言うことについてどう思いますか
　A1:「遅い」と言われても仕方ないときがある
　A2:Aが抜かされて負けたが,「遅い」と言ってはいけない

≪個々の容姿に関する例題≫
片腕のない子がいました。その子のことを「変なの」と言って笑っている人がいました。
Q2:「変なの」ということについてどう思いますか?
　A1:「変」と言われても仕方がないときがある
　A2:どんな理由でも「変」って言ってはいけない
Q3:笑うことについてどう思いますか?
　A1:笑いたくなったら仕方ない時もある
　A2:どんな理由でも笑ってはいけない

≪個々の容姿に関する例題≫で使用した絵図である。(左：男児用，右：女児用)
提示図⑤　　　　　　　　　　　提示図⑥

　また，Q2, Q3で取り扱う身体的特徴に関する例題については，実際に見られた事例をもとに作成したものであるが，人権上の配慮点として次の処置を行った。

≪人権上の配慮点≫
①実際に起こった事例から趣旨を損わない範囲で筆者が内容を変更し，例題を作成した。従って，本例題の絵や内容は，実際の場面として生じた内容ではない。
②身体的特徴について「手」という例題設定としたのは，絵の中央部分に位置する為，「違い」について幼児が見て気付きやすいと考えたことによるものである。従って，身体部分についても実際の事例と関係は無い。
③幼児に説明する際には，「例えば」「もし」「〜だったら」といった仮定を意味する言葉を用いて仮の場面であることを強調し，実際に生じたものではないということも説明した。

調査方法
　半構造化インタビュー（予め設定したインタビュー内容項目に即しつつも，相手の受け答えに応じて柔軟に質問内容に言葉を補足したり表現を別の言い回しに置き換えたりすることが可能なインタビュー方法である）を行った。周囲の影響をでき

るだけ受けず，且つ幼児に緊張感を与えずに思ったことを表現することができるよう，幼児が普段使用しているホール（全体での集合時などに使用される場所の一角）で行った。

分析方法

　例題として提示した問題に対する行動の是非（状況依存性判断）とその判断理由を照合して考察するため，コレスポンデンス分析を行った。

分析の手順

(1)「例題に対する状況依存性判断」について回答結果をクロス主計表に示した。
(2)「状況依存性判断とその理由」を照合して考察するため，コレスポンデンス分析を行った。

　具体的な手順は，まず，状況依存性判断の単純集計を行った。次に，幼児が語った状況依存性判断の理由を文章化し，テキストマイニングによる形態素解析（文章を単語あるいはフレーズごとに切り分ける処理）を行った。テキストマイニング分析には，SPSS Text Analytics for Surveys4.0を使用した。抽出された単語は出現頻度によらず，基本的に全ての単語をキーワードとして扱った。しかし，「思う」「する」など，そのキーワードを省いた場合も十分に意味が捉えられると判断した場合にはその後の分析に使用するキーワードから除外した。（たとえば「相手が悲しむと思う」という一文から「相手」「悲しい」というキーワードであれば「思う」がなくても理解可能であると判断する事などである。）

　最後に年齢別に，各質問に対する状況依存性判断の結果と，その理由を示すキーワードをコレスポンデンス分析によって対応図に示した。

第6章 道徳的規範に対する認識の年齢的特徴及び実態の発達的変容　　175

結果と考察

≪個々の能力に関する例題≫リレーの中でA児が走るのが遅れ，チーム全体が負ける事に繋がった場面で，A児に「遅い」という幼児がいた場合の質問

Q1：Aくん（ちゃん）に「遅い」と言うことについてどう思いますか

(1)例題に対する善悪の状況依存性判断」の結果

　初めに個々の能力に関する例題への質問であるQ1：Aくん（ちゃん）に「遅い」と言うことについてどう思いますか，に対する善悪の状況性判断の結果を示す。

　表の中の「OK」はA1：「遅い」と言われても仕方ないときがある，に賛成した子どもである。「NG」はA2：Aが抜かされて負けたが，「遅い」と言ってはいけないに賛成した子どもである。

　また，善悪の状況依存性判断の理由につい述べた幼児は「理由あり」，何も答えなかった幼児は「理由なし」に該当している。

　Q1個々の能力に関する例題，の質問に対する年齢別の回答を示すと上記のような結果となった（表6-13）。年齢ごとに見ると，3歳児クラスにおいても，60％を超える割合の幼児が「状況にかかわらずいけない」と回答してい

表6-13　Q1：個々の能力に関する例題の善悪の状況依存性判断の結果全体

（　）＝％

判断	クラス	3歳児（n＝41）	4歳児（n＝69）	5歳児（n＝73）
OK	理由あり	0	5　(7.2)(5)	3　(4.1)
	理由なし	4　(9.8)	7　(10.1)(7)	8　(11)
NG	理由あり	7　(17.1)	36　(52.2)	51　(69.9)
	理由なし	19　(46.3)	17　(24.6)	8　(11)
無回答・わからない		11　(26.8)	4　(5.8)	3　(4.1)

る。しかし、「いけない」と回答した理由を見ると、理由を述べない幼児の方が多かった。

4歳児クラスでは、全体で70％を超える割合の幼児が「いけない」と判断をする結果となった。そして、「仕方ない時もある」と答えた幼児の中にも理由を答える幼児がみられた。

5歳児クラスでは、80％を超える割合の幼児が「いけない」という判断を示した。そして、70％近い幼児がその理由について回答している。しかし、「仕方がない」と答える幼児も4歳児クラスと割合に大きな差が見られなかった。反対に、理由を述べない幼児も増加した。

≪3歳児クラス≫

Q1個々の能力に関する例題に対する善悪の状況依存性判断の理由についてテキストマイニング分析を行った結果が図6-9である。また、善悪の状況依存性判断の結果と、判断の理由に対し、コレスポンデンス分析を行った結果が図6-10である。

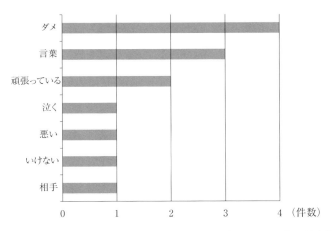

図6-9 「個々の能力に関する例題」（3歳児クラス）の善悪の状況依存性判断の理由（キーワード別出現頻度）

第6章　道徳的規範に対する認識の年齢的特徴及び実態の発達的変容　　177

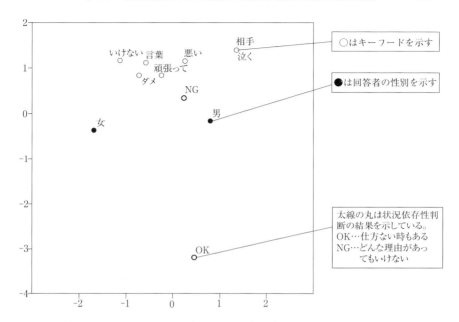

図6-10　「個々の能力に関する例題」のコレスポンデンス分析の結果（3歳児クラス）

(2)善悪の状況依存性判断とその理由」のコレスポンデンス分析の結果

　Q1の質問に対する状況性判断の理由をキーワードの出現頻度からみると，「ダメ」「言葉」「頑張っている」といったキーワードが複数上がった（図9）。3歳児クラスでは，判断理由を述べる割合が少なかったが，「ダメ」といった言葉を通して行動の良い・悪いを判断していることが示唆される。

　次に善悪の状況依存性判断の結果と，判断理由を照合すると，次のような結果となった（図10）。コレスポンデンス分析の結果図は，縦軸と横軸の値が0に近づくほど頻度が高いことを示している（以降，縦軸と横軸の0が交差する点を中心と示す）。また，近くに布置されたキーワード同士は関連性の強いキーワードとして見ることができる。

　図6-10に示す「個々の能力に関する例題」のコレスポンデンス分析の結果

（3歳児クラス），をみると，中央に「どんな理由があってもいけない」を示す「NG」が布置し，その上部に「いけない」「言葉」「頑張って」「ダメ」「悪い」といったキーワードが集合している。このことから，言葉がいけない，言うのがいけない，といった回答や「頑張っていわないといけない」といった回答であることが読み取れる。

また，右側下に「泣く」「相手」というキーワードが布置されている。図6-9の結果と照合すると，1名であることがわかるが，「相手が泣くかもしれない」といった，状況の予測を理由に述べる幼児も見られた。

以上から，3歳児クラスにおいても，6割以上の幼児が，相手の能力や結果を否定するような言葉を投げかけることが望ましいことではないと認識していることが示唆された。しかし，是非を問われることに対しての判断は答えられるものの，その理由については答えない割合が高いことから，具体的な理由よりも先に，集団の中での行動様式としてその是非を理解している，或いは，理由を漠然と理解しているが言葉にして伝えることが困難であることも考えられる。

≪4歳児クラス≫

4歳児クラスの子どもの回答（Q1の例題に対する善悪の状況依存性判断の理由）についてテキストマイニング分析を行った結果が図6-11である。また，善悪の状況依存性判断の結果と，判断の理由に対し，コレスポンデンス分析を行った結果が図6-12である。

図6-11に示す質問に対する状況性判断の理由をキーワードの出現頻度からみると，抽出されたキーワード数が倍以上に増えた。キーワードは「遅い」，「かわいそう」「悪い」「ダメ」といった言葉が上位に挙がった。

4歳児クラスでは，「遅い」という言葉が，例題の文脈から，能力を否定する言葉となることを理解していることが窺える。また，「かわいそう」といった相手の心情に同情を示すキーワードも上がった。

他にも「相手」「泣く」「悲しい」といった相手の感情の推測を意味するキーワードも挙がった。この結果を判断理由と照合すると次のような結果となった。

(2)「善悪の状況依存性判断とその理由」のコレスポンデンス分析の結果

図6-12に示す「個々の能力に関する例題」のコレスポンデンス分析の結果

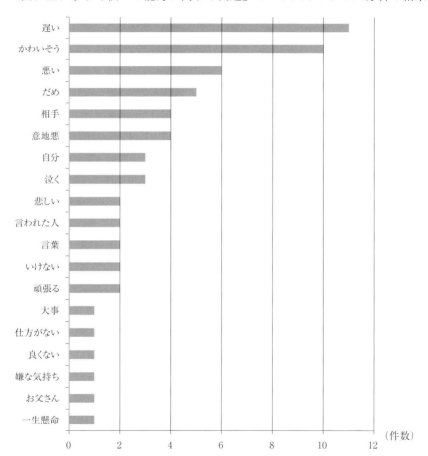

図6-11 「個々の能力に関する例題」（4歳児クラス）の状況依存性判断の理由（キーワード別出現頻度）

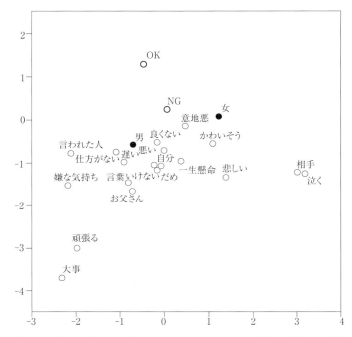

図6-12 「個々の能力に関する例題」のコレスポンデンス分析の結果（4歳児クラス）

（4歳児クラス），をみると，中心部に「どんな理由があってもいけない」を示す「NG」が布置し，その周辺に「いけない」「かわいそう」「言葉」「悪い」「一生懸命」といったキーワードが布置した。

このことから，「言葉がいけない」「意地悪はいけない」「一生懸命なのに遅いって言うのはダメ」といった「いけない言動」だからといったことを理由に挙げる特徴が見られた。

また「遅い」と「自分」が近くに布置しているが，「遅いと言ったら自分が遅くなる」といった内容も見られた。このような内容は非現実的であるが，周囲の大人によって投げかけられた言葉をその理由としていることが推測される。また，「お父さん」というキーワードはその右上の「だめ」とかかわ

り，「お父さんがだめって言うと思う」という回答であった。このことから，4歳児クラスには養育者という幼児にとって重要な存在が示すであろう規範内容を想定し，そのことが判断理由となることが示された。子どもにとって影響力の強い大人が判断のモデルとして参照されることが示唆される。

　また，性別の視点から見ると，女児の回答の近くに「かわいそう」，「意地悪」が布置した。また，男児の回答近くには「悪い」「遅い」といったキーワードが布置されている。女児の方が同情的であり，男児の方が事実を挙げる回答傾向も窺える。

　以上から4歳時クラスでは，是非を問われた場合，何らかの判断をする幼児の割合が3歳時クラスよりも増加した点，そして判断の理由を答える幼児が増加したことが特徴に挙げられる。

　そして，その判断の理由を「その行為自体が悪いことである」と捉える幼児の割合が高いことが示された。また，3歳児クラスと比較し，抽出されたキーワードが倍以上に増加した。このことについては，見たり経験したりしたことを4歳児頃より言語報告が可能になり始める（齋藤，2000）とされることや，語彙の習得が1500語以上にも増加が進む（中坪，2009）といわれるように，言葉の発達による影響が関連している可能性が考えられる。

≪5歳児クラス≫

　Q1の例題に対する善悪の状況依存性判断の理由についてテキストマイニング分析を行った結果が図6-13である。また，善悪の状況依存性判断の結果と，判断の理由に対し，コレスポンデンス分析を行った結果が図6-14である。

　図6-13に示す「個々の能力に関する例題」（5歳児クラス）の況依存性判断の理由（キーワド別出現頻度）を見ると，4歳児クラスと同様に「かわいそう」が上位となり，「相手」「悲しい」といった相手の感情を推測する内容が多く挙がった。さらに，「嫌な気持ち」「傷つく」といった，相手の感情を表す言葉のバリエーションが増加した。

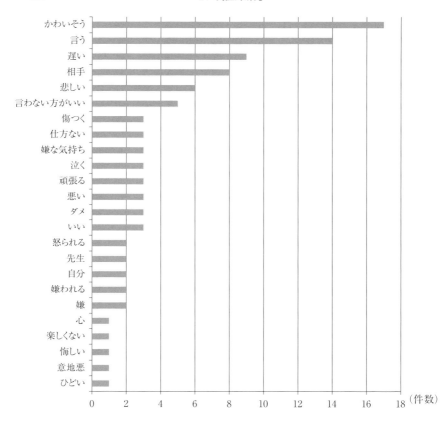

図6-13 「個々の能力に関する例題」(5歳児クラス)の状況依存性判断の理由
(キーワード別出現頻度)

(2)「善悪の状況依存性判断とその理由」のコレスポンデンス分析の結果

図6-14に示す「個々の能力に関する例題」のコレスポンデンス分析の結果(5歳児クラス)，を見ると，中心部に「どんな理由があってもいけない」を示す「NG」が布置し，その周辺に「ダメ」「悲しい」「言わない方がいい」といったキーワードが布置した。またNGの付近に「良い」というキーワードも挙がったが，「心の中で言えば良い」や，「頑張れば良い」といった内容

第6章 道徳的規範に対する認識の年齢的特徴及び実態の発達的変容　　183

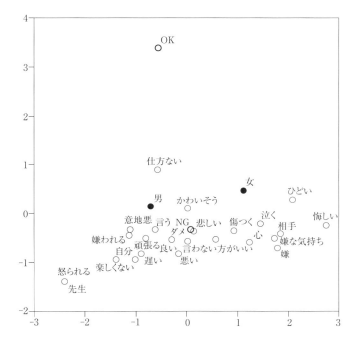

図6-14 「個々の能力に関する例題」のコレスポンデンス分析の結果
　　　（5歳児クラス）

を表すものであった。

　左下に布置されているキーワードを見ると，「先生に怒られる」といった内容が挙がり，そのような発言をした場合の保育者の行動を予測する回答がみられた。

　右下には「泣く」「傷つく」「心」「相手」「ひどい」「悔しい」「嫌な気持ち」といった相手の行動を予測するものや，相手に生じる感情が示された。これらは女児の回答に多くなることが示される。

　以上のように，5歳児クラスでは，対象者の8割以上は「いけない」という判断を示した。その理由は，相手が悲しくなる，かわいそう，嫌な気持ち

になる，といった内容が最も多かった。また，少数ではあるが，「相手に嫌われる」という内容が見られ，「言わない方がいいから」という回答も複数見られた。この結果から，5歳児クラスでは，言葉を伝えられた場合の，相手側に生じる感情に視点を向ける傾向性があることが確認できる。

　言葉を使うには①言葉を使う状況の認識，②状況に合わせた言葉を選択する，③選択した言葉伝えるという判断が求められるように思われる。中坪（2009）は「5~6歳頃になると，コミュニケーションの道具として言葉を使用することで，会話の成立や互いの意思疎通を行うことができるようになる。」，と述べている。こうした言語面や社会性が発達するにしたがって，上記のように対人的な理由が増加したのではないかと考えられる。

≪個々の容姿に関する例題（言葉）≫
　Q2「片手がない」という容姿が自分とは異なる相手に対して「変だ」という幼児がいた場合についての質問Q2：「変なの」ということについてどう思いますか？

(1)「例題に対する善悪の状況依存性判断」
　次に個々の容姿に関する例題（言葉）についての質問を行った。その結果が表6-14である。

　Q2の質問は，Q1の質問と同様に「他者を傷つける言葉」に対する判断を質問したものである。しかし，Q1と異なる点は，Q1が相手の能力や結果に対しての発言を例題にしているのに対し，Q2の質問では，相手の容姿に対する発言を例題としている点である。

　表6-14に示すQ2．個々の容姿に関する例題（言葉）の善悪の状況依存性判断の結果全体，をみると，3歳児クラスでは「どんな理由があってもいけない」が最も多く，6割を超えた。理由を述べた幼児と理由を述べなかった幼児の割合が役半々となった。

第6章　道徳的規範に対する認識の年齢的特徴及び実態の発達的変容　　　185

表6-14　Q2. 個々の容姿に関する例題（言葉）の善悪の状況依存性判断の結果全体

（　）＝％

判断	クラス	3歳児（n＝41）	4歳児（n＝69）	5歳児（n＝73）
OK	理由あり	0	1　(1.4)	1　(1.4)
OK	理由なし	10　(24.4)	4　(5.8)	1　(1.4)
NG	理由あり	11　(26.8)	28　(40.6)	55　(75.3)
NG	理由なし	14　(34.1)	30　(43.5)	14　(19.2)
無回答・わからない		6　(14.6)	6　(8.7)	2　(2.7)

　4歳児クラスでは，「いけない」と判断する幼児が全体の8割を超えた。しかし，「いけない」と判断した理由についてみると，理由を答える幼児と答えない幼児の割合が約半々となった。

　5歳児クラスでは，無回答・わからないが4歳児クラスと比較し，「仕方がない場合もある」と答えた幼児が減少した。また，「してはいけない」と答えたうち，その理由を述べる幼児が増加する結果となった。

≪3歳児クラス≫

　3歳児クラスにおける個々の容姿に関する例題の判断理由に対するテキストマイニング分析の結果を図6-15に示す。また，善悪の状況依存性判断の結果と，判断の理由に対し，コレスポンデンス分析を行った結果が図6-16である。

　3歳児クラスでは，「ダメ」，「相手」，「変」，「言う」，「泣く」といったキーワードが複数上がった。また「なんとなく」といった，明確な理由は述べないものの，感覚的に捉えていることが窺えるキーワードも挙がった。また，「解釈不明」としたのは「血が出るかもしれないから」といったものであった。

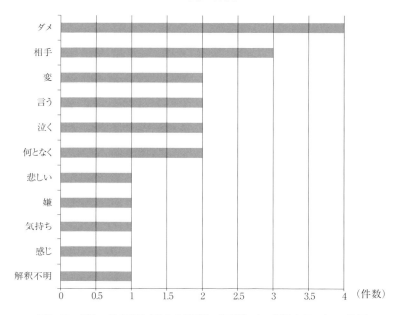

図6-15 「個々の容姿に関する例題」(言葉)(3歳児クラス)の善悪の状況依存性判断の理由(キーワード別出現頻度)

(2)「善悪の状況依存性判断とその理由」のコレスポンデンス分析の結果

コレスポンデンス分析の結果では,回答数が少ないことから中心部にキーワードが集結せず,広い範囲に分布した。右下では「悲しい」「気持ち」「嫌」「感じ」といったように「変」と言われることで生じる否定的な感情を推測していることが表れるキーワードが集合した。

上部では,「変」「言う」「ダメ」といったように,「言葉と,それを言うこと自体がだめ」,という回答となった。

≪4歳児クラス≫

4歳児クラスにおける個々の容姿に関する例題の判断理由に対するテキストマイニング分析の結果を図6-17に示す。また,善悪の状況依存性判断の結

第6章 道徳的規範に対する認識の年齢的特徴及び実態の発達的変容　　187

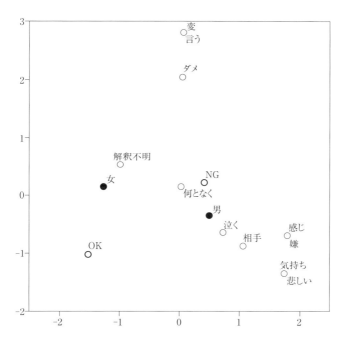

図6-16　「個々の容姿に関する例題（言葉）」のコレスポンデンス分析の結果
　　　　（3歳児クラス）

果と，判断の理由に対し，コレスポンデンス分析を行った結果が図6-18である。

　図6-17に示す「個々の容姿に関する例題」（言葉）（4歳児クラス）年中児の善悪の状況依存性判断の理由（キーワード別出現頻度），をみると，4歳児クラスでは，「相手」，「泣く」といった相手の行動を予測するキーワードや，「言葉」，「悪い」，「ダメ」など，行動の善悪を判断した結果をそのまま理由に挙げられていることが窺える。また，「意地悪」，「迷惑」といった望ましくない行動の種類を当てはめて捉えていることも示唆される。

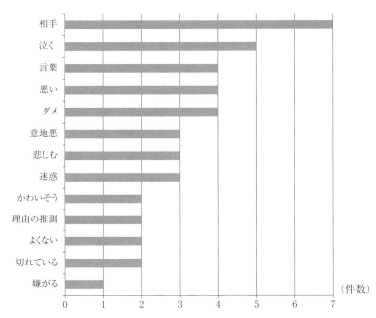

図6-17 「個々の容姿に関する例題」（言葉）（4歳児クラス）年中児の善悪の状況依存性判断の理由（キーワード別出現頻度）

(2)「善悪の状況依存性判断とその理由」のコレスポンデンス分析の結果

図6-18に示す「個々の容姿に関する例題（言葉）」のコレスポンデンス分析の結果（4歳児クラス）を見ると，中心部にキーワードが集結し，左上のほうでは「相手が泣く」といった推測や，その右下では「切れているから」といった相手の見た目の事実が挙げられた。また，「変なの」と言うこと自体が「意地悪だから」といったように，言動そのものを理由に挙げる傾向が見られた。

≪5歳児クラス≫

5歳児クラスにおける個々の容姿に関する例題の判断理由に対するテキストマイニング分析の結果を図6-19に示す。また，善悪の状況依存性判断の結

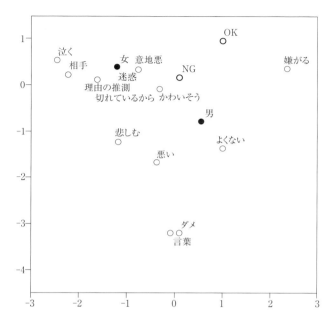

図6-18 「個々の容姿に関する例題（言葉）」のコレスポンデンス分析の結果（4歳児クラス）

果と，判断の理由に対し，コレスポンデンス分析を行った結果が図6-20である。

図6-19に示す「個々の容姿に関する例題」（言葉）（5歳児クラス）の善悪の状況依存性判断の理由（キーワード別出現頻度），をみると，「かわいそう」という相手に同情する内容のキーワードが20件を超えた。「相手」，「手がない」などや，事実を理由に挙げる回答も多くみられた。その点では，4歳児クラスとも共通するが，その他，判断理由が多様化し，「喧嘩になる」や「怒られる」といった，友だちや保育者との対人的なトラブルを予測するキーワード数も増加した。

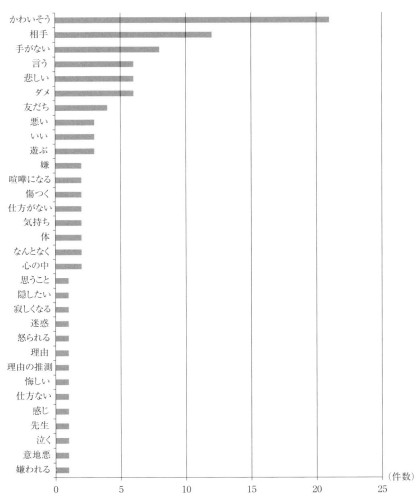

図6-19 「個々の容姿に関する例題」(言葉)(5歳児クラス)の善悪の状況依存性判断の理由(キーワード別出現頻度)

(2) 「善悪の状況依存性判断とその理由」のコレスポンデンス分析の結果

中心部の「どんな場合もいけない」を示す「NG」の周辺にキーワードの

第6章　道徳的規範に対する認識の年齢的特徴及び実態の発達的変容　　191

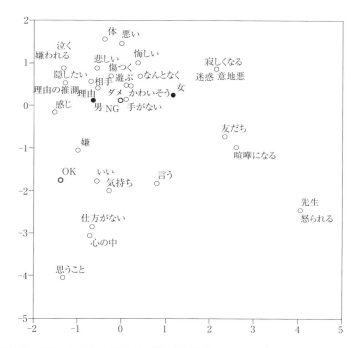

図6-20　「個々の容姿に関する例題（言葉）」のコレスポンデンス分析の結果
　　　　（5歳児クラス）

上位が集結した。特徴的な点を挙げると，右下部に「先生」「怒られる」といった保育者の行動を予測する内容や，その左上に「友だち」「喧嘩になる」といった交友関係の悪化を危惧する回答がみられた。また，「仕方ない場合もある」を示す「OK」の下には「思うこと」「仕方ない」「心の中」，とあり，右に「言う」「いい」といった，思うことの仕方無さや，言葉にしてよい言葉といけない言葉の判断を示唆するキーワードが挙がった。

≪個々の容姿に関する例題（態度）≫

　「片手がない」という容姿が自分とは異なる相手に対して「変だ」と言っ

表6-15　Q3．個々の容姿に関する例題（態度）の善悪の状況依存性判断の結果全体

（　）＝％

判断		クラス	3歳児（n＝41）	4歳児（n＝69）	5歳児（n＝73）
OK	理由あり		0	3　（4.3）	6　（8.2）
	理由なし		14　（34.1）	10　（14.5）	3　（4.1）
NG	理由あり		7　（17.1）	25　（36.2）	49　（67.1）
	理由なし		13　（31.7）	28　（40.6）	13　（17.8）
無回答・わからない			7　（17.1）	3　（4.3）	2　（2.7）

て笑った幼児がいた場合の質問

　Q3「笑う」ということについてどう思いますか？

　という質問の結果を以下に示す。

(1)「例題に対する善悪の状況依存性判断」

　次に個々の容姿に関する例題（態度）についての質問を行った。その結果が表6-15である。

　表6-15に示すQ3の質問の結果では，3歳児クラスでも「笑う」ことはいけない，という判断を示す幼児が全体の約半数となった。そして「いけない」と答えた理由をみると最も多かったのは無回答であった。また，「笑うのは仕方がない」と答えるがその理由は無回答も全体の3割を超えた。

　3歳児クラスでは，判断理由を言葉で述べることが難しいと考えられるが，この結果からみると，「笑う」という行為そのものが日常的に悪い意味をもたないことの方が多いことから，社会的に望ましくない行為であることが想像しにくい幼児も存在することが考えられた。

　4歳児クラスでは，7割を超える幼児が善悪の状況依存性判断で「いけない」と答えている。回答した理由を見ると，無回答の割合の方が高かったが，4割弱の幼児は何らかの理由を答えた。

5歳児クラスでは，8割以上の幼児が「笑う」ことはいけないと判断する結果となった。また，その理由について述べる幼児の割合が増加した。理由を述べるという点では，「仕方ない場合もある」と答えた幼児の場合も同様に増加した。

≪3歳児クラス≫

3歳児クラスにおける個々の容姿に関する例題の判断理由に対するテキストマイニング分析の結果を図6-21に示す。また，善悪の状況依存性判断の結果と，判断の理由に対し，コレスポンデンス分析を行った結果が図6-22である。

図6-21に示す「個々の容姿に関する例題」（態度）（3歳児クラス）の善悪の状況依存性判断の理由（キーワード別出現頻度）をみると，3歳児クラスでは，「仕方ない場合もある」と答える割合が高かったこともあり，また，「いけない」と答えた中でも理由を述べた幼児が7名だったことなどからその理由に

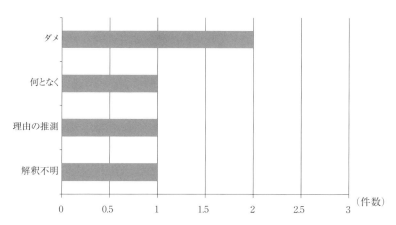

図6-21 「個々の容姿に関する例題」（態度）（3歳児クラス）の善悪の状況依存性判断の理由（キーワード別出現頻度）

挙がったキーワードは僅かであった。その内容も「ダメ」が中心となった。理由の推測には「切られたかもしれない」といった内容であった。

(2)「善悪の状況依存性判断とその理由」のコレスポンデンス分析の結果

図6-22に示す「個々の容姿に関する例題（態度）」のコレスポンデンス分析の結果（3歳児クラス），をみると，中心部から見ると，キーワードは「してはいけない」の近くに集まっている。

また，「仕方ない場合もある（OK）」の方に，女児が近く，「してはいけない（NG）」の上に男児が布置している。このことから，女児の方が「笑う」という行動に対して寛容的であるとも捉えることができるが，「笑う」とい

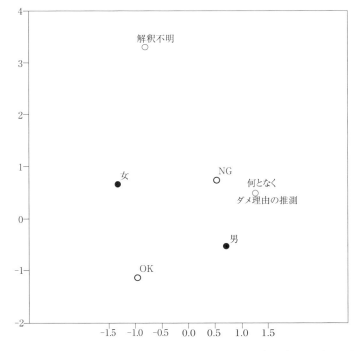

図6-22 「個々の容姿に関する例題（態度）」のコレスポンデンス分析の結果（3歳児クラス）

うことの社会的不適切さを理解していない可能性もあり，その点について更なる検証が必要である。

≪4歳児クラス≫

個々の容姿に関する例題の判断理由に対するテキストマイニング分析の結果を図6-23に示す。また，善悪の状況依存性判断の結果と，判断の理由に対し，コレスポンデンス分析を行った結果が図6-24である。

図6-23に示す「個々の容姿に関する例題」（態度）（4歳児クラス）の善悪の状況依存性判断の理由（キーワード別出現頻度），をみると4歳児クラスでは「相手」「ダメ」といったキーワードのほか，「悲しい」や「怒る」といっ

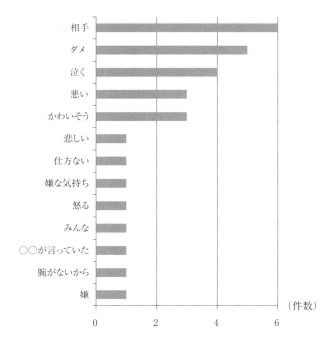

図6-23 「個々の容姿に関する例題」（態度）（4歳児クラス）の善悪の状況依存性判断の理由（キーワード別出現頻度）

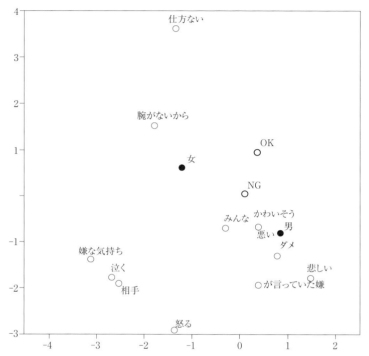

図6-24 「個々の容姿に関する例題(態度)」のコレスポンデンス分析の結果
(4歳児クラス)

た感情を理由に挙げる内容があった。また,「○○が言っていた」は,テレビで同じような内容が放映されていた,との回答であった。3歳児クラスと比較し,判断理由が増加した点が特徴的である。

(2)「善悪の状況依存性判断とその理由」のコレスポンデンス分析の結果

図6-24に示す「個々の容姿に関する例題(態度)」のコレスポンデンス分析の結果(4歳児クラス)をみると,「してはいけない」を示す「NG」の下にキーワードが集結し,行動そのものを禁止するキーワードや,感情を推測したり,同情を示すキーワードが布置した。

第6章 道徳的規範に対する認識の年齢的特徴及び実態の発達的変容　　197

　4歳児クラスでは8割を超える「いけない」と答えたが、その理由について回答したのは約半数だった。このことから、理由について詳しく述べることはまだ難しい幼児も多いが、「不快に感じることである」という認識が進む年齢であることが示唆される。また、少数ながら、「相手が怒る」、「相手が嫌だと思う」という相手側の反応や心情に視点を当てた回答が見られた。「心の理論」研究において、4歳児以降になると、子どもは他者の視点が自分とは異なることを理解できるようになる（Wimmer&Perner, 1983）といわれるように4歳を過ぎた頃より徐々に自分とは異なる特性をもつ他者の立場や感情も推測可能になり始めることが示唆される。

≪5歳児クラス≫
　5歳児クラスにおける個々の容姿に関する例題の判断理由に対するテキストマイニング分析の結果を図6-25に示す。また、善悪の状況依存性判断の結果と、判断の理由に対し、コレスポンデンス分析を行った結果が図6-26である。
　図6-25に示す「個々の容姿に関する例題」（態度）（5歳児クラス）の善悪の状況依存性判断の理由（キーワード別出現頻度）、をみるとキーワードのバリエーションが4歳児クラスから更に増加した。4歳児クラスと同様に相手への同情や、行動そのものをいけないと判断する回答が多かったが、5歳児クラスでは、「馬鹿にしている」といったキーワードも比較的上位に挙がっていることから、笑いが常に肯定的な意味をもつのではなく、嘲笑の意味をもつ場合もあることを理解していることが示唆される。

(2)「善悪の状況依存性判断とその理由」のコレスポンデンス分析の結果
　5歳児クラスでは、無回答の割合が減少し、「笑う」ことはいけないと判断する幼児が8割を超える結果となった。また、「仕方がない」と回答した幼児も、「いけない」と回答した幼児も何らかの理由を述べる割合が高く

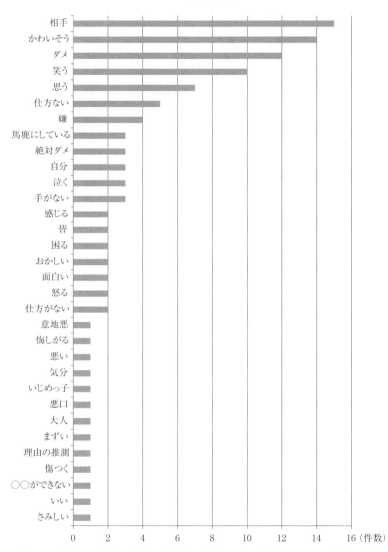

図6-25 「個々の容姿に関する例題」（態度）（5歳児クラス）の善悪の状況依存性判断の理由（キーワード別出現頻度）

第6章 道徳的規範に対する認識の年齢的特徴及び実態の発達的変容　199

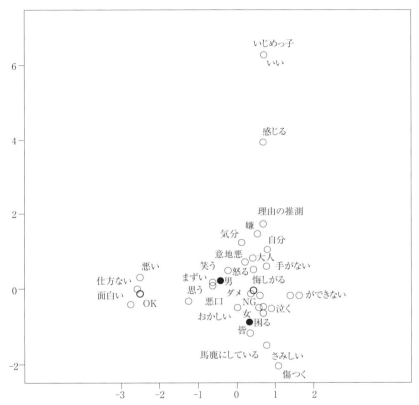

図6-26　「個々の容姿に関する例題（態度）」のコレスポンデンス分析の結果
　　　　　（5歳児クラス）

なった。また，「仕方がない場合もある」を示す「OK」の上部に「悪い」「仕方がない」が布置しており，「悪いけれど」ということを前提にしながら仕方がないと回答したものであった。また，そのとなりの「面白い」と「仕方ない」も共通の回答であった。

　「笑う」という感情表出は，それ自体は否定的な意味合いを持っていない。しかし，笑いは時と場合によって「望ましくない言動」となることがある。

容姿に特徴を有する他者を笑うということは，一般的に望ましくない言動とみなすことが多いと考えられる。年長児では，このような「状況による笑いの否定的意味」を理解していることが伺える回答も多く見られた。

本節のまとめ

本節では，「他者を傷つける言動をしない」といった道徳的規範に対し，幼児がどのような認識をもっているのか，善悪の判断とその理由から明らかにすることを目的としていた。また，年齢による比較をすることで，発達上の認識の違いを検討した。

《個々の能力に関する例題（Q1）について》

Q1，では，リレーの中でA児が走るのが遅れ，チーム全体が負ける事に繋がった場面を想定している。その際，A児に「遅い」という幼児がいた場合についての質問を行った。

結果，3歳児クラスでも半数を超える子どもが「いけない」と回答した。「いけない」と返答する割合は年齢と共に増加し，5歳児クラスでは8割が「いけない」と判断した。更にその理由について問うと，3歳児クラスでは返答が難しい場合が多く，4歳児クラスでも「かわいそうだから」といった相手に同情を示す回答や，「言葉がいけない」といった，言葉そのものが問題であると捉える回答が多かった。5歳児クラスでは，相手が泣くといったその後に生じる事態や相手との関係性（嫌われるなど）に視点をあてた回答がみられた。このことから，年齢が上がるに従って，相手の能力に否定的な言葉を言うことは，相手の感情を傷つけ，関係性を悪化させることにも繋がるということを理解してくることが示唆された。

≪個々の容姿に関する例題≫

Q2では，「片手がない」という容姿が自分とは異なる相手に対して「変

だ」という幼児がいた場合についての質問を行った。結果，3歳児クラスでは，「仕方ない」という幼児が3割弱，「いけない」という幼児が約6割となった。4歳児クラスでは「仕方がない」と回答する幼児の割合が3歳児と比較して減少したが，その理由については無回答が多い結果となった。理由について回答した場合も，「変だ」と言うことそのものが問題であるという捉え方中心となっていることが確認された。5歳児クラスでは，殆どの幼児が「いけない」という答えを示し，相手の感情を傷つけることや，相手と自分との関係が悪化することを理由に挙げた幼児が多かった。

以上から，相手の身体的特徴について否定的な指摘をすることは「望ましい行為ではない」という認識が，3歳児クラスには既に生じていることが示された。

3歳児クラスの幼児は，「言葉によって感情が傷つく場合がある」ということの理解が難しい幼児も多いが，理解し始めている幼児も存在し，こうした規範への理解が促される時期であると考えられる。したがって3歳児クラスにおいては，特に他者の状況や感情に目を向ける事につながる様な保育者の働きかけや，「指導・援助」の在り方が求められる時期になることが考えられる。

Q3では「片手がない」という容姿が自分とは異なる相手に対して「変だ」と言って笑った幼児がいた場合に，「笑う」という行為についての質問をした。

この質問に対しては，3歳児クラスにおいても約半数の幼児が「いけない」と判断している。また，4歳児クラスの幼児は7割以上が「いけない」と答えた。そして「無回答」の幼児が3歳児クラスと比較して減少した。しかし，理由は答えない割合の方が高かった。5歳児クラスにおいては，8割以上が「いけない」との判断を示した。そして，「かわいそう」といった相手の立場を考慮する回答や，「傷つく」という共感的要素の窺える回答が確認された。また，「馬鹿にしているみたい」といった回答も見られ，笑いは

時として嘲笑の意味をもつことを理解していることが窺える幼児の回答も存在した。感情表出の社会化について澤田（2007）は，「4歳を過ぎると，共感能力の発達に伴って相手の気持ちを配慮して真の気持ちとは異なる感情を状況に応じて示すようになる。」と述べている。特に，6歳を過ぎると，誰かが傷つきそうなときには真の感情を表出するのは控えるべきだと考えられるようになることを指摘する。本調査の時期が年度末であり，3歳児クラスはほぼ4歳児に，5歳児クラスはほぼ6歳児になっていることを勘案すると，以上の調査結果は澤田の述べていることと一致する結果となった。

　全体を通じて，それぞれの例題の結果に若干の違いは見られたが，例題を通して検討した道徳的規範への理解は年齢毎に共通する特徴が見られた。

　3歳児クラスでは「他者を傷つける言動」がどのようなものであるのか，善悪の状況依存性判断が難しい幼児も存在したが，6割くらいは「いけない」という理解を示していた。4歳児クラスでは，善悪の状況依存性判断を示す幼児が増加し，「いけない」と捉える幼児が増加した。しかし，その理由についてみると「その言動がいけないことだから」といった理由づけが多かった。このことから，善悪の判断基準が形成されつつあるが，その理由については自分の考えが確立されたものというよりは，保護者や保育者が過去に言っていたことを判断基準にしている傾向が窺えた。5歳児クラスでは，相手の感情の推測や相手と自分との関係性を考慮した理由が見られた。

　例題を通して検討した道徳的規範への理解は3歳児クラスから既に見られることが明らかとなった。また，4歳児クラス，5歳児クラスにかけて判断や理由づけが，他者理解に基づいたものや，社会的な理由のへ変化することが明らかとなった。

　一般に，他者を傷つける言動をとった場合にも「幼児は言っていいことがまだわからないから仕方がない」と考える大人も多い。しかし，本調査の結果から，3歳児クラスでも約半数は「いけない」と言うことに気付いていることが確認された。このことは，「他者を傷つける言動がまだわからない」

という「無理解による言動」という解釈は当てはまらない場合も多いことが示される。

一方このような「他者を傷つける言動」がみられた場合，保育者はその行動だけを捉えてかかわることよりも，他の日常場面での対象児の様子を照合しながらその意味を解釈することが多いだろう。連続的なかかわりの中で，この「意図性」が窺える行為であるからこそ，第2節-1-Q1の調査である「道徳的規範への意識の育ちに課題を抱え，特に援助を要すると感じる幼児に接したエピソード」の結果は，相手の嫌がる言動，傷つく言動が最も多くなったことが考えられる。この結果を踏まえた保育者のかかわりについて以降の章で考察していくこととする。

第3節　小括

第2章では，幼児の道徳的規範に対する認識と実態について明らかにするため，第1節　ゲーム遊びにおける「ずる」に対する認識と実態と第2節　他者を傷つける言動に対する幼児の認識について実証的研究を行った。

幼児の善悪の認識を明らかにする研究は認知発達研究に類する研究として豊富に研究が行われており，幼児期では3．4歳頃から既に善悪の判断を規定する規範意識が見られることが多方向から明らかにされている。しかし，その検討に使用される道徳領域の例話については，「嘔吐場面（いやがらせ）」「暴力場面」「順番を抜かす」（首藤・岡島，1986；首藤・二宮，2002；越中，2006）といった内容が中心となっており，実際の幼児の遊びの中で見られるゲーム遊びの「ずる」に関する内容は検討されてこなかった。また，相手の身体的特徴や能力について否定的な言葉を投げかける実態などが幼児の実態で見られることも多くの保育者が確認していることを(3)実証研究の第1章でも明らかにしている。このような内容は指導的な役割を担う保育者にとって幼児理解や保育観が問われる，かかわり方の判断が難しい問題でもある。た

とえば，年齢が低いことから「経験の中で次第に気が付いていけばいい」と捉え，受容していく見方もあれば，「幼くても相手の尊厳にかかわる言動は慎むことを示すべき」といった見方もあり，さらにゲーム遊びに関しても「子どもが問題意識をもっていなければ良いのではないか」という見方もあり，保育観によってその理解の仕方は異なるからである。

そこで本章では，幼児はゲーム遊びの「ずる」や「他者の嫌がる言動をとる」といった道徳的規範にかかわる問題に対し，幼児はどのように認識しているのか明らかにした。

1．ゲーム遊びにおける「ずる」に対する認識と実態について

《ゲーム遊びにおける「ずる」に対する幼児の認識》について

まず，ゲーム遊びの「ずる」に対しての幼児の認識を，《じゃんけんの後出し》《タッチされたのにタッチされていないように振る舞う》《鬼決めの操作について》《タッチされそうになると毎回バリアをする》といった日常のゲーム遊びにおいて生じたずるの事例を例題化し，検討した。例題への質問は以下のことを尋ねた。

(1) 例題に対する善悪の判断（例題に示す行動に対して，しても良いと思うか，してはいけないと思うかの是非を尋ねる。）
(2) 「してはいけない」内容の認識：(1)の質問で「してはいけない」と答えた幼児に対し，提示した行動は「悪い」と「ずるい」のどちらに該当すると思うか。
(3) 善悪の状況依存性判断とその理由：(1)の質問に対して「いけない」と答えた子どもに対し，森川（2008）が示す「状況依存性」判断を参考に，「仕方ない時もある」か「絶対にしてはならないか」を尋ねた。また，質問に対し，「仕方ない時もある」，「絶対にしてはならない」との返答があった場合には，そのように判断した理由について質問した。

結果，《じゃんけんの後出し》や《タッチされたのにタッチされていない

ように振る舞う》といったルールの逸脱が明確な行為については4歳児クラスの幼児も5歳児クラスの幼児とほぼ同様の回答傾向を示した。また，「悪い」か「ずるい」か問うと，4歳児クラスも5歳児クラスも「ずるい」と認識している幼児の割合が高くなった。

　一方,《鬼決めの操作について》と,《タッチされそうになると毎回バリアをする》といったルールが明確に規定されていないことに対しては，4歳児クラスの幼児と5歳児クラスの幼児で違いがみられた。4歳児クラスでは，「いけない」と答えたうち，「悪い」と答えた幼児と「ずるい」と答えた幼児が半々であり，5歳児クラスは「ずるい」と答える幼児が大部分を占めた。そして，「いけない」と答えた判断の理由を問うと，4歳児クラスは「だめ」「いけない」「嫌」といった行為そのものを「いけない行為」として理由に挙げる傾向がみられた。一方，5歳児クラスは「してはいけない」の判断理由に「されたことがある」といった経験に基づいた回答や,「相手」「泣く」といった相手の行動を推測する回答も見られた。このように過去の経験からその後の展開を予測し，それを判断の根拠とする点で4歳児クラスとの相違点が確認された。

　以上から，どの例題に対しても4歳児クラスから既に「いけない」という認識を有していることが明らかとなった。しかし，内容によって4歳児クラスは「ずるい」と判断するものと「悪い」と判断するものの割合が変化し，「ダメ」と答える回答も見られた。一方，5歳児クラスは全ての例題に対して「いけない」と認識している割合が8割を超えるものが多く，その内容も「ずるい」と認識していた。このことは，玉置・山本（2006）の指摘のように，公正・公平に対する概念の獲得と関連するように思われる。また，本研究の結果から「ダメ」といった行動規制としての認識から，「悪い」という善悪の基準をもつ判断となり，「悪い」の内容が分化し，5歳児クラスごろに公平性概念が発達し，「ずるい」という認識へ変化していくことが考えられた。

《ゲーム遊びにおける「ずる」の実態と発達的変容》について

　また，観察研究では，「ずる」が最も多く確認されたＰ男の行動の記録から変容プロセスを明らかにした。その際，他者との相互交渉がＰ男の意識及び行動の変容を促す要因と繋がっているのかについて検討した。一連のプロセスをみた結果，他者とのかかわりの影響からみると，①望んだ状況にするための同じような内容の「ずる」が一定期間（例えば５歳児クラスの４月から５月にかけて等）繰り返される。これによって周囲の幼児が「ずる」に対し疑問を抱くようになる②周囲の幼児が「ずる」に対して疑問や不満を抱き，表情に表したり，言葉によって指摘したりするようになる③友だちの指摘を受けることで，自身の行動の意味や結果について考える機会を得る④突然変化はしないが，Ｐ男自身が内面的葛藤を解決する方法を見出しながら徐々に変容していく，という４つの段階を経ていることが明らかとなった。

　以上から，ゲーム遊びに参加する際の意識及び行動の変容は友だちとのかかわりから自身の行動の善悪について考える機会が生じたことが要因の一つにあることが確認できた。

２．他者を傷つける言動に対する幼児の認識について

　第２節　他者を傷つける言動に対する幼児の認識では，リレーの中でＡ児が走るのが遅れ，チーム全体が負ける事に繋がった場面を想定した例題（Q1）から検討した。Ａ児に「遅い」という幼児がいた場合に，「遅い」と言うのは「いけない」ことか，「仕方がない時もあるか」という質問を行った。

　結果，３歳児クラスでも約半数の子どもが「いけない」と回答した。「いけない」と返答する割合は年齢と共に増加し，５歳児クラスでは８割が「いけない」と判断した。

　更にその理由について問うと，３歳児クラスでは返答が難しい場合が多く，

4歳児クラスでは,「かわいそうだから」といった相手に同情を示す回答や,「言葉がいけない」といった,言葉そのものが問題であると捉える回答が多かった。5歳児クラスでは,相手が泣くといったその後に生じる事態や相手との関係性(嫌われるなど)に視点をあてた回答がみられた。このことから,年齢が上がるに従って,相手の能力に否定的な言葉を言うことは,相手の感情を傷つけ,関係性を悪化させることにも繋がるということを理解してくることが示唆された。

Q2では,「片手がない」という容姿が自分とは異なる相手に対して「変だ」という幼児がいた場合についての質問を行った。結果,3歳児クラスでは,「仕方ない」と答えた幼児が約3分の1,「いけない」という幼児が約3分の2ほどに分かれた。4歳児クラスでは「仕方がない」と回答する幼児の割合が3歳児クラスと比較して減少したが,その理由については無回答が多い結果となった。理由について回答した場合も,「変だ」と言うことそのものが問題であるという捉え方が確認された。5歳児クラスでは,殆どの幼児が「いけない」という答えを示し,相手の感情を傷つけることや,相手と自分との関係が悪化することを理由に挙げた幼児が多かった。

以上から,相手の身体的特徴について否定的な指摘の仕方をすることは「望ましい行為ではない」という認識が,3歳児クラスには既に生じていることが示された。

3歳児クラスの幼児は,「言葉によって感情が傷つく場合がある」ということの理解が難しい幼児も多いが,理解し始めている幼児も存在し,こうしたことの理解が促される時期であると考えられる。したがって3歳児クラスにおいては,特に他者の状況や感情に目を向ける事につながる様な保育者の働きかけや,「指導や援助」の在り方が求められる時期になると考えられる。

Q3では「片手がない」という容姿が自分とは異なる相手に対して「変だ」と言って笑った幼児がいた場合に,「笑う」という行為ついての善悪の状況依存性判断を質問した。

この質問に対しては，3歳児クラスにおいても約半数の幼児が「いけない」と判断している。

また，4歳児クラスの幼児は「無回答」の幼児が3歳児クラスと比較して減少したが，理由は答えない割合の方が高かった。5歳児クラスにおいては，8割以上が「いけない」との判断を示した。そして，「かわいそう」といった相手の立場を考慮する回答や，「傷つく」という共感的要素の窺える回答が確認された。また，「馬鹿にしているみたい」といった回答も見られ，笑いは時として嘲笑の意味をもつことを理解していることが窺える回答も見られた。

全体を通じて，それぞれの例題において結果に若干の違いは見られたが，例題を通して検討した道徳的規範への理解は年齢毎に共通する特徴が見られた。

3歳児クラスでは「他者を傷つける言動」がどのようなものであるのか，理解が難しいことが窺える幼児も存在したが，6割ほどの幼児は「いけない」という理解を示していた。4歳児クラスでは，善悪の状況依存性判断を示す幼児が増加し，「いけない」と捉える幼児が増加した。

しかし，その理由についてみると「その言動がいけないことだから」といった理由づけが多かった。このことから，善悪の判断基準が形成されつつあるが，その理由については自分の考えが確立されたものというよりは，保護者や保育者が過去に言っていたことを判断基準にしている傾向が窺えた。このことは保育者が日常を通して伝達している規範内容が幼児の善悪の判断理由の基礎に影響していることが指摘できる。また，5歳児クラスでは，相手の感情の推測や相手と自分との関係性を考慮した理由が見られた。

以上から，第2章ではゲーム遊びにみられる「ずる」の例題と，他者を傷つける言動に対する例題から幼児の認識を明らかにした。結果，他者を傷つける言動に対しては3歳時期より，ゲーム遊びにみられる「ずる」に対しても，4歳児クラスより「いけない」という認識を有している幼児が多く，5

歳児クラスになると8割を超える幼児が「いけない」という回答を示すことが明らかとなった。

　一方，ゲーム遊びの2年間の縦断的観察研究から，「ずる」が最も多く確認されたP男の行動の記録に着目し，その実態の変容プロセスについて明らかにした結果から，ゲーム遊びに参加する際の意識及び行動の変容は友だちとのかかわりから自身の行動の善悪について考える機会が生じたことが行動の変容を促す重要な要因となったことが確認できた。

　以上の結果を保育者のかかわり方にどのように反映していくのかについて以降の章で検討していきたい。

引用文献

越中康治（2005）仮想場面における挑発，報復，制裁としての攻撃に対する幼児の道徳的判断，教育心理学研究，53(4)，479-490.

神長美津子（2004）第1章誰にでもわかる道徳性の芽生えの育成「心を育てる幼児教育―道徳性の芽生えの育成―」東洋館出版社

森川敦子（2010）「子どもの規範意識の育成と道徳教育―社会的慣習概念の発達に焦点づけて―」溪水社

森川敦子（2008）規範意識を育成するための指導法に関する基礎的研究―子どもたちの"道徳"と"社会的慣習"の逸脱行為を許容する要因の検討―，道徳と教育，52，142-153.

中坪史典，秋田喜代美・中坪史典・砂上史子編著（2009）乳幼児期の言葉の発達保育内容領域言葉―言葉の育ちと広がりを求めて―，（株）みらい

小原敏郎・入江礼子・白石敏行・友定啓子（2008）子ども同士のトラブルに保育者はどうかかわっているか―保育者の経験年数，トラブルが生じる状況による分析を中心に―，乳幼児教育学研究，17，93-103.

齋藤瑞（2000）"知っている"ということについての幼児の理解の発達，発達心理学研究，11(3)，163-175.

澤田瑞也・小石寛文編著（2007）「感情の社会化子どもの発達と心理」八千代出版

鈴木敦子（1996）幼児の道徳的規範，社会的ルールの発：文脈依存的表現の調整という視点から，東京大学大学院教育学研究紀要，36，361-367.

首藤敏元・岡島京子（1986）子どもの社会的ルール概念，筑波大学心理学研究，8，87-98.
首藤敏元・二宮克美（2003）「子どもの道徳的自律の発達」風間書房
玉置哲淳・山本健司（2006）幼児はずるいをどうとらえているか―交代，順番，仲間入り，独占を通しての公平概念を探る―，エデュケア，27，15-23.
内田信子（1994）「想像力 創造の泉をさぐる」講談社
Vygotsky, L. S.（2002）広瀬信雄（訳）「新訳版 子どもの想像力と創造」新読書社
Wimmer, H. & Perner, J.（1983）Beliefs about beliefs: Representation and constraining function of wrong beliefs in young children's understanding of deception, - Cognition, *Cognition* Volume 13, 103-128.

第7章　幼児の規範意識の形成に対する保育者の保育観と指導の実態

　保育者が社会的道徳の逸脱行為に対してどのようにかかわるのかについて明らかにした首藤・二宮（2002）の研究では，保育者は子どもの社会的道徳の逸脱行為に対して基本的には優しく働きかけるという意識が高いものの，他者を不快な思いにさせたり，身体的に傷つける場面や，自分の体に傷つける恐れのある場面では厳しいかかわりをする場合もあることを明らかにしている。しかし，保育実践の中で保育者が幼児に規範的価値を伝達する場面では，規範の内容によってかかわり方を変化させているだけではなく，年齢や発達，状況など，さまざまな要因を勘案し，規範的価値の伝達を行なっていることが考えられる。

　また，保育者の保育観に関する研究では，経験年数が9年目頃までは経験年数が上がるにしたがって「規範意識」を保育の中で特に重視するようになることが示され，9年目以降は規範意識よりも他の面を重視するようになることが指摘されている（小原ら，2013）。このことから，規範意識の形成を促す教育に対する保育観や，実践のありかたは経験年数によっても異なることが考えられる。

　さらに，園の組織による違いがあることも推測され，文部科学省が公表している「平成25年度学校教員統計調査（平成25年10月1日現在）」の「平均勤務年数」をみると，公立幼稚園の教諭の平均経験年数が15.0年（国立は15.2年）であるのに対し，私立幼稚園は9.2年であり，在籍する教員の経験年数に差があることが考えられる。また，公立園では一つの園に継続して勤務するのではなく，勤務先の異動がある場合も多く，同僚となる保育者も変動的であることが考えられる。保育観の形成は同僚の保育者の影響を受けながら形

成されていくと言われることから(梶田ら,1990),園の組織の違いは保育者の保育観及び実践に特徴的な違いが生じる可能性が推測される。

　したがって,幼児の規範意識の形成を促す教育の在り方を検討するためには,まず,現在幼稚園に勤務する保育者が幼児の規範意識の形成を促す教育に対し,どのような保育観をもっているのか,また,実践では,どのようなことを重視して幼児に規範的価値の伝達を行っているのか,保育者の属性別にその実態を明らかにする必要があるのではないだろうか。

第1節　目的と方法

目的

　本章では1)幼児の規範意識の形成を促す教育についての保育者の保育観,2)規範的価値を子どもに伝達する際に重視すること,3)「幼児の規範意識の形成を促す教育についての保育者の保育観」と「規範的価値を子どもに伝達する際に重視すること」の関連について保育者の基本属性毎の特徴を明らかにすることを目的とする。

　そして,規範意識の形成を促す教育がどのように捉えられ,実践されているのかについて実態を明らかにしたいと考えた。

方法

調査方法
　質問紙法

調査対象
　地域性による影響を可能な限り除き,現在の日本における保育の実態を偏りなく調査に反映したいと考えたため岩手県,宮城県,福島県を除く[注1]日

本全国各地の幼稚園に勤務する幼稚園教諭を対象とした。

調査期間

2014年9月下旬～11月末。

調査の手続き

全国学校総覧（2012年度）を参考に無作為に抽出した公立幼稚園264園，私立幼稚園320園に「幼児期における規範意識の形成」に関する研究調査であることを明記した依頼文を添え，調査への協力を依頼した。1県につき平均して，私立7.27園，公立6園に配布した。（県全体の園数によって差異が生じた）1園に4部ずつ質問紙と個人用封筒を配布し，各園で返信用封筒にまとめて返信いただくよう依頼した。

配布部数は合計2336部（公立1056部，私立1280部）である。そのうち回答が得られたのは，公立283部，私立277部，不明8部，合計568部回収率24.3％，有効回答数は430部である。

有効回答者の基本属性毎（経験年数，園の公私）の内訳を以下に図示する（図7-1）。なお，経験年数の分類には，西山（2008），足立・柴崎（2009）の分類を参考に，①初任者（0～満2年）②中堅者前期（満3年～満5年）③中堅者後期（満6年～満15年）④熟練者前期（満16年～満25年）⑤熟練者後期（満26年以上）と設定した。

調査内容

(1)フェイスシート

調査目的記載の後，勤務先の園の概要（公立・私立），回答者の経験年数，性別，現在の担当学年及び職務（担任・副担任等）を尋ねた。

(2)質問紙の内容

質問紙は保育者を対象に，1)「幼児の規範意識を育むために必要だと思う

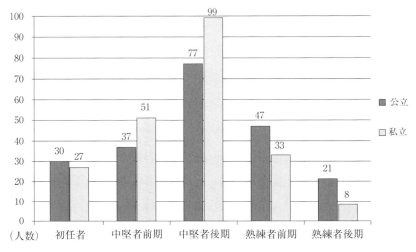

図7-1　有効回答者の基本属性（経験年数・園の組織）別人数

こと」（10項）（表7-2），2)「規範意識を育むために子どもに伝達していること」（57項）（表7-5）を問う質問紙を作成した。

1)「規範意識の形成を促す教育についての保育観」の質問項目の設定

質問項目の設定は越中・白石（2009）の「道徳指導についての考え方」を参考として作成し，予備調査（湯浅・押谷，2013）を行った。予備調査の結果から更に修正し，質問項目を設定した（表7-2）。

2)「規範意識を育むために子どもに伝達していること」の質問項目の設定

①カテゴリーの設定

質問項目の設定にはまず，保育者が子どもに伝達する規範内容の枠組みをカテゴリーとして設定した。その内容には越中・白石（2009）が保育者養成校学生を対象に行った調査で使用した「道徳指導についての考え方」，『幼稚園教育要領』，『幼稚園における道徳性の芽生えを培うための事例集』（文部科学省，2001）を参考に設定した。

カテゴリーの内容は以下のとおりである。

第 7 章　幼児の規範意識の形成に対する保育者の保育観と指導の実態　　215

> Q1. 園生活のきまりを伝えていくこと「慣習的規範」
> Q2. どのようなふるまいが人とかかわる上で望ましいかを伝えていくこと「人と接する態度」
> Q3. 日常生活の中で必要なルールを保育者が作り，提案すること「便宜的規範の生成」
> Q4. 自分の主張を抑え，我慢することの必要性を伝えていくこと「自己抑制」
> Q5. 自分の主張をすることの必要性を子どもに伝えていくこと「自己主張」
> Q6. 友達の個性（体型，体質，能力等）について相手を傷つける可能性のある発言をした場合，注意を促すこと「道徳的規範」

②質問項目の設定

質問項目の設定には，カテゴリーに示す規範内容をどのような状況や場面で伝達しているのかを問う内容とした。具体的には，予備調査（湯浅・押谷，2013）の際に「規範意識の形成を促す指導についての考え」の自由記述回答の内容をカテゴリーに分類し，その内容を質問に含ませるものとした。その内容は「経験」，「年齢」，「積極的伝達」，「自主性・見守り」，「他者影響」，「自己充実」，「意図的逸脱」，「クラス集団」，「発達」，「程度」，「状況（遊び・生活）」である。（表7-5参照。カテゴリーの内容によって，入らない内容もある）

カテゴリーの質問は6種類，質問項目（NO）は全部で57項目設定した。全ての回答項目に対し，「あてはまる（5点）」「わりとあてはまる（4点）」「どちらでもない（3点）」「あまりあてはまらない（2点）」「あてはまらない（1点）」の5段階尺度評定を求め，得点化した。

「規範意識を育むために子どもに伝達していること」の質問項目への回答結果（表1）をもとに，保育者は実践上，どのようなことを重視して子どもに社会的規範の伝達を行っているのか，その指導の観点の特徴について検討した。

分析方法

分析にはIBM SPSS Statistics ver.23使用し，因子分析（主因子法プロマックス回転）及，分散分析及び相関分析を行った。

第2節 幼児の規範意識の形成に対する保育観の分析

本節では，保育者が規範的価値の伝達をする際の基本的な考え方の特徴を明らかにするため，幼児の規範意識の形成を促す教育についての保育者の保育観の特徴を基本属性毎に明らかにする。

分析の際には，「規範意識の形成を促す教育についての保育観」の質問項目（10項目）（表7-2）について，因子分析（主因子法プロマックス回転）を行った（分析Ⅰ）（表7-3）。その後，基本属性による特徴を明らかにするため，分析Ⅰで抽出された下位尺度に対し，保育者の基本属性（園の公私，経験年数）による比較検討を行った（分析Ⅱ）（表7-4）。

結果と考察

「規範意識の形成を促す教育についての保育観」各項目の平均及び標準偏差

「規範意識の形成を促す教育についての保育観」で質問した各項目の平均値を見ると，10項目の質問のうち，1．2．3．4．8．9．10，の7項目の平均が4を上回った（表7-2）。

その内容を見ると，2つの要素に分けてみることができた。中でも，1どのような行動が道徳的に望ましい行動か伝えていく必要がある，3子どもがよいことをしたら，みんなに教えて褒めるとよい，8自分の主張をすることの必要性を子どもに伝えていく必要がある，といった「望ましさの伝達」や「褒める」，「主張を肯定する」といった，規範的価値の肯定的・推奨的側面が伺える内容となった。

それ以外の，2子どもが社会的ルールに反することをしたらその場で伝え

表7-2 「規範意識の形成を促す教育についての保育観」の質問項目及び各項目の平均値，標準偏差

※網掛けは，天井効果のみられた項目を示す。

「規範意識の形成を促す教育についての保育観」の質問項目	M	SD
1 どのような行動が道徳的に望ましい行動か伝えていく必要がある	4.65	0.57
2 子どもが社会的ルールに反することをしたらその場で伝える必要がある	4.85	0.40
3 子どもがよいことをしたら，みんなに教えて褒めるとよい	4.62	0.61
4 子どもの規範意識は指導しないと身につかない部分もある	4.30	0.70
5 子どもの意思を尊重しすぎると，規範意識は形成されにくくなる	3.36	0.97
6 日常の中で必要なルールを保育者が作り，子どもに提案する必要がある	3.74	0.97
7 自分の主張を我慢することの必要性を伝えていく必要がある	3.64	1.07
8 自分の主張をすることの必要性を子どもに伝えていく必要がある	4.29	0.72
9 友だちを傷つける発言をした場合には，注意を促す必要がある	4.80	0.47
10 日常の中で意図的にルールを守らない場合には注意を促す必要がある	4.64	0.58

る必要がある，9友だちを傷つける発言をした場合には，注意を促す必要がある，10日常の中で意図的にルールを守らない場合には注意を促す必要があるといった項目は，「社会的規範の逸脱行為」の制止を促す内容であった。

以上のような「肯定的・望ましさの伝達」及び「社会的規範の逸脱行為」については園生活の中で子どもに伝達していく必要性があると考えている保育者の割合が高いことが窺える。

しかし，「5．子どもの意思を尊重しすぎると，規範意識は形成されにくくなる」，「6．日常の中で必要なルールを保育者が作り，子どもに提案する必要がある」，「7．自分の主張を我慢することの必要性を伝えていく必要がある」といった「保育者主導的」な内容や，「自己抑制力」の育ちを重視するような内容は平均値が4を下回った。

以上の結果から，「規範意識の形成を促す教育についての保育観」は複数

の因子で捉えることができるのではないかと考えた。

そこで分析1では,「規範意識の形成を促す教育についての保育観」の尺度の作成するため, 1)「幼児の規範意識を育むために必要だと思うこと」(10項)(表7-2)に対し,因子分析を行った(表7-3)。

分析I 「規範意識の形成を促す教育についての保育観」の尺度の作成

「規範意識の形成を促す教育についての保育観」の質問項目 (10項目) (表7-2) について,探索的に因子分析 (主因子法プロマックス回転) を行った (表7-3)。因子数の決定はスクリープロットの固有値の減少状況から判断し,因子数を2とした。そこで,2因子を仮定して再分析を行い,解釈可能な2因子を抽出した。どの因子にも十分な負荷量(.35以上)を示さなかった項目を

表7-3 「規範意識の形成を促す教育についての保育観」の因子構造(保育観尺度)

項目	因子 I	因子 II
第1因子　自己調整重視　(a =.72)		
7 自分の主張を我慢することの必要性を伝えていく必要がある	**.646**	.017
6 日常の中で必要なルールを保育者が作り,子どもに提案する必要がある	**.637**	-.014
5 子どもの意思を尊重しすぎると,規範意識は形成されにくくなる	**.633**	-.131
4 子どもの規範意識は指導しないと身につかない部分もある	**.508**	.106
8 自分の主張をすることの必要性を子どもに伝えていく必要がある	**.466**	.109
第2因子　規範逸脱注意　(a =.69)		
9 友だちを傷つける発言をした場合には,注意を促す必要がある	-.089	**.799**
10 日常の中で意図的にルールを守らない場合には注意を促す必要がある	.104	**.671**

	因子間相関	因子1	因子2
	因子1	—	.465

第7章 幼児の規範意識の形成に対する保育者の保育観と指導の実態　　219

除外して再度因子分析を行った。3度目の分析で全ての因子項目が十分な負荷量を示した。2因子解で全体の56.6%を説明している（表7-3）。ここで抽出した尺度を「保育観尺度」と示すことにする。なお，項目1．2．3．9．10は天井効果がみられたが，いずれも規範的価値の伝達についての保育観を知る重要な内容が含まれると判断し，天井効果の見られた項目1．2．3．9．10についても因子分析の対象とした。

「保育観尺度」の第1因子は，保育者が子どもに自己抑制をする必要性を伝達したり，保育者が規範の枠組みを設定することで子どもが自己抑制をする経験を用意するといった内容，自己主張することの必要性を子どもに伝達するなど，自己調整[注2]にかかわる内容項目に高い負荷を示した。そこで，第1因子には「自己調整重視」と命名した。

第2因子は，他者の心情にかかわる規範や，園生活全般の規範の存在を知りつつ，意図的に逸脱する場合に，保育者が注意を促す内容に高い負荷を示した。そこで，第2因子には「規範逸脱注意」と命名した。なお，第2因子「規範逸脱注意」は，構成する項目が2項目ではあるが，保育観の特徴を示す重要な因子であると判断したため，項目数に配慮しつつ以下分析を進めることとした。

因子間相関は.465であり，中程度の相関を示した。因子尺度の α 係数は，第1因子は.72第2因子が.69であった。第2因子は若干低い値を示したが許容できる範囲の値であり，両因子共に内的一貫性が認められた。

分析Ⅱ　基本属性による「保育観尺度」得点の比較

抽出された2つの下位尺度について，質問項目の得点を合計し，項目数で除した数値を保育観尺度得点とした。保育者の基本属性毎の保育観尺度得点を表7-4に示す。

また，保育者の基本属性（園の公私，経験年数）の違いを検討するため，基本属性を独立変数とする2水準（園の公立・私立）×5水準（初任者群，中堅者

表7-4 基本属性による

保育観 因子尺度	全体 (n=430)		初任者 (n=57)		中堅者前期 (n=88)		中堅者後期 (n=176)	
	M	SD	M	SD	M	SD	M	SD
因子1 自己調整重視	3.87	0.62	3.80	0.52	3.77	0.63	3.86	0.62
因子2 規範逸脱注意	4.72	0.46	4.60	0.57	4.67	0.51	4.75	0.40

前期群,熟練者前期群,中堅者後期群,熟練者後期群)の2要因の分散分析を行った。その結果を表7-4,図7-2に示す。

基本属性を独立変数とした2要因の分散分析の結果,保育観尺度の第1因子「自己調整重視」で,交互作用が有意になった($F[4, 420] = 2.51$, $p < .05$)(図7-2)。単純主効果の検定を行なったところ,経験年数によって園の公私の単純主効果がみられた(中堅者後期群[公<私$p < .01$])。グラフ全体から各属性の平均値を見ると,私立園の保育者は初任者群が低い値を示すものの,熟練者前期に向かって上昇し,その後熟練者後期に低下している。一方,公立園は初任者群が比較的高いのに対し,中堅者前期に大幅に低下し,熟練者前期に再度上昇し,熟練者後期になると,最も高くなった。

次に,第2因子「規範逸脱注意」では,2要因の分散分析の結果,主効果,交互作用共に有意とならなかった。

以上から,第1因子「自己調整重視」については中堅者後期群に園の公私による有意差がみられ,保育観の違いがあることが明らかとなった。しかしその他の経験年数群では園の公私による有意差はみられなかった。

第2節のまとめ

分析I「規範意識の形成を促す教育についての保育観」の質問回答に対し,因子分析を行ない,「規範意識の形成を促す教育についての保育観」の尺度

保育観尺度得点の比較

熟練者前期 (n=80)		熟練者後期 (n=29)		公立 (n=212)		私立 (n=218)		交互作用
M	SD	M	SD	M	SD	M	SD	
3.97	0.67	4.04	0.53	3.83	0.61	3.90	0.62	2.51*
4.76	0.46	4.81	0.39	4.70	0.45	4.74	0.47	ns.

*$p<.05$

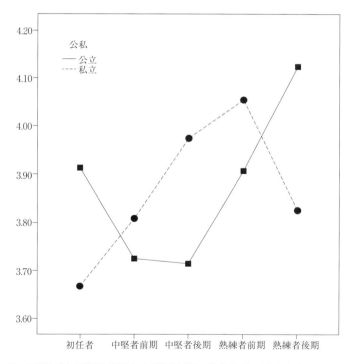

図7-2 第1因子「自己調整重視」を従属変数，基本属性を独立変数とした2要因の分散分析の結果

を作成した。その結果，2因子が抽出された。第1因子は自己主張や自己抑制といった自己調整にかかわる内容の項目に高い負荷を示した（因子名「自己調整重視」）。第2因子は他者の心情にかかわる規範や，園生活全般の規範を知りつつ，意図的に逸脱する場合に，注意を促す内容に高い負荷を示した（因子名「規範逸脱注意」）。

　分析Ⅱ　基本属性による「保育観尺度」得点の比較では，分析Ⅰ「規範意識の形成を促す教育についての保育観」で作成した保育観尺度を従属変数とし，保育者の基本属性（経験年数・園の公私）を独立変数とする2要因の分散分析を行った。その結果，第1因子「自己調整重視」では交互作用が有意になり，中堅者後期群では，園の公私によって保育観に違いがみられることが明らかとなった。

　第2因子の「規範逸脱注意」については，基本属性による有意差は見られなかった。

　第1因子「自己調整重視」では，私立園は中堅者後期群・熟練者前期群の値が高くなっている。しかし，公立園では中堅者後期群は低くなる傾向も示された。これは勤務年数の平均が私立の方が低い（公立15.0年，私立幼稚園は9.2年）ことと関連していることも推測される。すなわち，私立園では中堅者後期群になると，保育実践上リーダー的な役割や，主任などの管理職的役割をも担う保育者が増加することが考えられ，指導的，管理職的立場になることによって規範に対する保育観が変化し，強まっていくことも考えられる。小原ら（2013）によると，保育者は保育の中で「規範意識」を重視する割合が9年目までは増加し，それ以降は低下することが指摘されている。しかし，規範意識に焦点化した本研究の結果からは，園の組織と経験年数群によっても保育観が異なることが示され，私立では内容よって，中堅者後期群（満6年〜満15年）以降でも上昇することが示された。

　以上から，「規範意識の形成を促す教育についての保育観」は，経験年数や園の組織の違いだけではなく，保育者の役割や構成の違い（経験年数群の

第3節　幼児の規範意識の形成に対する保育実践の分析

　前節（第2節）で取り上げた規範内容は実践の中では，一様に子どもたちに伝達されるものではなく，子どもの発達や経験，状況によってその扱われ方は異なることが考えられる。したがって，本節では，2)「規範意識を育むために子どもに伝達していること」の質問項目の回答結果（表7-5）をもとに，保育者は実践上，どのようなことを重視して子どもに規範的価値の伝達を行っているのか，その特徴について検討した。分析に際しては因子分析（主因子法プロマックス回転）を行った。

表7-5　規範伝達尺度の各項目の平均及び標準偏差

※斜体の項目は，天井効果，フロア効果の見られた項目を示している。

カテゴリー	質問項目	平均値	標準偏差
Q1.　園生活のきまりを伝えていくこと「慣習的規範」	1.　園生活のきまりは特に入園当初に伝えている　「経験値」	4.02	0.98
	2.　園生活のきまりは年齢が高まるにつれて伝えている「年齢」	3.73	1.11
	3.　園生活のきまりは日常の中で保育者が折に触れて伝えている　「積極的伝達」	4.59	0.61
	4.　園生活のきまりは保育者が伝えるよりも自ら気付くのを見守っている　「自主性・見守り」	3.33	0.93
	5.　園生活のきまりは友だちが不愉快な思いをする言動の場合伝えている　「他者影響」	4.50	0.74
	6.　本人が困っていなければ園生活のきまりを伝えていない「自己充実」	1.63	0.80
	7.　園生活のきまりを知りつつ守らない場合には伝えている「意図的逸脱」	4.49	0.72
	8.　園生活のきまりはクラスの生活秩序維持にかかわることには決まりを伝えている　「クラス集団」	4.25	0.79
	9.　園生活のきまりの必要性について発達的に理解できない幼児には伝えていない　「発達」	1.83	0.88

カテゴリー	質問項目	平均値	標準偏差
Q2. どのようなふるまいが人とかかわる上で望ましいかを伝えていくこと「人と接する態度」	10. 人とかかわる上で望ましい態度は特に入園当初に伝えている 「経験値」	3.12	1.10
	11. 人とかかわる上で望ましい態度は年齢が高まるにつれて伝えている 「年齢」	4.04	0.95
	12. 人とかかわる上で望ましい態度は日常の中で保育者が折に触れて伝えている 「積極的伝達」	*4.52*	*0.63*
	13. 人とかかわる上で望ましい態度は保育者が伝えるよりも自ら気付くのを見守っている 「自主性・見守り」	3.40	0.94
	14. 人とかかわる上で望ましい態度は友だちが不愉快な思いをする言動をとる場合には伝えている 「他者影響」	*4.60*	*0.63*
	15. 望ましくないふるまいと知りつつ意図的に行う場合には人とかかわる上で望ましい態度を伝えている 「意図的逸脱」	*4.63*	*0.65*
	16. 人とかかわる上で望ましい態度は本人が困っていなければ伝えていない 「自己充実」	*1.83*	*0.91*
	17. クラス内の関係維持に影響することに対しては伝えている 「クラス集団」	4.07	0.97
	18. 望ましいふるまいが求められる理由を発達的に理解できない幼児には伝えていない 「発達」	*1.90*	*0.93*
Q3. 日常生活の中で必要なルールを保育者が作り，提案すること「便宜的規範の生成」	19. 日常の中で必要なルールは，特に入園当初に保育者が作り，提案している 「経験値」	3.61	1.13
	20. 日常の中で必要なルールは，年齢が高まるにつれて保育者が作り，提案している 「年齢」	3.65	1.10
	21. 日常生活の中で保育者が積極的にルールを作り，提案している 「日常生活」	3.40	1.04
	22. 遊びの中で保育者が積極的にルールを作り，提案している 「遊び」	3.25	1.05
	23. 日常生活の中で必要なルールは保育者ではなく子どもたちが築いていくように見守っている 「自主性・見守り」	3.84	0.76
	24. 日常生活の中で必要なルールは友だちが不快な思いをしていれば保育者がルールを作り，提案している 「他者影響」	3.79	0.92
	25. 日常生活のルールを知りつつ意図的に守らない場合，保育者が新たなルールを作り，提案している 「意図的逸脱」	3.47	1.02
	26. 本人が困っていなければ日常の中で必要なルールを保育者が作り，提案したりしない 「自己充実」	2.14	0.98

カテゴリー	質問項目	平均値	標準偏差
	27. 日常生活の中でクラス運営に必要なルールは保育者が作り，提案している　「クラス集団」	3.95	0.86
	28. ルールの必要性を発達的に理解できない子どもには日常の中で必要なルールを保育者が作り，提案したりしない　「発達」	1.87	0.89
Q4. 自分の主張を抑え，我慢することの必要性を伝えていくこと「自己抑制」	29. 自分の主張を抑え，我慢することの必要性は，特に入園当初に伝えている特に入園当初に伝えている　「経験値」	2.53	1.18
	30. 自分の主張を抑え，我慢することの必要性は，年齢が高まるにつれて伝えている　「年齢」	3.81	1.08
	31. 自分の主張を抑え，我慢することの必要性は，主張が過度となる場合には折に触れて伝えている　「程度」	4.36	0.73
	32. 子ども自身が主張を抑える必要性に気が付くよう見守っている　「自主性・見守り」	3.60	0.95
	33. 自分の主張を抑え，我慢することの必要性は，友だちが不愉快な思いをしていれば伝えている　「他者影響」	4.40	0.73
	34. 自分の主張を抑え，我慢することの必要性は，本人が決めればよいので伝えない　「自己充実」	1.70	0.86
	35. 自分の主張を抑え，我慢することの必要性は，クラス全体の秩序維持にかかわることは伝えている　「クラス集団」	4.09	0.84
	36. 自分の主張を抑える必要性を発達的に理解できない子どもには自分の主張を抑えることの必要性を伝えていない　「発達」	1.90	0.89
	37. 遊びの中で自分の主張を抑えることの必要性を伝えている　「遊び」	3.46	1.11
	38. 日常生活の中で自分の主張を抑えることの必要性を伝えている　「日常生活」	3.43	1.10
Q5. 自分の主張をすることの必要性を子どもに伝えていくこと「自己主張」	39. 自分の主張をすることの必要性は，特に入園当初に伝えている　「経験値」	3.21	1.16
	40. 年齢が高まるにつれて伝えている　「年齢」	3.91	1.02
	41. 主張しない子どもには主張することの必要性を伝えている　「程度」	4.23	0.78
	42. 自分の主張をすることの必要性は保育者が伝えるよりも子ども自身で気が付くよう見守っている　「自主性・見守り」	3.48	0.97
	43. 周囲の友だちがその子どもの意見を聞く必要がある時には主張をすることの必要性を伝えている　「他者影響」	4.33	0.69

Ⅱ．実証的研究

カテゴリー	質問項目	平均値	標準偏差
	44. 本人が困っていなければ主張することの必要性を伝えていない　「自己充実」	1.98	0.92
	45. クラスで意見を出す場面で自分の主張をすることの必要性を伝えている　「クラス集団」	4.12	0.82
	46. 主張することの必要性を発達的に理解できない子どもには自分の主張をすることの必要性を伝えていない「発達」	1.97	0.96
	47. 遊びの中で自分の主張をすることの必要性を伝えている　「遊び」	4.14	0.73
	48. 日常生活の中で自分の主張をすることの必要性を伝えている　「日常生活」	4.21	0.71
Q6. 友だちの個性（体型，体質，能力等）について相手を傷つける可能性のある発言をした場合，注意を促すこと「道徳的規範」	49. 友だちの個性（体型，体質，能力等）について相手を傷つける可能性のある発言をした場合，特に入園当初には注意を促している　「経験値」	3.37	1.22
	50. 友だちの個性（体型，体質，能力等）について相手を傷つける可能性のある発言をした場合，年齢が高まるにつれて注意を促している　「年齢」	4.17	1.03
	51. 友だちの個性（体型，体質，能力等）について相手を傷つける可能性のある発言をした場合，望ましくない言動だと判断した場合には注意を促している「積極的伝達」	4.72	0.53
	52. 友だちの個性（体型，体質，能力等）について相手を傷つける可能性のある発言をした場合，注意を促さず，子ども自身で気が付くよう見守っている「自主性・見守り」	2.42	1.16
	53. 友だちの個性（体型，体質，能力等）について相手を傷つける可能性のある発言をした場合，相手が嫌がっていれば注意を促がしている　「他者影響」	4.13	1.15
	54. 友だちの個性（体型，体質，能力等）について相手を傷つける可能性のある発言をした場合，発言は本人の意思なので注意は促がさない　「自己充実」	1.45	0.76
	55. 友だちの個性（体型，体質，能力等）について相手を傷つける可能性のある発言をした場合，相手が嫌がると知りつつ言う場合には注意を促がしている「意図的逸脱」	4.66	0.73
	56. 友だちの個性（体型，体質，能力等）について相手を傷つける可能性のある発言をした場合，クラス全体の関係性に影響する場合には注意を促している「クラス集団」	4.32	0.98
	57. 友だちの個性（体型，体質，能力等）について「相手を傷つける可能性のある発言である」ということを理解することが発達的にできない子どもには注意を促がさない「発達」	1.67	0.84

結果と考察

1．「規範的価値を子どもに伝達する際に重視すること」の因子分析

　保育者は規範的価値を伝達する際にどのようなことを実践上重視しているのか，その特徴を明らかにするため，2)「規範意識を育むために子どもに伝達していること」の質問項目57項（表7-5）のうち，天井効果，フロア効果の見られた項目は除外し，31項目を対象に，探索的に因子分析（主因子法プロマックス回転）を行なった。因子数の決定は，スクリープロットの固有値の減少状況から判断し，因子数を7とした。そこで，7因子を仮定して再分析を行い，解釈可能な7因子を抽出した。どの因子にも十分な負荷量(.35以上)を示さなかった項目を除外して再度因子分析を行った。2度目の分析で全ての因子項目が十分な負荷量を示した。7因子解で全体の62.6％を説明している（表7-6）。なお，ここで抽出した尺度を「規範伝達尺度」と示すこととする。

　第1因子は，入園当初という時期を重視する項目に高い負荷を示した。入園当初には新たな規範に触れる時期であり，その集団での経験が最も少ない時期である。そこで「経験値」と命名した。

　第2因子には，年齢が高まるにつれて，規範的価値を伝えている項目に高い負荷を示した。そこで「年齢」と命名した。

　第3因子には，遊びや日常の生活全般に必要であると判断するルールを保育者が作り，提案する項目に高い負荷を示した。そこで「ルール生成」と命名した。

　第4因子には，保育者が直接的に規範的価値を伝達するよりも意図的に消極的なかかわりをすることで子ども自ら規範の必要性に気づくよう"見守る"というかかわりを示す項目に高い負荷が示された。そこで「見守り」と命名した。

表7-6 「規範的価値を子どもに伝達する際に重視すること」の因子構造（規範伝達尺度）

質問項目	因子1	2	3	4	5	6	7
第1因子 「経験値」　a = .85							
10．人とかかわる上で望ましい態度は特に入園当初に伝えている	.762	.049	.025	.018	.003	.023	-.048
49．友だちの個性（体型，体質，能力等）について相手を傷つける可能性のある発言をした場合，特に入園当初には注意を促している	.757	.054	-.085	.046	-.033	-.098	.035
39．自分の主張をすることの必要性は，特に入園当初に伝えている	.727	.035	-.097	-.041	.047	.096	-.043
29．自分の主張を抑え，我慢することの必要性は，特に入園当初に伝えている特に入園当初に伝えている	.676	-.036	.142	.038	.069	-.101	.155
19．日常の中で必要なルールは，特に入園当初に保育者が作り，提案している	.580	.046	.258	-.131	.032	-.007	-.104
第2因子 「年齢」　a = .82							
11．人とかかわる上で望ましい態度は年齢が高まるにつれて伝えている	.066	.781	-.110	-.047	-.009	.102	-.030
2．園生活のきまりは年齢が高まるにつれて伝えている	-.056	.701	-.047	.164	-.047	-.126	.022
40．自分の主張をすることの必要性は年齢が高まるにつれて伝えている	.136	.685	-.106	-.079	.049	.150	-.021
20．日常の中で必要なルールは，年齢が高まるにつれて保育者が作り，提案している	-.052	.616	.333	.024	-.042	-.040	-.065
30．自分の主張を抑え，我慢することの必要性は，年齢が高まるにつれて伝えている	.073	.479	.065	.001	-.058	-.112	.307
第3因子 「ルール生成」　a = .78							
21．日常生活の中で保育者が積極的にルールを作り，提案している	-.055	.122	.862	-.026	.072	.046	-.097
22．遊びの中で保育者が積極的にルールを作り，提案している	-.076	.122	.761	.018	.069	.002	-.054
27．日常生活の中でクラス運営に必要なルールは保育者が作り，提案している	.055	-.146	.576	-.094	-.175	.050	.107
24．日常生活の中で必要なルールは友だちが不快な思いをしていれば保育者がルールを作り，提案している	.132	-.159	.548	.106	-.048	-.010	.111
25．日常生活のルールを知りつつ意図的に守らない場合，保育者が新たなルールを作り，提案している	.254	-.175	.364	.072	.006	.072	-.001
第4因子 「見守り」　a = .73							
4．園生活のきまりは保育者が伝えるよりも自ら気付くのを見守っている	.034	-.014	-.049	.786	.026	-.016	-.096
13．人とかかわる上で望ましい態度は保育者が伝えるよりも自ら気付くのを見守っている	-.004	.014	-.018	.701	.039	-.014	-.065

第7章 幼児の規範意識の形成に対する保育者の保育観と指導の実態

質問項目	因子 1	2	3	4	5	6	7
42. 自分の主張をすることの必要性は保育者が伝えるよりも子ども自身で気が付くよう見守っている	-.023	.022	.084	**.649**	.029	.099	-.035
52. 友だちの個性（体型，体質，能力等）について相手を傷つける可能性のある発言をした場合，注意を促さず，子ども自身で気が付くよう見守っている	-.014	.055	.044	**.426**	.145	-.052	.047
32. 子ども自身が主張を抑える必要性に気が付くよう見守っている	-.115	.042	.136	**.418**	-.078	.007	.233
23. 日常生活の中で必要なルールは保育者ではなく子どもたちが築いていくように見守っている	.111	-.011	-.172	**.370**	-.148	.179	.070
第5因子「発達・自己充実」　α＝.76							
46. 主張することの必要性を発達的に理解できない子どもには自分の主張をすることの必要性を伝えていない	-.105	.033	.005	-.027	**.835**	.042	.112
36. 自分の主張を抑える必要性を発達的に理解できない子どもには自分の主張を抑えることの必要性を伝えていない	.040	-.051	-.045	-.029	**.821**	.101	.038
44. 本人が困っていなければ自分の主張することの必要性を伝えていない	.065	-.011	.078	.095	**.558**	-.110	-.006
26. 本人が困っていなければ日常の中で必要なルールを保育者が作り，提案したりしない	.129	-.054	-.055	.106	**.478**	-.072	-.096
第6因子「自己主張」　α＝.79							
48. 日常生活の中で自分の主張をすることの必要性を伝えている	-.028	.013	.046	-.005	.044	**.891**	-.011
47. 遊びの中で自分の主張をすることの必要性を伝えている	-.063	-.005	.033	.058	.011	**.862**	.042
45. クラスで意見を出す場面で自分の主張をすることの必要性を伝えている	.165	.031	.048	.037	-.159	**.431**	.019
第7因子「自己抑制」　α＝.93							
38. 日常生活の中で自分の主張を抑えることの必要性を伝えている	-.006	-.008	-.009	-.040	.049	.022	**.929**
37. 遊びの中で自分の主張を抑えることの必要性を伝えている	.004	.018	-.011	-.008	.022	.025	**.904**

因子相関	1	2	3	4	5	6
2	.427					
3	.471	.488				
4	.101	.094	-.035			
5	-.152	-.059	-.080	.063		
6	.335	.264	.274	.122	-.309	
7	.385	.375	.463	.072	-.108	.299

第5因子には，発達や個の充実を重視し，理解力や個人にとっての必要性に応じて規範を伝達する内容に高い負荷を示した。そこで「発達・自己充実」と命名した。

第6因子には，自分の主張をすることを重視する項目に高い負荷が示された。そこで「自己主張」と命名した。

第7因子には，子どもの自己抑制能力の育成を重視するかかわりに高い負荷を示した。そこで「自己抑制」と命名した。なお，第7因子は因子数が2項であったが，第6因子とも関連する重要な因子であると判断した為，その後の分析に含めることとした。

因子間相関は（第1因子×第2因子），（第1因子×第3因子），（第2因子×第3因子）（第3因子×第7因子）が.400を超え，無視できない相関を示したが，全体的に因子間の相関は高くはなかった。第5因子は第4因子を除く全ての因子において負の相関を示した。第4因子は，第3因子とのみ負の相関を示した。

各因子尺度のα係数は.73〜.93となり，すべての因子尺度において内的一貫性が確認された

2．基本属性による因子得点の比較

抽出された7つの下位尺度のそれぞれについて保育者の基本属性（園の公私，経験年数）による特徴を検討するため，基本属性を独立変数とする2水準（園の公立・私立）×5水準（初任者群，中堅者前期群，熟練者前期群，中堅者後期群，熟練者後期群）の2要因の分散分析を行った。その結果を表7-7，図7-3，図7-4に示す。

基本属性（園の公私，経験年数）を独立変数とする2要因の分散分析を行った結果，第2因子「年齢」では園の公私という主効果が有意になり（$F[1, 420] = 4.15, p<.05$），私立幼稚園の保育者の得点が有意に高かった。

また，第5因子「発達・自己充実」に経験年数という主効果が有意となっ

た（$F[4, 420] = 3.47$, $p<.01$）。Tukey法による多重比較を行った結果，初任者群が中堅者後期群・熟練者前期群・熟練者後期群と比較し，有意に得点が高かった。

そして，第3因子「ルール生成」と第6因子「自己主張」では交互作用が有意になった（第3因子「ルール生成」：$F[4, 420] = 4.12$, $p<.01$，第6因子「自己主張」：$F[4, 420] = 4.67$, $p<.01$）。その結果を図7-3，図7-4に示している。

単純主効果の検定を行なったところ，第3因子「ルール生成」では経験年数によって園の公私の単純主効果がみられた（中堅者前期群［公＜私 $p<.05$］中堅者後期群［公＜私 $p<.01$］熟練者前期群［公＜私, $p<.05$］）。第6因子「自己主張」では経験年数によって公私の単純主効果がみられた（初任者群［公＜私, $p<.05$,］中堅者後期群［公＜私, $p<.01$］）。

3．第3節のまとめ

規範伝達尺度の各因子について，基本属性（園の公私，経験年数）を独立変数とする2要因の分散分析を行った。その結果，第2因子「年齢」では園の公私という主効果が有意になり（第2因子「年齢」：$F[1, 420] = 4.15$, $p<.05$），私立幼稚園の保育者の得点が有意に高かった。

これは公立園では2年保育（受け入れ年齢4歳児〜）を行っている園も多く存在するのに対し，私立園では，3年保育を基本とする園が多く，満3歳児以上を受け入れ年齢に設定する園も増加してきていることが影響していると考えられる。以上から，在籍する幼児の年齢の幅が広がるほど，年齢が上がるにしたがい，園全体の模範となるよう規範伝達がなされるようになることが考えられる。

また，第5因子である「発達・自己充実」では，経験年数の主効果が見られ，初任者群が中堅者後期群，熟練者前期群，熟練者後期群よりも高い得点となった。この結果からは，初任者群の方が，実践上重視する視点として，

表7-7 基本属性に

経験年数 規範伝達尺	初任者 (n=57)		中堅者前期 (n=88)		中堅者後期 (n=176)		熟練者前期 (n=80)	
	M	SD	M	SD	M	SD	M	SD
1．経験値	3.07	0.77	3.09	0.84	3.13	0.93	3.26	0.99
2．年齢	3.71	0.62	3.88	0.70	3.85	0.77	3.77	1.03
3．ルール生成	3.58	0.53	3.60	0.64	3.59	0.77	3.48	0.75
4．見守り	3.31	0.64	3.35	0.51	3.36	0.62	3.41	0.69
5．発達・自己充実	2.29	0.80	2.03	0.72	1.99	0.65	1.83	0.70
6．自己主張	3.82	0.63	4.14	0.60	4.20	0.63	4.23	0.63
7．自己抑制	3.33	1.05	3.46	0.91	3.44	1.09	3.48	1.18

個の発達や充実感を重視する保育者の割合が中堅者後期以降の群と比較し、多くなるのかもしいれない。反対に、経験年数群が上がるにしたがって、個の育ちだけではなく、集団的な視点から成長を捉えるように変化することが考えられる。

第3因子「ルール生成」と第6因子「自己主張」では交互作用が有意となり、園の公私や経験年数による属性の違いが示された（図7-3、図7-4参照）。

具体的には第3因子である「ルール生成」では、私立園の保育者は初任者群が低い値を示すものの、中堅者前期から中堅者後期に向かって上昇し、その後若干低下する傾向にある。一方、公立園は初任者群が高いのに対し、中堅者前期から中堅者後期にかけて低下し、熟練者後期にかけて再度得点が高まるという逆の傾向性が示された。このように第3因子である「ルール生成」に対する実践は経験年数と園の公私によって異なる傾向が示された。特に、経験年数に着目すると、最も多い中堅者群と、熟練者前期群で、園の公

第 7 章　幼児の規範意識の形成に対する保育者の保育観と指導の実態　　233

よる因子得点の比較

熟練者後期 (n=29)		公立 (n=212)		私立 (n=218)		主効果		交互作用	経験年数による比較の有意差
M	SD	M	SD	M	SD	経験年数	園の公私		
3.54	0.94	3.08	0.91	3.25	0.90				
3.90	0.95	3.68	0.87	3.97	0.71		4.15*		
3.64	0.79	3.41	0.73	3.73	0.65			4.12**	
3.17	0.73	3.35	0.63	3.35	0.62				
1.83	0.79	1.99	0.73	2.01	0.70	3.47**			中後*＜初, 熟前**＜初, 熟後*＜初
4.32	0.62	4.14	0.62	4.17	0.65			4.67**	
3.53	1.12	3.39	1.08	3.49	1.05**				

$**p<.01$　$*p<.05$

　私の差が生じていることから、私立園の方がルール生成にかかわる実践を重視する保育者が多くなる可能性が示された。これは、私立園の方が教育目標や実践に独自性が表れることが考えられ、園の方針のなかで「我慢強い子」「思いやりのある子」といった道徳的な規律性を重んじる理念を掲げていたり、宗教園では宗教的情操教育の観点から生活全体において規律や、ルールを重視する保育者が増加する可能性が考えられ、そのことがこの結果に繋がったことも推測される。

　第 6 因子である「自己主張」は、私立の保育者は初任者群が低く、中堅者前期にかけて上昇するところが特徴的である。公立園の保育者は初任者から中堅者後期にかけて大きな変化は見られないが、熟練期（前期・後期）では、私立の中堅者とほぼ同じ平均値となった。全体的にみると、初任者群よりも熟練者の方が自己主張を実践上重視するようになることが共通している。

　以上の結果から子どもの自己主張に対する理解の仕方が経験と共に変化す

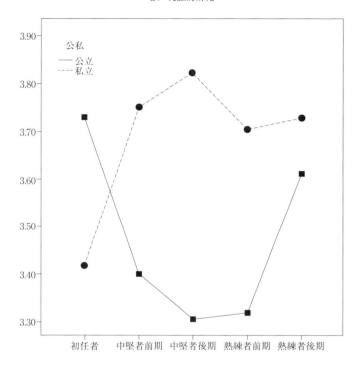

図7-3 基本属性を因子とする2要因分散分析の交互作用(第3因子「ルール生成」)

ることが示された。この要因には,経験の増加によって,子どもの自己主張に対して柔軟に対応できるようになること,自分の主張を十分に発揮した後の子どものその後の成長が望ましいものであることが多くなるなどの実践知から,自己主張を実践上重視するようになることも考えられる。

第4節　幼児の規範意識の形成に関する保育観と保育実践の関連

　幼児の規範意識の形成に関する保育観は規範的価値を子どもに伝達する際にどのように関連するのだろうか。また,保育観と関連しない実践があると

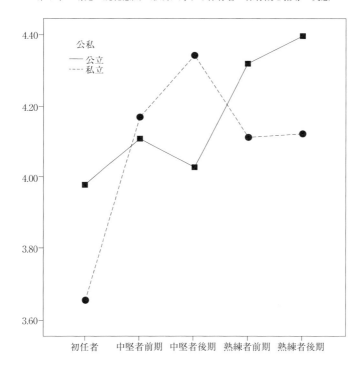

図7-4 基本属性を因子とする2要因分散分析の交互作用（第6因子「自己主張」）

すると，それはどのような実践であるのか。

本節では，第2節「幼児の規範意識の形成を促す教育についての保育者の保育観」と第3節「規範的価値を子どもに伝達する際に重視すること」の関連性について明らかにすることを目的とする。

具体的には，第2節で「規範意識の形成を促す教育についての保育観」として観測された保育観尺度と，第3節で「規範的価値を子どもに伝達する際に重視すること」として観測された規範伝達尺度について保育者の基本属性毎に相関分析を行った。その結果を表7-8，表7-9に示す。なお，太字で示す数値は，相関の強さが中程度以上となった箇所である。

1. 保育観尺度「自己調整重視」と規範伝達尺度の相関

　全体的にみると，保育観尺度「自己調整重視」は，規範伝達尺度の【見守り】以外全ての規範伝達尺度と有意な相関が見られた（以降，保育観尺度の下位尺度を「　」，規範伝達尺度の下位尺度を【　】で示す）。表7-8に「自己調整重視」と規範伝達尺度の相関分析の結果を表7-8に示す。

　「自己調整重視」は全ての属性で【ルール生成】，【自己抑制】と中程度以上の相関を示した。また，【経験値】，【年齢】，との相関は初任者群と熟練者（前期・後期）群及び，公立園で中程度の相関が見られた。

　【発達・自己充実】とは，初任者群と中堅者後期群以外で有意な負の相関が見られた。しかし，全体的に相関は弱かった。

　【自己主張】は，全ての属性で有意な相関が見られ，中堅後期以外.300以上の相関の値を示した。

2. 保育観尺度「規範逸脱注意」と規範伝達尺度の相関

表7-8　保育観尺度「自己調整重視」と規範伝達尺度の相関分析の結果

経験年数分類＼規範伝達尺度	経験値	年齢	ルール生成	見守り	発達・自己充実	自己主張	自己抑制
初任者（n=57）	.426**	.422**	.661**	-.011	.063	.314*	.592**
中堅者前期（n=88）	.291**	.388**	.554**	.017	-.244*	.343**	.451**
中堅者後期（n=176）	.382**	.375**	.596**	-.028	-.142	.284**	.544**
熟練者前期（n=80）	.460**	.452**	.526**	-.068	-.301**	.388**	.586**
熟練者後期（n=29）	.435*	.428*	.459*	-.099	-.410*	.546**	.418*
公立（n=212）	.437**	.461**	.574**	-.140*	-.206**	.360**	.522**
私立（n=218）	.353**	.312**	.543**	.066	-.209**	.332**	.538**

$**p<.01$　　$*p<.05$

保育観尺度「規範逸脱注意」は，全体的にみると，規範伝達尺度の【見守り】以外の殆どの因子と有意な相関が見られた（表7-9）。

初任者群を除き，全ての属性で【自己主張】との相関がみられ，中堅者後期群，公立園以外で中程度以上の相関が見られた。このことから，規範逸脱注意は主に自己主張との関連が強いことが示された。経験年数群に着目すると，中堅者後期群のみ【ルール生成】と中程度の相関がみられた。また，熟練者後期群のみ【発達・自己充実】と中程度以上の負の相関がみられた。

3．第4節のまとめ

以上，本節では，第2節「幼児の規範意識の形成を促す教育についての保育者の保育観」（保育観尺度）と第3節「規範的価値を子どもに伝達する際に重視すること」（規範伝達尺度）の関連性について明らかにすることを目的に，相関分析を行った。（以下，保育観尺度の下位尺度を「　」，規範伝達尺度の下位尺度を【　】で示す。）

全体的にみると，保育観尺度の「自己調整重視」，「規範逸脱注意」共に，

表7-9　保育観尺度（第2因子規範逸脱注意）と規範伝達尺度の相関分析の結果

経験年数分類 \ 規範伝達尺度	経験値	年齢	ルール生成	見守り	発達・自己充実	自己主張	自己抑制
初任者（n＝57）	.389**	.246	.396**	-.228	.044	.116	.339**
中堅者前期（n＝88）	.245*	.287**	.357**	-.007	-.346**	.494**	.307**
中堅者後期（n＝176）	.262**	.203**	.409**	-.069	-.218**	.305**	.278**
熟練者前期（n＝80）	.393**	.339**	.349**	-.052	-.263*	.435**	.356**
熟練者後期（n＝29）	.348	.158	.185	.008	-.501**	.601**	.283
公立（n＝212）	.367**	.276**	.331**	-.103	-.249**	.447**	.337**
私立（n＝218）	.255**	.214**	.373**	-.046	-.255**	.307**	.279**

$**p<.01$　　$*p<.05$

規範伝達尺度の【見守り】との関連は見られなかった。規範伝達に否定的な保育観を有する保育者は，実践においても規範伝達をすることを避け，自主性を尊重し，見守るというかかわりを基本とする傾向がみられるのではないかと予測していた。負の値が示される傾向にあったことから【見守り】を実践で重視する保育者は規範的価値の伝達に否定的な保育観を有する傾向も伺えるが，全ての経験年数群において有意な相関がみられず，相関係数も低かった。このことから，規範伝達に対する保育観と【見守り】の実践は関連するとは言えないことが示された。

以上から【見守り】に関する内容は，規範に対する保育観と相対的に考えられて実践されているのではなく，「○○児の場合はさっき△△したから今は見守る」，「現在○○が生じているから今のところは自主性を尊重し，見守る」といった個別的，状況的に判断され，実践されていることが考えられる。

保育観尺度毎に見ると，「自己調整重視」は，【ルール生成】【自己抑制】との有意な相関がみられ，全ての属性で中程度の相関がみられた。また，殆どの属性で「自己主張」との有意な相関がみられ，値が.300以上となった。このことから，「自己調整重視」の保育観が，【ルール生成】【自己抑制】【自己主張】といった実践を中心に反映される傾向性が窺える。

経験年数に着目すると，熟練者後期は，【見守り】以外のすべての因子と中程度以上の相関を示した。特に，【発達・自己充実】，【自己主張】の相関が他の属性と比較し，高いことが特徴的であった。熟練者群は，実践者としてだけではなく，管理職的立場からの視点が加わる可能性があり，規範伝達を集団的な観点から捉えることが【発達・自己充実】との負の相関が強くなった要因の一つに考えられる。また，実践経験の蓄積，自らの子育て経験を有する保育者の増加も考えられ，そのことにより子どもの自己主張と自己抑制を併せた要素として捉えるようになることも考えられる。

保育観尺度の「規範逸脱注意」は，【自己主張】との関連が初任者群を除き中程度以上となった。この結果から，集団の中での規範を守ることも重要

であると考えながらも，受動的で抑制的な育ちを望むだけではなく，周囲との関係性を考慮しながら，必要に応じで抑制し，同時に自分の主張も発揮することができるような育ちが，規範意識の育成に目指されていることが考えられる。初任者群のみ，【自己主張】との相関が有意とならなかった。これは，子どもの心情を受容することや自発性の重要性を理論として学んできているため，規範の逸脱に対する注意についても，子どもに注意を促すという行為そのものが保育者主導的に規範形成を促しているようにも捉えられ，抵抗を感じる保育者の割合も多かったのかもしれない。また，自己主張に対する実践も他の属性と比較し，最も平均値が低かった。自己主張を促す，ということの捉え方が，中堅以上とは異なることや，「規範逸脱注意」とは関連させて捉えない傾向にあることが示される。

第5節　小括

第7章は，3つの研究内容で構成している。それぞれの節における調査結果を以下にまとめる。

第2節　幼児の規範意識の形成に対する保育観の分析について

第2節では，幼児の規範意識の形成を育むために必要だと考えること，即ち「規範意識の形成を促す教育についての保育観」の検討するため，「規範意識の形成を促す教育についての保育観」（保育間尺度）の質問項目（10項目）（表7-2）の回答結果について因子分析を行った（表7-3）。その結果，自己主張や自己抑制といった自己調整にかかわる「自己調整重視」と，他者の心情や，園生活全般の規範を知りつつ，意図的に逸脱する場合に，注意を促す内容である「規範逸脱注意」の2因子解が抽出された。

次に，抽出された保育観尺度を保育者の基本属性（経験年数や園の組織）を独立変数とする2要因の分散分析を行った（表7-4）。その結果，「自己調整

重視」は，交互作用が有意となり，中堅者後期群は園の公私によって保育観が異なることが示された（図7-2）。

このことから，規範意識の形成を促す保育者の保育観は園の組織によって保育観に違いが生じる可能性が考えられる。この要因として，保育者の経験年数や園の公私だけではなく，職務の役割や構成の違い（経験年数群の割合の違いなど）によっても保育観が異なる可能性が考えられた。

第3節　幼児の規範意識の形成に対する保育実践の分析について

次に，「規範的価値を子どもに伝達する際に重視すること」を明らかにするため，2.「規範意識を育むために子どもに伝達していること」を問う質問紙を用いて因子構造の分析を行った。その結果，「経験値」「年齢」「ルール生成」「見守り」「発達・自己充実」「自己主張」「自己抑制」の7因子が抽出された（表7-6）。

基本属性（園の公私，経験年数）を独立変数とする2要因の分散分析を行った結果，第2因子「年齢」では園の公私という主効果が有意になり（第2因子「年齢」：$F[1, 420] = 4.15, p<.05$），私立幼稚園の保育者の得点が有意に高かった（表7-7）。

これは公立園では2年保育（受け入れ年齢4歳児～）を行っている園も多く存在するのに対し，私立園では，3年保育を基本とする園が多く，満3歳児以上を受け入れ年齢に設定する園も増加してきていることが影響していると考えられる。以上から，在籍する幼児の年齢の幅が広がるほど，年齢が上がるにしたがい，園全体の模範となるよう規範伝達がなされるようになることが考えられる。

また，第5因子である「発達・自己充実」では，経験年数の主効果が見られ，初任者群が中堅者後期群，熟練者前期群，熟練者後期群よりも高い得点となった。この結果からは，初任者群の方が，実践上重視する視点として，個の発達や充実感を重視する保育者の割合が中堅者以上と比較し，多くなる

ことが窺える。反対に，経験年数群が上がるにしたがって，個の育ちだけではなく，集団的な視点から成長を捉えるように変化することが考えられる。

第3因子「ルール生成」と第6因子「自己主張」では交互作用が有意となり，園の公私や経験年数による属性の違いが示された（図7-3, 図7-4参照）。

第3因子である「ルール生成」に対する実践は経験年数と園の公私によって異なる傾向が示され，全体的には私立園の方がルール生成にかかわる実践を重視する保育者が多くなる可能性が示された。これは，私立の方が実践上の独自性がある場合が考えられ，園の方針のなかで「我慢強い子」「思いやりのある子」といった道徳的な規律性を重んじる理念を掲げていたり，宗教園などでは宗教的情操教育の観点から生活全体において規律や，ルールを重視する保育者が増加する可能性が考えられ，そのことがこの結果に反映していることが推測された。

第6因子である「自己主張」は，私立の保育者は初任者群が低く，中堅者前期にかけて上昇するところが特徴的であった。公立園の保育者は初任者から中堅者後期にかけて大幅な変化は見られないが，熟練期（前期・後期）群では，私立の中堅者とほぼ同じ平均値となった。全体的にみると，初任者群よりも熟練者の方が自己主張を実践上重視するようになることが共通していた。子どもの自己主張に対する理解の仕方が経験と共に変化すること，熟練者群は経験の増加によって，子どもの自己主張に対して柔軟に対応できるようになること，自分の主張を十分に発揮した後の子どものその後の成長が望ましいものであることが多くなるなどの実践知から，自己主張を実践上重視するようになることも考えられる。

第4節　幼児の規範意識の形成に関する保育観と保育実践の関連

最後に，保育観と実践がどのように関係するのか検討するため，「規範意識の形成を促す教育についての保育観」として観測された保育観尺度（以下，保育観尺度の下位尺度を「」で示す）と，「規範的価値を子どもに伝達する際に

重視すること」として観測された規範伝達尺度（以下，規範伝達尺度の下位尺度を【　】で示す）に対し，相関分析を行った。属性毎（経験年数・園の公私）に検討した結果，保育観尺度の「自己調整重視」，「規範逸脱注意」共に，規範伝達尺度の【見守り】との関連性が殆ど見られなかった（表7-8，7-9）。規範伝達に否定的な保育観を有する保育者は，実践においても規範伝達をすることを避け，自主性を尊重し，見守るというかかわりを基本とする傾向がみられるのではないかと予測していたが，全ての経験年数群において規範に対する保育観と【見守り】の実践は関連性がないことが示された。以上から，【見守り】に関する内容は，規範に対する保育観と相対的に考えられて実践されているのではなく，「〇〇児の場合はさっき△△したから今は見守る」，「現在〇〇が生じているから今のところは自主性を尊重し，見守る」といった個別的，状況的な要因に影響され，実践されていることが考えられた。

　保育観尺度毎に見ると，「自己調整重視」は，【ルール生成】【自己抑制】との有意な相関がみられ，全ての属性で中程度の相関がみられた（表7-8）。また，全ての属性で【自己主張】との有意な相関がみられ，殆どの経験年数群の値が.300以上となった（表7-8）。このことから，「幼児の規範意識の形成を促す教育についての保育者の保育観」（保育観尺度）は，「自己調整重視」の保育観が，【ルール生成】【自己抑制】【自己主張】といった実践を中心に反映される傾向があることが窺える。

　経験年数に着目すると，熟練者後期は，【見守り】以外のすべての因子と中程度以上の相関を示した。特に，【発達・自己充実】，【自己主張】の相関が他の属性と比較し，高いことが特徴的であった。熟練者群は，実践者としてだけではなく，管理職的立場からの視点が加わる可能性があり，規範伝達を集団的な観点から捉えることが【発達・自己充実】との負の相関が強くなった要因の一つとして考えられる。また，実践経験の蓄積，自らの子育て経験を有する保育者の増加も考えられ，そのことにより子どもの【自己主張】と【自己抑制】を対の要素として捉えるようになることも推測される。

保育観尺度の「規範逸脱注意」は，【自己主張】との関連が初任者群を除き中程度以上となった。この結果から，集団の中での規範を守ることも重要であると考えながらも，受動的で抑制的な育ちを望むだけではなく，周囲との関係性を考慮しながら，必要に応じで抑制し，同時に自分の主張も発揮することができるような育ちが，規範意識の育成に目指されていることが考えられる。

しかし，初任者群のみ，【自己主張】との相関が有意とならなかった。これは，保育理論を学ぶ養成校段階で，子どもの心情を受容することや自発性の重要性を理論として学んできているため，規範の逸脱に対する注意についても，子どもに注意を促すという行為そのものが保育者主導的に規範形成を促しているようにも捉えられ，抵抗を感じる保育者の割合が多くなったことも影響する要因の一つに考えられる。また，自己主張を促す，ということの捉え方が，中堅以上とは異なり，関連して捉えられない傾向にあることも考えられる。

現在，「幼児期の規範意識の芽生えを培う教育」が課題となっており，主体的に周囲の人や物事とかかわることを通して規範の必要性に気づいていくことが求められている。しかし，実際の保育実践においては子どもが自主的に規範の必要性に気づくのを見守るだけではなく，気づきを促すための多様な働きかけが行われていることが明らかとなった。特に，表7-7の結果から，規範伝達尺度の第5因子「発達・自己充実」にかかわる内容はすべての属性で支持されない傾向にあることが示され，園生活にかかわる規範の必要性を発達的に理解することが難しいことが想定される幼児の場合や，本人の充実感にかかわらない場合にも，伝達される傾向が示された。しかし，【発達・自己充実】を実践上重視する保育者，すなわち発達的理解や，個人の生活の充実感を優先する保育者は，規範意識の形成を促す教育についての保育観と

負の相関がみられる傾向性もみられ，規範伝達に否定的な保育観をもつ可能性が示された。この点については保育者のかかわり方を検討する際にも考慮していく必要があるだろう。

　また，第7因子【見守り】に関する内容は保育観尺度とは相関がないことが示された。【見守り】については，道徳性や規範意識の形成に関わる教育の問題としてだけではなく，我が国の幼児教育に根付いてきた保育観と関係し，個人を認識と行為の主体であることを強調する児童中心主義的子ども観が「主体的な子どもを消極的に保育する」ものとして浸透し，現代の教師と子どもの教育関係の中に深く根を下ろしているといわれる。またそのことが教師の教育的意図の実現と，子どもの主体性を尊重することとの間にジレンマを生じさせていることが指摘されている（山本，2012）。本調査の結果から，【見守り】の実践は規範に対する保育観と相対的に考えられて実践されているのではなく，個別的，状況的な要因に影響され，実践されていることが示された。

　柏・田中（2003）は「教師主導」か「幼児主体」か，といった教師スタンスにより，「教師と幼児」との関係性の構築に影響を与えていることを指摘している。そして，「規範」は集団生活の基盤となり教師の指導を必要とすることも指摘しながら，一方で，「幼稚園生活においても教師がその立場の本質上，ややもすれば支配者となって権力を行使する危険性を多分に内包している」と指摘する。この点については子どもの「主体性」をどのように解釈し，規範意識の形成を促す教育の中に位置づけるのかによって実践も大きく変化することが伺える。この点について保育者へのインタビュー調査によってその内実を検証することを課題としたい。

注
（注1）　東北地方太平洋沖地震の被害から復興が十分ではないことが想定される地域が含まれる為，調査の依頼を自粛した。

(注2) 自己調整（self-regulation）とは，自己の欲求や意思に基づいて自発的に自己の行動を調整する能力のことを示す（Thorensen & Mahoney, 1974, 山本, 1995）。自己調整（self-regulation）は「自己調整重視」（山本, 1995；鈴木, 2006；崎浜, 2000；利根川, 2013）という用語で示される場合あれば，自己制御（柏木, 1988；森下, 2000；松永, 2007）と示される場合もあり，双方の用語を分ける明確な定義は殆どみられない。但し，どちらも柏木（1986）の示す理論的枠組みに基づき，自分の欲求や意思を明確にもち，それを他者や集団の前で表現する「自己主張」的ことと，集団場面で自分の意志や欲求を抑制・制止しなければならないとき，これを抑制する「自己抑制」的ことから「自己調整（自己制御）」を捉えてきた点で共通している（董, 2007）。

幼稚園教育要領及び，幼稚園における道徳性の芽生えを培うための事例集では，幼児の自己調整について，規範意識の芽生えとかかわりながら「自分の気持ちを調整する力」として示されている。また，関連する部分の記述には，「制御」よりも「調整」という用語が用いられている。本研究は，幼児の規範意識の形成を促す教育的かかわりを検討する立場であることから，幼稚園教育要領及び，道徳性の芽生えを培う事例集の表記に倣い，「自己調整」という用語を用いることとする。

引用文献

足立里美・柴崎正行（2009）保育者アイデンティティの形成と危機体験の関連性の検討，乳幼児教育学研究，18，89-100．

越中康治・白石敏行（2009）幼児教育学生の道徳発達観に関する予備的検討―道徳指導観に及ぼす幼稚園教育実習経験の影響―，教育実践総合センター研究紀要，28，1-8．

梶田正巳・杉村伸一郎・後藤宗理・吉田直子・桐山雅子（1990）保育観の形成過程に関する事例研究名古屋大學教育學部紀要教育心理学科，37，141-162．

柏まり・田中亨胤（2003）教師と幼児との関係構築過程における園生活の"きまり"修得 "規範"概念にかかわる先行研究の整理を通して，幼年児童教育研究，15，9-16．

柏木恵子（1988）「幼児期における「自己」の発達―行動の自己制御機能を中心に―」東京大学出版会

西山修（2008）保育者のアイデンティティと効力感は保育実践に影響を及ぼすか―領域「人間関係」について，乳幼児教育学研究，17，19-28

小原敏郎・入江礼子・白川佳子・上垣内伸子・酒井幸子・内藤知美・吉村香（2013）保育者の保育観に関する研究：保育経験年数，保育所・幼稚園の違いに着目して　保育士養成研究，**31**，57-66.

鈴木亜由美（2006）幼児の日常場面に見られる自己調整機能の発達：エピソードからの考察　京都大学大学院教育学研究科紀要，**52**，373-385.

Thoresen, C. E. & Mahoney, M. J（1974）*Behavioral self-control*, NewYork:Holt Rinehart&Winston.

利根川彰博（2013）幼稚園4歳児クラスにおける自己調整能力の発達過程：担任としての1年間のエピソード記録からの検討，（第1部自由論文）保育学研究，**51**(1)，61-72.

山本一成（2012）主体性のジレンマを超える保育者の関わりについての省察：エドワード・リードの生態心理学概念を手がかりに乳幼児教育学研究，**21**，47-56.

第8章　幼児の道徳的規範意識の形成を促す保育者の教育的かかわり方の検討

　第8章では，幼児の園生活における道徳的規範の実践的課題として設定した2つの課題《ゲーム遊びにおける「ずる」》と《他者が嫌がる（傷つく）言動》に対して，保育者はどのようにかかわることができるのか，その教育的かかわりの具体を保育者へのインタビューから検討する。そのことによって，個々の保育者が体験の中で構築してきた実践知を体系的に示すことができると考えた。そして本章での結果をもとに，実践に即した道徳的規範意識の形成を促す教育的かかわりの在り方について提案したい。

第1節　目的と方法

目的

　保育現場の中で生じている道徳的規範に関わる問題（《ゲーム遊びに生じる「ずる」》，《他者が嫌がる（傷つく）言動》）はどのような実態がみられるのか，具体的なエピソードの語りから明らかにする。また，道徳的規範意識にかかわる問題が生じた場合，保育者はどのように指導・援助をすることができるのか，その教育的かかわりの具体を保育者へのインタビューから検討することを目的とする。

方法

　分析方法には，質的研究法であるM-GTA（修正版グラウンデッドセオリーアプローチ）を用いた。M-GTAは実践から理論を構築するグラウンデッド

セオリーの一つであり，木下（2003，2007）によって方法論が確立されている。本研究では以下の理由から，M-GTAを分析方法として選択した。M-GTAは人間と人間が直接的にやり取りする社会的相互作用にかかわるヒューマンサービス領域の研究に長けた方法として広く活用され，人と人との対面的やりとりにおける人間の行動の説明と予測をする目的をもつ研究に適している。このことから，幼児と保育者のかかわりを分析する趣旨の研究でも近年広く活用されている（例えば田中，2010：林，2013等）。

　本章では，園生活で生じる道徳的規範に関わる問題（《ゲーム遊びに生じる「ずる」》，《他者が嫌がる（傷つく）言動》）に対して保育者がどのようにかかわることができるのかを明らかにする」ことを目的としている。諸能力の発達過程にある個々の幼児に対し，保育者が実態に合わせてかかわりを変化させていく相互作用を明らかにしようとする研究であることから，M-GTAによる分析が適していると考えた。

インタビューの手続き

　2014年3月〜2014年9月まで，半構造化面接を行った。まず，調査に協力依頼した保育者は，筆者の知り合いの保育者や，知り合いを通じて依頼した保育者，保育者の集まる研究会で直接的に依頼した保育者である。依頼の際には，筆者が幼児の規範意識の形成と，保育者のかかわり方についての研究を行っていること，特に遊びの中で生じる「ずる」や相手の嫌がる言動をとるような場面について取り上げており，そのような場面ではどのような実態があるのか，保育者としてどのようにかかわっているのか，その実践を聞き取りたいという趣旨を書面及び口頭で説明しながら協力を依頼した。後日，調査への協力の意思を確認し，同意の得られた保育者に対して筆者が個別にインタビューを行った。研究対象者の概要を表8-1に示す。

　本研究では，幼児の道徳的規範にかかわる問題に接し，保育者としてかかわった経験が必要であると考えたため，3年以上（中堅者前期以降[注1]）の保

育経験を有する保育者11名にインタビューを実施した。協力者のうち，管理職としての経験年数が長い保育者1名は，実践者としてだけではなく管理職としての視点が多分に含まれると考えたため分析対象から除外し，10名のインタビュー内容を分析の対象とした。

インタビューの内容は，まず，保育歴や担任経験の有無，担当学年など協力者の属性について質問した。次に，以下の内容を話の流れに応じて適宜順番を変更しながら質問した。

質問の内容は道徳的規範意識の形成に関する課題（《ゲーム遊びに生じる「ずる」》，《他者が嫌がる（傷つく）言動》）の2つの内容について調査を行った。

主な質問の内容は以下のとおりである。

《ゲーム遊びに生じる「ずる」》について

①かかわってきた子どもたちが行っていたゲーム遊びの種類と内容②ゲーム遊びが行われる中で気になったこと③ゲーム遊びにおけるルールの逸脱や

表8-1 調査協力者の属性

氏名	性別	保育経験年数	実践場所
A	女	10	幼稚園10年
B	男	19	幼稚園19年
C	男	17	幼稚園17
D	女	13	幼稚園6年　こども園7年（3歳児以上担当）
E	男	10	幼稚園8年　保育所2年（4.5歳児担当）
F	男	12	幼稚園6年　保育所3年　こども園3年
G	女	12	幼稚園12年
H	女	15	幼稚園8年　保育所7年
I	男	4	幼稚園3年　保育所1年　幼児教育指導9年
J	女	13	幼稚園13年

ずるの発生の有無とその内容④ルールの逸脱やずるに起因する子ども同士のいざこざの有無⑤ルールの逸脱やずるを行う幼児は特定されていたか，特定されていた場合，その背景や日常生活との関連⑥⑤で挙げた幼児の変化の有無及び変化の要因

《他者が嫌がる（傷つく）言動》について

①幼児が友だちの嫌がる（傷つく）言動をとる場面に接した経験及び具体的なエピソード②対象児の年齢や性別③友だちは対象児へどのように接していたか④対象児の行動要因⑤対象児が他者が嫌がる（傷つく）言動をとるのはどのような場面か⑥対象児の行動の変化

以上の質問をできる限り具体的なエピソードとして語ってもらえるように質問した。また，全ての質問に対し，どのようなことを重視し，どのようにかかわったのかを聞き取るためのインタビューガイドを作成した。

インタビュー時間は平均60.2分（最長139分〜最短23分）であった。インタビュー実施後，メモと音声録音データをもとに逐語記録を作成した。逐語記録の量は217,620文字であった。

倫理的配慮

調査に協力を依頼する際に，書面と口頭で倫理上の配慮（個人情報の保護，同意しない場合も不利益を被らないこと，調査終了後も質問に応じることなど）について説明した。また，インタビュー時には，会話を文字化する目的のみに音声録音データを使用することを説明し，ICレコーダーによる音声録音の許可を得た。

以下に実施した分析手順を課題ごとに示す。

《ゲーム遊びに生じる「ずる」》についてのかかわりの分析

分析方法は，木下（2003）に示されるステップに沿って行った。

①収集した逐語録全体の内容を読み込み，それぞれの協力者の語りの内容

第 8 章　幼児の道徳的規範意識の形成を促がす保育者の教育的かかわり方の検討　251

を把握する

　②分析テーマの設定：分析する際の視点を明確にし，データに根差した分析が可能となるように，分析テーマを設定した。分析開始時には，「幼児のゲーム遊びを通した規範形成に対する保育者の認識とかかわりのプロセス」と設定したが，分析が進むにつれて，「かかわり方を判断する際の視点」に関する概念が重要であることが見えてきたため，<u>「ゲーム遊びにおける"ずる"に対して保育者がかかわり方を見極め，かかわっていくプロセス」</u>として変更した。（以降，分析テーマを下線で示す）

　③分析焦点者の設定：木下（2003）は「研究上対象として設定される人間」として，分析焦点者を絞り，設定することを推奨している。本研究は保育者と子どもの間に生じる相互作用に着目するものであり，子どもの意識の変化を促すかかわりを追及するものであることから，子どもに焦点化することも考えられるが，保育者としてのかかわり方を模索することを目的としているため，分析焦点者は「幼稚園教諭として日常的に保育に携わった経験のある保育者」に設定した。

　④概念の生成：最初の概念生成は，データの中に分析テーマに沿ったバリエーションが豊富に含まれていると思われたＣ氏の語りの中から，かかわり方を規定していく際の指導理念に関する語りの一文に着目した。M-GTAでの概念生成では，着目箇所の切片化や要約はせず，データから概念を分離し，抽象化する。それにより，他の例や，別の類似場面も説明することが可能となる。そのため，着目したＣ氏の一文を具体例（バリエーション）として"最終的なジャッジは委ねる（後に「自己決定を促す」に変更）"という概念名とし，最初の概念生成を行った。概念を作る際には分析ワークシートを同時に作成し，概念名，定義，最初の具体例，理論メモ，対極例（矛盾例）などを記入した。分析ワークシートへの記述は，分析テーマからみて，着目した一文が保育者にとってどのような意味があるのか解釈し，理論メモに記入した。理論メモへの解釈が出尽くしたところでそれらの意味を集約し，概念

の定義として設定した。一つの分析ワークシートができたら，初めの概念の類似例を探すと同時に，新たな概念となり得る箇所にも着目し，最初の概念生成と同様の作業を繰り返した。なお，全ての概念生成時に，自分の分析や解釈とは反対の対極例を考え，そのような概念がデータにみられるかどうか，比較の観点から確認を行なった。このように，継続的に比較分析を行うことで解釈が恣意的に偏る危険性を防いだ。また，その比較の結果は分析ワークシートに記入した。このように分析を行ない，1事例目（Ｃ氏の語り）から27の概念の可能性がみられたところで，2事例目の分析に移り，1事例目で設定した定義と照合しながら分析を行った。その後の事例にも同じような具体例があるのか類似比較を行ない，類似例が少ない場合には新たな概念への変更の可能性や別の概念との統合を検討し，どちらにも該当しない場合には概念として有効ではないと判断し，削除した。このようにして概念の生成を行った結果，24概念が生成された。

⑤理論的飽和と結果図の作成：上記の作業の中で新たに重要な概念が生成されなくなった時点で，ある程度の理論的飽和に至ったと判断し，生成した個々の概念間の関係を図で示していった。その過程で，複数の概念同士のまとまりがみられ，そのまとまり同士に関係が生じたものをカテゴリーとした。具体的には，3つのカテゴリーと，6つのサブカテゴリーが生成された。最後に，カテゴリー間の関係を表す結果図に最終的な分析結果を表した。

《他者が嫌がる（傷つく）言動》についてのかかわりの分析

①収集した逐語録全体の内容を読み込み，それぞれの協力者の語りの内容を把握する

②分析テーマの設定：分析する際の視点を明確にし，データに根差した分析が可能となるように，「他者が嫌がる（傷つく）言動をとる子どもに対し，保育者がかかわり方を見極め，かかわっていくプロセス」として分析テーマを設定した。

③分析焦点者の設定：木下（2003）は「研究上対象として設定される人間」として，分析焦点者を絞り，設定することを推奨している。本研究では保育者と子どもの間に生じる相互作用に着目するものであり，子どもの意識の変化を促すことを目的にすることから，子どもに焦点化することも考えられる。しかし，本研究では保育者としてのかかわり方を模索することを目的としているため，分析焦点者は「幼稚園教諭として日常的に保育に携わった経験のある保育者」に設定した。

④概念の生成：最初の概念生成は，データの中に分析テーマに沿ったバリエーションが豊富に含まれていると思われたＣ氏の語りの中から，具体的なかかわり方について語っている一文に着目した。M-GTAでの概念生成では，着目箇所の切片化や要約はせず，データから概念を分離し，抽象化する。それにより，他の例や，別の類似場面も説明することが可能となる。そのため，着目したＣ氏の一文を具体例（バリエーション）として"不快であることを伝える（後に「Ｉメッセージによる感情の伝達」に変更）"という概念名とし，最初の概念生成を行った。概念を作る際には分析ワークシートを同時に作成し，概念名，定義，最初の具体例，理論メモ，対極例（矛盾例）などを記入した。分析ワークシートへの記述は，分析テーマからみて，着目した一文が保育者にとってどのような意味があるのか解釈し，理論メモに記入した。理論メモへの解釈が出尽くしたところでそれらの意味を集約し，概念の定義として設定した。一つの分析ワークシートができたら，初めの概念の類似例を探すと同時に，新たな概念となり得る箇所にも着目し，最初の概念生成と同様の作業を繰り返した。なお，全ての概念生成時に，自分の分析や解釈とは反対の対極例を考え，そのような概念がデータにみられるかどうか，比較の観点から確認を行なった。このように，継続的に比較分析を行うことで解釈が恣意的に偏る危険性を防いだ。また，その比較の結果は分析ワークシートに記入した。このように分析を行ない，１事例目（Ｃ氏の語り）から４つの概念の可能性がみられたところで，２事例目の分析に移り，１事例目で設定

した定義と照合しながら分析を行った。その後の事例にも同じような具体例があるのか類似比較を行ない，類似例が少ない場合には新たな概念への変更の可能性や別の概念との統合を検討し，どちらにも該当しない場合には概念として有効ではないと判断し，削除した。このようにして概念の生成を行った結果，17概念が生成された。

⑤理論的飽和と結果図の作成：上記の作業の中で新たに重要な概念が生成されなくなった時点で，ある程度の理論的飽和に至ったと判断し，生成した個々の概念間の関係を図で示していった。その過程で，複数の概念同士のまとまりがみられ，そのまとまり同士に関係が生じたものをカテゴリーとした。具体的には，3つのカテゴリーと，4つのサブカテゴリーが生成された。最後に，カテゴリー間の関係を表す結果図に最終的な分析結果を表した。

なお，本章では，幼児の道徳的規範意識の形成を促すかかわりについてどのようにかかわることができるのかについて明らかにしようとしている。インタビューの内容から，保育者がかかわり方を見極めてかかわっていくプロセスを概念化し，共通の流れをもつ概念をカテゴリーにまとめていくと，そのかかわり方の内容が，Ⅰ「研究の理論的枠組み」における第1章第3節「規範意識の形成を促す教育の可能性」で述べた岡田（2006）の示す「教育的かかわりの四類型」と照合して捉えることができた。したがって，かかわり方を示すカテゴリー名は岡田（2006）の示す「教育的かかわりの四類型」の類型名を採用し，結果図に示すことにした。

以下に岡田（2006）の示す「教育的かかわりの四類型」の概略を示す。

1つ目は「権力的かかわり」，2つめは「権威的かかわり」，3つ目は「認知葛藤的かかわり」，4つめは「受容的呼応的かかわり」である。以下に示す図8-1は，「教育的かかわりの四類型」のかかわりとそこに生じる大人と子どもの関係性について示している。

次に，「教育的かかわりの四類型」の概要を表8-2にまとめた。

以上の手順で，保育者が道徳的規範意識の形成に関する課題（《ゲーム遊び

第8章 幼児の道徳的規範意識の形成を促がす保育者の教育的かかわり方の検討　255

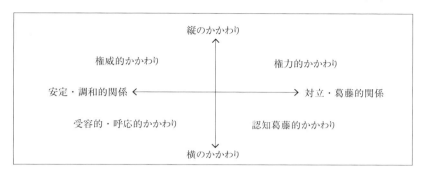

図8-1　「教育的かかわりの四類型」岡田（2006）
『かかわりの教育学 教育役割くずし試論 増補版』ミネルヴァ書房（p4）

表8-2　「教育的かかわりの四類型」の概要

教育的かかわりの四類型	行為の善悪を決定する主体	強制力	教育作用の特徴
権力的かかわり	教師	有	功利主義的理性の獲得。自らの規範的枠組みが形成される以前の子どもに対し、養育者や保護者、教師など保護・養育する役割を担うものが愛情に支えられた関係によって賞罰を与え、子どもの欲求をコントロールすること。ここでいう賞罰とは、何かを与えたり奪ったりすることだけではなく、褒める、叱るといった行為も含まれている。・課題の意味を理解するに至っていない幼い子どもに用いられる場合が多い。
権威的かかわり	教師	無	モデル学習、知識の増加。子どもが大人を信頼し、尊敬することによって子どもが自発的に大人の示す事柄に従おうとする関係にあることが前提にある。したがって、養育者や保護者、教師の示す規範的価値や、要求に従うか従わないか、子どもが自らの意思で決定することが特徴にある。課題を理解し拒否する能力のある子ども、身体的な自立とともに物事の善悪の判断が少しずつ可能となり始め、自律心が芽生えたころの子どもを対象になされうるため、幼児後期ごろに可能となる。

認知葛藤的 かかわり	子ども	無	認知構造の転換，思考の発達。「対等で異質な他者とのかかわり」によって生じる。大人，親のかかわりは援助的，補助的に流れやすい。したがって知識の差が広いため，異質ではあるが，対等な立場ではないことは明らかである。視点の相互性を経験させるという意味では幼児どうしのかかわりが中心となる。ただし，例外として，対峙する問題の答えや結果，価値や善悪が事前に存在せず，大人が誘導しようとする必要のない場合，つまり，「評価者」ではない場合に，大人も認知的葛藤的かかわりの相手となり得る。また，認知葛藤的かかわりが著しい効果を示し始めるのは成熟が進んだ幼児期後期から児童期にかけてであり，これ以降，子どもは認知葛藤の経験を経るたびに他者の視点，さらには集合的他者の視点を取り込んでいくことが可能になっていく。
受容的呼応的 かかわり	子ども	無	主観の相互性，共存の認識。相手の存在を認め，受容し，共感的にかかわること。子どもを人格として無条件に受け入れ，存在を承認し，相手の語りに傾聴するかかわりである。それによって，相手（子ども）も自分（教師）に対し，耳を傾けることに繋がり，「相手を受容する―承認される」という承認の連鎖が期待される。受容的応答的かかわりは人間関係の根底に求められることから，どのような相手も対象となる。このかかわりが特に効果を発揮する状況について，岡田は「子ども自身の世界の中で安心感が崩れかけているという状況，そういうときにこそ力を発揮する。」と述べている。

に生じる「ずる」》，《他者が嫌がる（傷つく）言動》）に対してどのようにかかわることができるのか，以降の節で分析結果を示し，考察する。

第2節 ゲーム遊びにおける「ずる」に対する教育的かかわりの検討

以下に，道徳的規範にかかわる課題の《ゲーム遊びに生じる「ずる」》に対して保育者がどのようにかかわり方を見極め，かかわっているのか分析した結果を示す（図8-2）。

まず，M-GTAによる分析を通して生成された概念を表8-3に示す。それぞれの概念とカテゴリーの関係を結果図に表わしたものが図8-2である。

まず，結果図に示した概念とカテゴリーの関係，すなわち，「ずる」場面から，保育者が幼児の道徳的規範意識の形成を促すために行っている教育的かかわりについて説明する。なお，カテゴリーを《　》，サブカテゴリーを〈　〉，概念を" "で示した。

結果と考察

カテゴリーの動き

まず，分析により示されたカテゴリーを中心に，「ずる」場面における保育者の教育的かかわりの枠組みを概観する。

「ずる」が生じた場面において，保育者は《実態を把握する》カテゴリー軸を発端に教育的かかわりへと展開していく。保育者はまず，「ずる」によって，その場にかかわる子どもに何が起こっているのか，「ずる」の問題点を捉えようとしている。このことは，単に「ずる」という現象が生じたことが問題なのではなく，「ずる」が生じた背景にある要因や，行為者の意図によって問題と捉えるのかを判断していることが示されており，その実態によってどのような指導が当事者にとって必要であるのかを同時に考慮していくことが示唆される。

そして，《実態を把握する》カテゴリーから《かかわり方の判断》カテゴリーを通して《教育的かかわり》カテゴリーへと繋がっていく流れが示され

た。

《実態を把握する》カテゴリーで，その実態を把握した段階で《教育的かかわり》の内容は概ね方向性があることがわかった。しかし，その指導の内容の具体は《かかわり方の判断》際に，保育者が多様な側面から指導内容について検討し，《教育的かかわり》の具体的な内容が決定されていくことが明らかとなった。

カテゴリーにおける保育者の動き

次に，カテゴリーを構成する概念の関係を中心に，保育者のかかわりのプロセスについて説明する。

《かかわり方の判断》カテゴリー（コアカテゴリー）

保育者は，子どもの「ずる」の実態を把握した後，"子どもの理解力や思考力から見合ったかかわり方を判断する"ように，子どものずるに対する意識や思考力，理解力といった要因を考慮することによってかかわり方を変えている。すなわち，子どもが対峙する問題について他者と自分の意図や欲求のずれを理解し，その問題点について考える力があると捉える場合のかかわりと，それが難しいと判断する場合では，その後のかかわり方が異なることが示される。さらに，それだけではなく，"経験から問題の展開を予測する"にあるように，保育者自身の経験に照らし合わせて，現時点からその後に起こる変化，保育者のかかわり方によってどのような展開が生じるか等を予測し，かかわり方を判断していくことが示された。しかし，"保育者の介入に伴う遊びの崩壊の懸念"にあるように，保育者が指導する意図をもとにかかわっていくことによって，遊びが崩壊することを懸念している。そして，介入の有無や，介入するのであればどのようなタイミングなのか，遊びへの意欲や遊びの維持と指導的役割を担う立場の間にジレンマが生じている様子が示された。これらの判断から総合的に考えられ，実際のかかわり方へと移っ

第8章　幼児の道徳的規範意識の形成を促す保育者の教育的かかわり方の検討　259

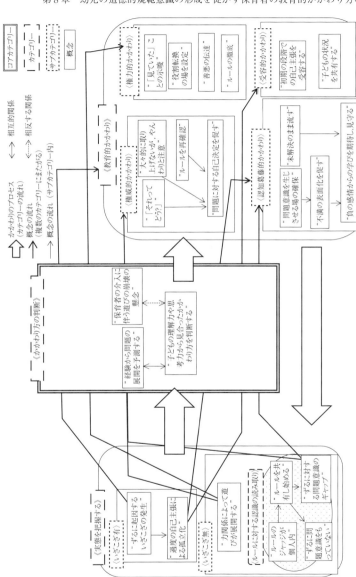

図8-2　ゲーム遊びにおける「ずる」に対する保育者のかかわりのプロセス

表8-3 「ゲーム遊びにおける"ずる"に対

番号	概念名	定義
1	問題に対する自己決定を促す	問題が生じた際に、選択肢を示唆し、どのような行動をするのか自己決定を促がすこと
2	「それってどう？」	保育者が子どもの行動に問題意識をもち、その問題点について子どもに投げかけること
3	善悪の伝達	指導の必要性を感じ、子どもに自己決定を委ねず、保育者が善悪を明確に伝達すること
4	問題意識を生じさせる場の確保	子どもから規範の必要性に気付くように敢えて不公平感のある遊び方をすることを認めること
5	不満の表面化を促す	ずるの受け手の幼児に不満の有無を問いかけ、不満を言える状況にしようとすること
6	未解決のまま流す	決着がつかない話し合いになると考え、未解決のままその場を流し、その後の気づきのきっかけと捉えること
7	過度の自己主張による孤立化	自己主張が過度な子どもに対し、周囲の幼児が不満を抱き距離を置くようになった結果、孤立化すること
8	負の感情からの学びを期待し、見守る	周囲から否定的な反応を示されることで、負の感情を経験し、自己調整の必要性に気付いていくことを期待し、待つこと
9	子どもの状況を共有する	いざこざの経緯を対話を通して振り返らせ、共有し、どうしていったらよいのか考える場を作る

第8章　幼児の道徳的規範意識の形成を促がす保育者の教育的かかわり方の検討　261

する教育的かかわりの検討」の概念リスト

具体例
だから選択は子供ができるような投げ掛けをするという。（中略）自分で決めたりとか，自分で行為を決めたり，抑えたりするところは，たぶん自分でしないと，そこは何度でも選択させるとか，選択できるようにするというのは，（中略）それで選択する主体はあなたですよみたいなところは，たぶんあった方が。じゃないと，ずっと規範を外に，外部に委ねたりするというのもあるし。（C氏・他6例）
何か経験のあることは，タイムとか言う，でもそのときにみんな集めて，それどう？　そういうのと言うと，結構意外に，やめた方がいいとか，それはずるいとかいうので，そこからあらためてじゃあ，どうしていこうかということもあるし。（C氏・他6例）
やっぱり乱暴していて，自分の言いたいことを言っている子に，ずっと見ていて，そんなことをやっていいと思っているのかと言って，がーっとめちゃくちゃ怒ったら，わーんと泣いて，すごく仲良しになった。（B氏・他6例）
でもまだたぶん立場を変えるというところまでいってない人たちもいっぱいいるので，そうするとなってみないと分からないところもあるじゃないですか。じゃあ，今度それでやってみる？　ということもあるし。（C氏・他5例）
ボールが当たっているよね，当たってないと言っているけど，当たっているよね，当たっていると思う？　当たってないと思った？　いいと思う？　よくないよね，じゃあ，どうするって。じゃあ，嫌だと言おうよとか。（B氏・他6例）
タッチをしたの，してないのみたいな。見てないから分からないな，何とも言いようがなくて，もう困ったなみたいな。（中略）　あんまり深追いしなかったかな，水掛け論以外に何物でもないから，でも周りの友達に聞いて何か見たと，タッチをされるのを見たと言ったら，タッチをされるのを見たみたいだよと言って，次に頑張ろうみたいな話で，もう水掛け論の話でしたね。しょうがないからね，何とも打開策がないので次に頑張ろうと言って，そう言ってね。（E氏・他2例）
年長ぐらいになってくると，あんまり強く前に出る子からは子供たちは離れていったりすることもあるので。やっぱりその子も悩んでいるし，何で，今まではみんなが付いてきてくれたのに一緒にできなくなったんだろうと悩むこともあるだろうし。（C氏・他5例）
そうやってわがままを言っていれば，そうやってみんな出ていくんだよというのを，ゲーム以外のことでも感じてほしいなと思っているから。そこで感じながら，こっちでも言うけど，やっぱりそこでもみんなが離れていっちゃったりしながら，その子の中ですごく葛藤しながら，そのうち，じゃあ，いいよと言っていくことの方が多いかなと思って。（中略）必要性を，我が身に染みて感じてちょうだいって。（D氏・他8例）
どうしてそういうふうになったんだろうねって。ショックだから言わないんだよね。何で1人でいるのみたいな。さっき遊んでいたんじゃないの？　サッカーしていたんじゃないの？　途中で何でやめちゃったの？　みんな何でやめちゃったんだろうねみたいな

番号	概念名	定義
10	初期の段階での自己主張を受容する	低年齢時での自己主張経験がその後の自己抑制力に繋がると捉えること
11	大々的に取り上げないが、やんわりと注意	雰囲気を崩さずに善悪の価値を提示すること

第8章　幼児の道徳的規範意識の形成を促がす保育者の教育的かかわり方の検討　263

具体例
話をこっちがすると，僕がこういうことを言ったからというふうにぼそっと言って。みんなから何て言われたのと言ったら，こう，こう，こうで，だったらやめるって，そういうふうにするんだったらやめるってみんな行っちゃったみたいな話で。それはみんながやりたくなかったということだよねって話をして，じゃあ，誰がこの中で悪かったんだろうねと言うと，僕だからという話で，僕が言っちゃったことがいけなかったみたいなことで反省するんだよね。それで，じゃあ，そのままでもうサッカーやらないのと言って。今日でもうサッカーやらないの？　でも，やりたいんでしょうとか言って，やっぱりやりたいってなるよね。じゃあ，どうするって。みんなとまた仲良くやりたいんだったら，あなたはどうしたらいいんだろうねって話をすると，じゃあ，謝るみたいな。僕がいけなかった，謝るというふうに言うから，そうか，じゃあ，みんなに謝ってきたらどうって，僕が悪かったって。そういうことも必要だねって，謝って，その次の日から全然平気になって，何事もなかったように。(G氏・他3例)
・すごい子はいるよ。3歳のときにいすを投げている子とかいたもん。いすを投げる子はいた。もう，きーってなって，僕が使いたかったのにとかになって，もっと何とかだーと言ってお友達のことを殴りかかり。(中略) もうすごい。いすを持って殴りかかり，こっちもあざがいっぱいだなと。という子もいるけど，それでも，じゃあ，だめだからどうとか，こうとかじゃなくて，そういう何々ちゃんも好きだけど今いすを投げているのはちょっとねとか言いながらずっと抱きしめて，抱え込みながら，またあざができるとか言いながら。また先生をけっているとか思いながら。でもけるのは嫌って。そのこと，やっていることに対しては嫌だ。でも何々ちゃんは好きだよ。だけど今そのけったこととか，ばかとかそういう言葉を使っていることは，先生はそういうことを言うあなたは嫌というふうに分けて話をしながら。(中略) でもやっぱりそれができるのは3歳，4歳ぐらいまでで，そこで抑えてあげないと，たぶん5歳でそれが出てきたらもう間に合わない。体が大きいし，口も達者になってくるから。やっぱり3歳，4歳ぐらいで出している部分，だから3歳ぐらいで出してくれていれば全然こっちも抱えれば済むし，暴れようが，済んじゃうから，そこかねというところはあるかな。3歳のぎゃーとなるのと5歳のほわーっとなるのとはもう雲泥の差がついちゃうからさ。(中略) だからこども園とかでみんながよく言うのは2歳だよねとかって言うよ。3歳よりも2歳の方でどうにかしてくれてないと，3歳，4歳，5歳が大変って。だから2歳がすごい大切って。こども園とかへ行くと確かにそうかもって。2歳で抑えられてきた子たちは，3歳，4歳，5歳で大暴れになるし。2歳のわがままの時期をうまくどう乗り越えてきたかで，後々どう変わっていくかってあるかもねってよく。幼稚園だけいると3歳からしか見られないけど，保育園とかにいると2歳ぐらいから，ああ，もうねという。(D氏・他3例)
でも，あんまり気にしていなかったね。ずるしちゃだめだよとか何とか言って。・タッチされたんだぞって感じだけど，そうやって言うんだけど，あんまりそこでずるずる言ってはどうなんだろう。あまりそこは，どうなんだろう。分からない。自分が結構そういうところもあるから，あんまりだめだよとか……話し合いはしない，私は。(A氏・他5例)

番号	概念名	定義
12	子どもの理解力や思考力から見合ったかかわり方を判断する	子どもの理解力や思考力によって指導方法を変えること
13	ずるに起因するいざこざの発生	ずるが生じることによって不満を感じる子どもが現れ，いざこざが発生すること
14	ルールの徹底	ずるは認められないものであることを伝達していること
15	ルールを再確認	ルールの逸脱や問題が生じ，参加者にルールを再確認すること
16	経験から問題の展開を予測する	以前の経験をもとに，これから生じる問題や展開を推測し，指導を検討していくこと
17	保育者の介入に伴う遊びの崩壊の懸念	遊び方に問題意識をもつものの，保育者の介入によって遊にが崩壊することを懸念すること

具体例
だからその子によって違うよね。先生，それはよくないとかってはっきり言った方がいい子の場合もあるわけだから，やっぱり難しいよね，自主的ってね。（中略）それはやっぱり現場の人間にしか分からないし，毎日会っている担任しか分からないんじゃないかな。まあ，主観的だと言う見方もあるけど，でもこれを言ってもこの子は分からないよなというのは，担任とかって毎日こう接しながら，何となく分かってくるものだから，やっぱりそのときにこの程度，このレベルのことをこの子に今言っても難しいだろうというのはよくある。その場でジャッジをしていったかな。・何か考えさせるのもいいなとは思うんだけど，その子がその力があるかどうかだよね。（E氏・他5例）
・タッチしたのにKちゃんが逃げたとか，そんなのばっかり。（中略）でも，そこでも，うちのクラスのメンバーにもよるのかな。そこがずるをしたと文句を言うんだけど。（A氏） ・そうそう。それは何とか君はわざとじゃないとか，わざと鬼になっていいのとか，そういうのは女の子からも出るし。だいたいそういうことをやるのは男の子が多いんだけど。（G氏・他7例）
でも絶対ゲーム遊びはルールを守る，決まりを守る，これをやらないと成り立たないというのを学ぶ上ではいいよねで，それを徹底して，その約束を守ったら先生がどれだけそのルールを徹底して子どもたちにやれるかは，意外とこういうルールでやるよとか言っていても，それ，だめでしょうなんて言って見逃しちゃってやることが多いけれども，自分がこの間やったゲーム遊びは，約束と違うことをしたよと言って，そのチームが，何か1点ずつ積み重ねていくゲームをやっているんだけど，例えば，やめと言われたらその場でやめるよと言ったのに，その子はどさくさ紛れにボールをぽんぽんと入れちゃったわけ。（中略）入れちゃったけれども，徹底して，その入れた分だけを抜いたんじゃなくて，このチームはずるをしたからと10個ぐらい抜いちゃったの。その子が持ってきたのは2〜3個だったんだよ。やめと言ったら2〜3個ぽっと入れて，ぱっと行っちゃったんだけど，今，それ約束と違うから10個取りますと10点取っちゃったの。もう子どもたちはみんな責めるよね，その子のことを。ずるするからだと。（I氏・他4例）
その子を悪いふうにしたくないので，その子だけ何となく気付くようにしたいなと思って，1回，もう1回，ルールを確認しようかとやってみたり，あとは個別に，別にそれってルールは決まってないよねと言って，個別に話したり。（B氏・他2例）
面白いですよ。鬼を決めるのもすごくここ何年かで，みんなで足を出して，見てごらん，鬼決め。（中略）でも何か私なんかは，まだこのときにたぶんずるいとか何とかいうのは出てないんですね。だからそれはまだそれで，たぶん楽しさがこういうところに，面白いなと思って。必ずいつかは出てくるんですね。何でそうなのみたいね。（C氏・他6例）
なすり付け始めるわけ。なすり付け始めて，それでそういうことで先生が入ってきて，雰囲気が壊れていくわけ。だって，僕はそんなこと言っていないとか。（中略）何とか

番号	概念名	定義
18	役割転換を促す	違う立場になって遊ぶ状況を保育者が意図的に設定することで，様々な立場からの見方を感じることができるようにすること
19	「見ていた」ことの示唆	教師が事実を見ていて，知っていることを示すことで子ども自身による行動の統制を促すこと
20	力関係によって遊びが展開する	リーダー的存在の子どもが自分に有利になるように友だちや遊びを支配的に展開すること
21	ルールのジャッジが個人内	ルールがある遊びをしているものの，そのルールの規準は子どもの自己内で設定され完結されること

具体例
君がチームに入っただけだよとか，何とか君がこんなことも言っていたよって，だんだん先生にちくりだす子もいるわけよ。だから，何とか君，本当はこっちに来たかったのに，行けなかったから先生に言いに行ったんじゃないとか言いだし始めるでしょう。だから，そのときにそこでも，じゃあ，どうするのって。じゃんけんで決めるのとか，ぐーぱーで決めるのとか，そういうふうな話が出るけど，だんだん，だんだん，また私が入ったことでやりたくなくなってきちゃうんだよね。つまらなくなってきちゃうというのがあるわけ。（G氏・他4例）
でも，結局，1回，私，何であんなに鬼になりたいのって子どもに向かって聞いた覚えがあるの，全員に。全員にというか，全体に向けて。そうしたら，自分で言いたいからって。自分で決めて，例えば，バナナだったら，バナナのところはどうだったのというのをみんなの前で言いたいからって。でも，言ったことがない子もいるわけじゃない，鬼になったことがない子もいて。鬼になったことがない子になりたいのって聞いたことがあるんだけど，そうしたら，やっぱり1回はなってみたいって，そういうことを言うの。だったら，じゃあ，1回ぐらい鬼になれるようにした方がいいのかなと思ったりもしたのね。発言したというか，みんなの前で立ちたいんだったら。それで全員でやっていたのを男女別々でやってみたりとか，自由遊びの中で少人数でそれをやって，真ん中に立つというのをちょっと経験させたいじゃない。やりたいんならやってみようみたいな感じで。（G氏・他3例）
年中は難しいから年長だったら，そうね，そういう子はいたかな。でもやっぱり見ているよと，ある意味，言葉は悪いけど不正は許さんというのは，やっぱり伝えるというかな，メッセージとしてどんどん発信していっていたから，怖かったのかもしれない。そうね，だめだよと言ったらもう。でもそこでも私が介在しているからね，いなかったらもしかしたらそういうことばかりやっているのかもしれない。（E氏・他2例）
有利に持っていけるように勝手にチーム分けをしちゃう，リーダー格の子が。（中略）リーダー格の子がやっちゃって，そうすると，いつもいつも負けちゃうわけよ，そっちの相手の弱い子が集まっているとかルールがあんまり分かっていない子とか。そうしたら，何回も負けるからつまらなくなってくるんだよね。そうすると絶対にやりたくないって泣いてみたりとか，先生のところに来て，ずるするとか，じゃんけんでやっていたのに勝手に僕はこっちのチームにさせられたとか，そういうのが出てくる。だから，そういうのって本当に不思議だよね，言いだしっぺの子というのが。楽しくそういうふうにルールを守って遊ぶというのが難しくなっちゃうんだよね。（G氏・他8例）
何かやっぱり年齢によってゲームってルールがあるじゃないですか。それはルールが分かりやすい明確なものとか，たぶん3歳とかってもしかしたら保育者対子どもの関係の中だけでオーケーになる。だからジャッジが自分たちで，簡単に勝ち負けが分かったりとか，勝ち負けはあんまりゲームで勝敗とかにこだわらないで，本当に鬼ごっこは追いかけられて楽しいとか，追いかけ合って楽しいとか，そういうことの関係の中で，たぶん小さい3歳とかだと。私が1人で鬼になって，ただわーっと追いかけたりとか。（C氏・他5例）

番号	概念名	定義
22	ルールを共有し始める	ルールによる状況の変化を面白いと感じ、周囲と共有できることが増えること
23	ずるに問題意識をもっていない	ずるが生じているが、参加者が問題意識をもっていない段階と捉えること
24	ずるに対する問題意識のギャップ	ずると分かっていて行っている子どもや、行われるずるに問題意識をもっている子ども、ずるに気付いていない或いはずるがわかっていない子どもがいるなど、ゲームの参加者にずるに対する認識のずれが生じていること

ていくことから、《かかわり方の判断》カテゴリーと命名した。なお、このカテゴリーは全てのカテゴリーの軸となると考えられることから、コアカテゴリーとした。

《実態を把握する》カテゴリー

　ゲーム遊びの中で「ずる」が生じた場合、「ずる」に起因するいざこざが子ども同士で生じる場合〈いざこざ有〉と、子ども同士のなかでいざこざが生じない場合〈いざこざ無〉がある。"ずるに起因するいざこざの発生"の

具体例
そうですね。できたりするし，鬼ごっこだったら本当に簡単な鬼ごっこ。タッチされたら鬼が変わるとか，あと助け鬼とかだと4歳ぐらいからちょっと面白くなってきて，氷鬼とか，助ける助けられるとか，それもすごく結構複雑なんですね。鬼が，タッチされたら固まるんだけれども，誰かがタッチしてくれたら助かる。それはすごくルールとして複雑なんだけれども，でもそういうのが楽しくなってきたりして。初めは鬼になったら，タッチされても鬼になれない人がいたりするんだけど，それがだんだん面白くなくなってきたりするのが4歳とかの時期なのかな。そういうふうに，結局そういうときに捕まって，でも助けてもらえるからまたできるみたいな。何かやりとりの中で楽しさが見いだせるようになると。（C氏・他10例）
そこに問題はたぶんないんですね。トラブルが起きてないし。だからじゃんけんって難しいじゃないですか，意外に。そうしたらその方が楽なのかな。結構年長とかで持っていると，本当にそれでいいのとか聞くときもあるんですけど，あんまり問題意識を持ってないから，じゃあ，いいんじゃないの，別に。初めて見たときには何かそれどうなのとか言ったら，じゃんけんとかやっていればいいのに，いいよとかいうのを聞いて，たぶん決めることよりも鬼ごっこをすることの方が目的だから，そこまでに至るところはあんまりそんなに課題ではないんだろうなと思ったりすることもあって。（C氏・他5例）
この子は分からないだろうという。そういう活発的な男の子のグループみたいなのができていて，そうじゃない男の子もいて，その子たちの目を盗んでルールを守らない。でも，この子たちはまったく気付いていないみたいな。クラスとしては全体的に見るとうまくできているように見えるけれども，本当はルールをすごく破っていたり。（中略）結局，こっちが見ていないところで絶対に無視してやっているので。ぴったり付けるときは付くんですけど，付けないじゃないですか，クラスで本当にやってしまうと。どちらかというと，その子たちよりもできない子たち側の方に付いてしまうので。ルール，分かっているみたいな。（F氏・他4例）

ように，いざこざが発生した場合，どちらかがその行為に対して不満や問題意識をもっていることが前提となる。しかし，それに対してどのようにかかわるのかについては，《かかわり方の判断》カテゴリーに影響される部分が多く，その判断によって，かかわり方は《教育的かかわり》の4ナブカテゴリーすべてが実践されうる可能性が示された。

しかし，同じ子どもによる"ずるに起因するいざこざの発生"が繰り返されると，子ども同士に「いつも自分の主張ばかりする相手」と捉えられるようになり，周囲から避けられるようになることがある。このように"過度の

自己主張による孤立化"が生じると，《かかわり方の判断》を通じて〈認知葛藤的かかわり〉や〈受容的かかわり〉といった《教育的かかわり》がなされることが示された。

　一方，〈いざこざ無〉の場合には，遊びの中で「ずる」が生じているものの，いざこざが起こらない場合がある。そこにも2つのパターンがある。1つは"力関係によって遊びが展開する"といったように子ども同士の力関係によって遊びが展開され，遊びの進行を促す存在（リーダー的存在）の幼児が支配的に遊びを進めていき，周囲の子どもが従うような状況が恒常化し，リーダー的存在の幼児の「ずる」が咎められることもなくいざこざが生じない状況となっている場合である。この場合に保育者は，多くの場合，《かかわり方の判断》を通じて〈権力的かかわり〉や〈権威的かかわり〉といったかかわり方をしていることが示された。

　もう一つのパターンは，〈ルールに対する認識の読み取り〉にあるように，ルールに対する認識が影響するものである。

　子どもがゲーム遊びに参加する際のルールに対する認識の段階には，"ルールのジャッジが個人内"→"ルールを共有し始める"という段階がある。その次に「ずる」が生じるものの"ずるが問題視されない"段階へと続く場合がある。この段階までは，ルールが共有されたものではなかったり，ルールに親しみ出した段階であると判断され，「ずる」と捉えられる行動がみられたとしても遊びに親しむことの方が優先される。また，「ずる」に対して子ども自身が問題意識を感じていなければ，「ずる」がその時期の子どもにとって重要な課題ではないと捉えられ，保育者が敢えて「ずる」を取り上げて指導する段階ではないと判断していた。しかし，ずるを行う子どもの周囲の子どもが「ずる」に対し，不満を持っているものの，表明できずにいることが感じられる場合には，"ずるに対する問題意識のギャップ"が子どもたちの中に生じていると捉え，その問題を浮き彫りにさせるためのかかわり（〈権威的かかわり〉や〈認知葛藤的かかわり〉）をしていた。

第 8 章　幼児の道徳的規範意識の形成を促がす保育者の教育的かかわり方の検討　271

《教育的かかわり》カテゴリー

　保育者としてかかわる必要があると判断した場合，多様な働きかけ方が行われている。本研究では，保育者が実践するかかわりの具体について岡田(2006)の示す「教育的かかわりの4類型」（第4章「幼児の規範意識の形成を促がす保育者の教育的かかわり方の検討」第1節「目的と方法」参照）を援用しながら考察していきたいと考える。

　そのことにより，様々な様相を呈する保育者のかかわりを一つの視点から整理して捉えることができ，構造的に保育者のかかわりの実態を示すことができるのではないかと考えたからである。同時に，具体的なかかわり方の背後にある子どもと保育者の関係性も含めて保育実践を捉えることができるのではないかと考えた。

　まず，〈権力的かかわり〉では，"「見ていた」ことの示唆"，"役割転換の場を設定"，"善悪の伝達"，"ルールの徹底"というかかわり方が挙げられた。

　その流れには，"ずるに起因するいざこざの発生"から《かかわり方の判断》カテゴリーを経て，〈権力的かかわり〉へと働きかけられた場合や，"力関係によって遊びが展開する"実態からなされるものであった。"ずるに起因するいざこざの発生"が生じた場合，その要因は様々な場合が考えられるが，《かかわり方の判断》カテゴリーにおいて，対象となる子どもの理解力や判断力から考慮し，他者の立場と自分の立場などを考えながら解決に結びつけていくことが困難であると判断された場合や，これまでの経験から保育者の強制性がある程度必要であると判断された場合には〈権力的かかわり〉が行われていた。

　また，"力関係によって遊びが展開する"実態があり，不公平な遊び方が行われているものの，幼児同士の力関係によって進められていくような場合には，保育者の《かかわり方の判断》によっては，〈権力的かかわり〉が行われ，保育者が容認していないことを子どもにはっきりと伝達するかかわりをしていた。

次に,〈権威的かかわり〉では,"力関係によって遊びが展開する"場合や,"ずるに対する問題意識のギャップ"が生じている場合には,《かかわり方の判断》によって,〈権威的かかわり〉が行われていた。これは,《かかわり方の判断》のなかで,対象児がその問題に向き合い,考えていく力があると判断された場合に,"「それってどう？」","大々的に取り上げないが,やんわりと注意","ルールを再確認"というかかわりが行われ,保育者が問題意識を表面化させ,問題について考えるきかっけを作っていた。そして,いずれも保育者は子どもたち全体に問題を投げかけるまでにとどまる,"問題に対する自己決定を促す"というかかわりがなされていた。つまり,最終的にどのようにするのかは,保育者の判断ではなく子ども自身で決定していくように方向づけるものであった。

　次に,〈認知葛藤的かかわり〉では,遊びの参加者同士に問題意識の違いが生じたりしている場合に,《かかわり方の判断》によって〈認知葛藤的かかわり〉がなされていた。具体的には"問題意識を生じさせる場の確保"→"不満の表面化を促す"→"負の感情からの学びを期待し,見守る"という流れを辿るかかわりがみられた。これは,子ども自身で,「どうにかしたい」という思いを生じさせ,高まらせるよう敢えて積極的なかかわりをせず,"問題意識を生じさせる場の確保"するものであった。そして,不満に感じている子どもに対し,それを表出させるよう働きかけることで,「ずる」を行っている子どもが"負の感情からの学びを期待し,見守る"ものであった。もう一つは,いざこざが生じた場合や,"過度の自己主張による孤立化"が生じた場合にも〈認知葛藤的かかわり〉が行われていた。それは,保育者が介入し解決するのではなく敢えて"未解決のまま流す"というかかわりをすることで,子ども自身に考えさせ,"負の感情からの学びを期待し,見守る"というかかわりをするものであった。

　最後に,〈受容的かかわり〉では,"初期の段階での自己主張を受容する","子どもの状況を共有する"といったかかわりがみられた。"初期の段階での

自己主張を受容する"では，"ずるに起因するいざこざの発生"が生じた際に，低年齢の時期であれば自己主張を抑制せず受容し，寧ろ促していくものであった。それが結果的に4.5歳児になった時に年齢に相応しい自己調整能力が獲得されていくと考えられているからである。つまり，低年齢の時期に自分の主張を存分に発揮し，受け入れられた経験をしてきているため，自己調整能力が年齢に相応しい状態に発達するというものであり，その結果，4.5歳児になった時に「ずる」が執拗に行われ，繰り返されることもあまりなくなるというものである。

　また，"過度の自己主張による孤立化"が生じた場合には，《かかわり方の判断》によっては"子どもの状況を共有する"かかわりが行われていた。岡田（2006）は〈受容的かかわり〉が特に効果を発揮する状況について，「子どもが自分の人間関係の世界をなんとか安定させて，自分の世界というものをなんとか獲得して，私はこの世の中で生きていけるという安心感を得る。ところがその安心感が崩れかけているという状況，そういうときにこそ力を発揮する。」と述べている。保育者は，子どもが自身の「ずる」によって周囲に否定的反応を示されてしまった場合に，"子どもの状況を共有する"といった受容的かかわりをすることによって，内省を促し，同時にどのようにしていったらよいのか，子ども自身で考えられるようにするための立て直しを図っているものと考えられる。

　以上から，「ずる」に対する保育者のかかわりは《実態を把握する》→《かかわり方の判断》→《教育的かかわり》という主な流れが示された。しかし，実際の保育は，保育者がかかわったことによって終了するものではない。さらに，「ずる」はすぐに消失す終了するものでもなく，その実態は子ども自身の気付きに伴って徐々に変化する性質をもっていることが第1章「幼児の園生活における規範意識の実態に関する実証的研究」第2節「幼児の規範意識の形成における現状の課題とその要因の分析」「2．保育者のかかわりと幼児の変化」の結果でも明らかとなっている。このことから，《教

育的かかわり》が行われた後も，再び《実態を把握する》へと繰り返されることを想定した矢印を示した。

本節のまとめ

　本節では，幼児の道徳的規範意識の形成に影響を与えると考えられる「ゲーム遊び」に着目し，ルールの逸脱や「ずる」が生じる場面，即ち，不公平，不公正が生じる場面に保育者がかかわっていくプロセスについて検討した。

　M-GTAによる分析の結果，保育者は，いざこざの有無や，子ども同士の関係性，ルールに対する認識を捉えることによって，「ずる」の実態を把握していた。そして，かかわり方の判断をする際には，保育者自身のこれまでの経験から問題の展開を予測すること，遊びの継続・維持を考慮すること，子どもの理解力や思考力に応じたかかわりを考慮することの3点を含め，総合的に判断していくことが示された。また，実際のかかわりには実態が把握された時点でかかわりの方向性が示されたものもあるが，その具体的なかかわりは全て《かかわり方の判断》を通してなされるものであることが示された。

　実際のかかわり方を岡田（2006）の示す「教育的かかわりの四類型」の枠組みから考察していくと，「ずる」に対するかかわりは教育的かかわりの四類型全てに広がっていることが示された。また，その中でも特に〈権威的かかわり〉及び，〈認知葛藤的かかわり〉は，かかわりの中にも流れが生じていることが特徴に見られた。これらの二つのかかわりは，保育者が子ども自身で相手と自分の立場の違いを考え，公平的・公正的な視点から考える判断力や，思考力があると判断した場合になされるかかわりであり，子ども自身による気付きから道徳的規範意識の形成を促そうとするものであった。〈権力的かかわり〉については，子ども同士の力関係によって「ずる」が行われている場合や，問題に対して公平的・公正的な視点から考えることがまだ難

しいと判断された場合に行われていた。したがって，〈権力的かかわり〉によって社会的な視点の発達を促し，他者とよりよい関係を構築していくための基礎的な思考力，判断力を培うことで〈権威的かかわり〉や〈認知葛藤的かかわり〉へと移行を図っていることが考えられる。

本研究が対象とする範囲

　本研究で明らかになったかかわりのプロセスは，保育者の属性や保育者が語る対象となった子どもの属性において限定的な理論である。木下（2003）はM-GTAによって得られた理論は限定的な範囲における現象を包括的に描くことができる点がメリットであると述べている。本研究では，「ずる」にかかわっていくプロセスを明らかにすることを目的としていたため，ある程度の保育経験が基盤に求められることを考慮し，研究対象者は3年以上の保育経験を有する保育者（中堅者前期以降[注1]）を調査対象とした。今後は本研究で明らかにした「ずる」に対するかかわりのプロセスが，実践経験の比較的少ない保育者（経験年数3年以下の保育者）の保育実践にも反映する事ができるのかについて更なる検証が必要である。

　M-GTAの開発者である木下はM-GTAを用いた研究は，論文として発表されて終わるのではなく，その結果が現場で活用され，実践と現場との間の相互的な交流が生まれることが重要であると述べている（木下，2003）。「ずる」に対して保育者はどのようにかかわる事ができるのかについては，一概に望ましいかかわり方があるものではなく，これまで殆ど論じられてこなかった。特に，ごっこ遊びやゲーム遊びの実際に表れる子どもの姿をどのように解釈するのかについては，規範にかかわる問題が発生しやすく，保育観によっても多様なかかわりが行われている。そして，自主性や子どもの興味・関心を尊重する理念が標榜される一方，大人から見て看過できないような遊び方をする場合があり，この問題をどのように捉えていくのかが保育の難しさであることが指摘されてきた（片山，1955）。さらに，椋木（2011）は

保育現場や保育者によって対応に違いがあったり、どう解決すべきかベテラン保育者でも悩むことがある実態を指摘し、「何歳の子どもには何が善いこと、悪いことだと理解できているのか、理解できていないとすればどのように指導すべきなのか、といった議論が保育現場に十分浸透していない」ということを指摘している。本研究で明らかになった「ずる」にかかわるプロセスをもとに、保育者が自らの実践を重ね合わせて、類似点や相違点について話し合うことで理論と実践の交流が生じ、より良い教育的かかわりの方向性を模索することに繋がると考えられる。

第3節　他者が嫌がる（傷つく）言動に対する教育的かかわりの検討

以下に、道徳的規範に関わる課題の《他者が嫌がる（傷つく）言動》が生じた場合に保育者は子どもにどのようにかかわり方を見極め、かかわっていくのかについての分析結果を示す。

M-GTAによる分析を通して生成された概念表8-4に示し、それぞれの概念とカテゴリーの関係の結果図を図8-3に示している。

なお、カテゴリーを《》、サブカテゴリーを〈〉、概念を""で示した。

結果と考察

カテゴリーの動き

まず、分析により示されたカテゴリーを中心に「他者が嫌がる（傷つく）言動をとる幼児」に対する保育者の教育的かかわりの枠組みを概観する。

「他者が嫌がる（傷つく）言動」が生じた場面において、保育者はその言動の内容が、どのような関係性の中で行われているのかを把握している。これらのまとまりを《実態を把握する》カテゴリーとして設定した。そして、《実態を把握する》カテゴリーから《かかわり方の判断》カテゴリーを通し

第 8 章　幼児の道徳的規範意識の形成を促がす保育者の教育的かかわり方の検討　277

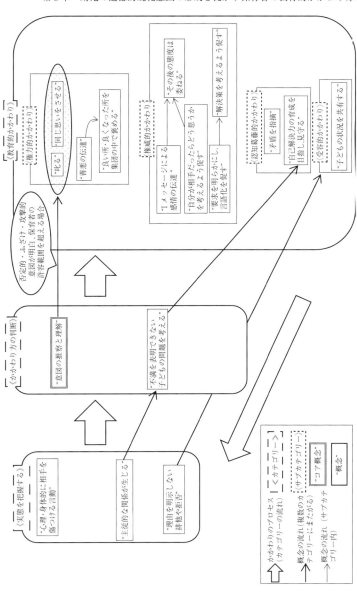

図8-3　他者が嫌がる（傷つく）言動をとる子どもに対し、保育者がかかわり方を見極め、かかわっていくプロセス

表8-4 「他者が嫌がる言動に対する教

番号	概念名	定義
1	Ⅰメッセージによる感情の伝達	保育者が主体となり，「私は嫌だ」と思っていることを伝える
2	心理・身体的に相手を傷つける言動	心理身体的に傷つける言動に対して問題意識を持つ
3	善悪の伝達	保育者が社会における善悪の基準を明確に伝達する
4	その後の態度は委ねる	問題が生じた際に，保育者の考えを示唆するが，その後にどのような行動をするのかは子どもに委ねること
5	理由を明示しない排他や拒否	理由は明確に示さないが，仲間入りや接触を拒否したり避けたりすること
6	要求を明らかにし，言語化を促す	攻撃的な言葉ではなく，要求を伝えるために相応しい言葉，言い方を考えさせる
7	同じ思いをさせる	子どもがしたことと同じことを保育者がそのまま子どもに返し，自分の行動の意味について考えさせる
8	矛盾を指摘	そうならない例を示し，矛盾に気付かせること
9	子どもの状況を共有する	拒否する側の幼児の思いにも納得できる部分があり，状況を共有するものの具体的な解決策は示さないこと

第 8 章　幼児の道徳的規範意識の形成を促がす保育者の教育的かかわり方の検討　279

育的かかわりの検討」の概念リスト

具体例
私はそれは聞いていて気持ちよくないとか，取りあえず私は言われたら嫌だよということもある。(C氏：他8例)
命にかかわることとか，それは別に傷つけたり，体を傷つけることも，心を傷つけるもそうだし，そういうことについてはジャッジするとか。(C氏：他10例)
それは許されないというか，それは例えば本人は自覚しないで聞いているから，例えばきょうだいがいたりする子は結構出てくるんだけれども，でもそれはみんながみんな気持ちよく受け取れない言葉だよというのは，それは指導していく範疇なのかなと思ったり。(C氏：他6例)
年長ぐらいだと，今，こういうふうな言葉があったんだけどと言うと，それは嫌だよという人たちがいて，じゃあ，これだけ，いるんですよ，必ず1人や2人はそれは大丈夫とかいう人。ただ，君たち2人はそう思っているかもしれないけど，残り30人は嫌なんだよ。それは私も嫌だから，先生も嫌だよって。それだけは覚えておいてねと言って，だめとは言わないけれども。(C氏：他4例)
ちびだからうんぬんという言葉はあんまり言わないけど，たぶんちびだから入れてないんだろうなとか思うときはある。この子だから入れたくないとかはある。えっ，さっきまで何々ちゃんを入れていたのに，男の子が入っているのに，えっ，男の子だからだめじゃんとかって。男の子は入っちゃだめってその子が来たときとかには言うみたいな。(D氏：他6例)
太っているから何とかだからということよりも，何々ちゃんはだめと言っていることの方が多くて，入らないでと言っているものは素直に。(D氏：他5例)
同じように言ってあげればいいんだよ。ある意味，そこで対等になって，そういうことを言ってやればいい。言われて，どう思う？　って。そういうこともあるし，逆に言ってみたらと，お前，これ，言い返したらって。(B氏：他4例)
顔が大きい子はだめなんだから，先生もっと大きいからだめ？　とか言ったら，先生はいいとか。じゃあ，どうなの，顔の大きさはとかいうこともやっぱりあるし（笑）。小さいからとか。私から見たら君は小さいとかいうこともあるし。(C氏：他4例)
本当に入れたくないんだろうなと思うときもあるから。そのまますーっていなくなっちゃう子もいるじゃん。だめと言われて，まあ，いいやって出ていくタイプもいるし，だめと言われてもしつこいタイプとかいるし。(中略)入れたくないときもあるんじゃないとか思うし。確かに3歳とか4歳のときのごっこと5歳とかは違うから，一生懸命自分たちで作り上げてきたのに，いいところにきてから，いろいろなものが出来上がってから入れてって入ってくるので，確かにえっと思うかなって。あんたは何も作ってないじゃんみたいな。私たちはここまで結構2日かかって苦労したんだよみたいな場合もあるから，なのに，えっ，今？　みたいな，このタイミング？　という感じもあるわけだから。(D氏：他4例)

番号	概念名	定義
10	解決策を考えるよう促す	不満を言うのではなく，現状の解決方法を考えさせること
11	意図の推察と理解	悪気の有無や言動の意図を推測すること
12	叱る	許容範囲を超える言動であると判断し，厳しい態度や口調で子どもに注意を促すこと
13	自分が相手だったらどう思うかを考えるよう促す	相手にしたことを自分がされたらどうかを考えるように促すこと
14	不満を表明できない子どもの問題を考える	不快なことを言われても黙っている子ども側にも問題があると捉え，その問題について考えること
15	自己解決の育成を目指し，見守る	子どもが自己解決していく必要性を感じ，介入せず見守ること
16	主従的な関係が生じる	リーダー的存在の子どもが他者に対して威張ったり，命令したりして，支配的に遊びを展開すること
17	良い所・良くなった所を集団の中で褒める	良い所や良くなった所を皆の前で褒めることで，存在や行動の承認をすること

具体例
考えさせる方がいいかなと私は思っていて。だから別にこっちが順番を決める必要もないしと思っているから，何々ちゃんが遅いと言うんだったら，でも何々ちゃんは走るのが遅いのかもしれないけどみたいな。普段何々ちゃんって何々できないとき助けてもらっているじゃんみたいな。だから遅いといったらそれなりに助けてあげればいいじゃん，みんなでみたいな。じゃあ，何か方法を考えればというふうに。(D氏：他2例)
押し付けるんじゃなくてね。何だろう，純粋に疑問として投げかけてくるのか，それともばかにして言うのかによって違ってくるけど。(E氏：他7例)
叱る。一番，そういうのは許せない。やっちゃいけないことが分かっていてやっているような子は怒ったり，相手を傷つけるような言い方をした場合は。それがまかり通っていくと思うなよ，じゃないけど，そうじゃないって。(A氏：他5例)
何かあまりにもいじめっぽい感じになってきたら，それってさとか言って，自分が言われたらどうなのとかって聞くときはある (D氏：他2例)
言えない子がかわいそう。だけど，言えない子もそれも課題なんだよね。何で言えないのって，大人なんかはぱっと見て思っちゃうじゃない。言っちゃえばいいのにとか，そういうのが分かっちゃうから，ここで何とかちゃんがこう言ったら，何とか何とかじゃんって思っても。でも，それも待っていなきゃいけないという立場だと難しいよね，そこは。うまい具合に判断して。(G氏：他1例)
誰かが何か発言をしていくのね。そういうふうにして，まず先生を頼ってほしくない。頼りたがるじゃん，結局。年長になっても，先生，先生，何とかちゃんがこう言ったから，こう言ったから，こう言ったみたいな。毎回，同じ子が来たりとか，毎回同じようなことだったりするんだよね。確実に言っていくしかないよね，それは。※（質問者）　自己解決する…… G：力を養う。そういう子というのは親も，先生に言ったのにやってくれなかったというふうなことを子どもが言ったりすると，親が言ってきたりするケースもあるから。先生に言ったのに聞いてくれなかったと言っているけど，どうですかみたいな。(G氏：他2例)
でも，中には本当に陰で全部やる子がいるじゃない。先生の見ていないところで，うまいことやるというか，うまいことお友だちを操って，先生にも分からなくするというか。一切ぼろを出さない，そういう子。でも，やっているという。見つけるのがすごく大変で，その場を押さえないといけないから。(G氏：他4例)
いいところ見つけたら，すかさず認めたり。その言い方1つもきついというか，怒ってかんしゃくという感じになっちゃうから，後でやりたいとか遊びたいってなっちゃうから，そこで優しく言ったときなんかにすかさず，それでいいんだよ，それでいいんだよ，それでいいんだよってずっと10分ぐらい繰り返し。(A氏：他1例)

て問題点となる内容を捉え，実際のかかわりとなる《教育的かかわり》カテゴリーへと移行していく流れが示された。

次に，カテゴリーを構成する概念同士の関係を中心に，保育者のかかわりのプロセスについて説明する。

《かかわり方の判断》カテゴリー

全体の中で，《かかわり方の判断》カテゴリーが実態とかかわりを繋ぐ中心的な役割を果たしていた。したがって，《かかわり方の判断》カテゴリーから説明することにする。

《かかわり方の判断》カテゴリーでは，大きく2つの視点を示す概念が生成された。すなわち，「友だちの嫌がる（傷つく）言動をとった」側の幼児に問題意識をもち"意図の推察と理解"をする場合と，「嫌な言動を受けている」側の幼児に問題意識を持ち"不満を表明できない子どもの問題を考える"場合である。

その前段階である《実態を把握する》カテゴリーで，"心理・身体的に相手を傷つける言動"や"理由を明示しない排他や拒否"が生じる場合には前者の「友だちの嫌がる（傷つく）言動をとった」側の幼児の問題として捉えられることが多かった。反対に，"主従的な関係が生じる"場合には，後者の「嫌な言動を受けている」側の幼児の問題として捉えられることが多かった。

前者の「友だちの嫌がる（傷つく）言動をとった」側の幼児の問題として捉える場合では"意図の推察と理解"で，その言動がみられた子どもの年齢やその子どもの日常の姿，言動の経緯などからその言動の意図を判断していた。そして，①否定的な意図やふざけの意図，攻撃的意図をもっていることが明らかであり，許容される余地がないと捉える場合②否定的な意図やふざけの意図，攻撃的意図が含まれている可能性も窺えるが許容される余地があると考えられる場合，③否定的な意図やふざけの意図，攻撃的意図がなく

第 8 章　幼児の道徳的規範意識の形成を促がす保育者の教育的かかわり方の検討　283

行ってしまった場合に大きく分類された。

　このように，"意図の推察と理解"によって保育者はかかわり方が変化させていくため，この概念が前後の概念を結ぶ軸になると考えられた。したがって，"意図の推察と理解"をコア概念として位置づけた。

　次に，"理由を明示しない排他や拒否"はその意図を推測するものの，「理由を表明しない」ということ自体が意味のある行動であり，「その理由を述べることが社会的に望ましくない」ことを子どもが認識していることの表れであると捉えられていた。更に，排他や拒否の理由を状況から推測すると，排他や拒否する側の幼児に共感できる場合も多いことが語られていた。その結果，《教育的かかわり》カテゴリーにおいても，〈受容的かかわり〉へと繋がっていた。

　一方，「嫌な言動を受けている」側の幼児の問題として捉える"主従的な関係が生じる"の場合には「友だちの嫌がる（傷つく）言動をとった」側の幼児の問題と比較し，表面化されにくいといった特徴を持っている。すなわち，"心理・身体的に相手を傷つける言動"や，"理由を明示しない排他や拒否"といった言動は言語や態度に表出されるものであることから，幼児の言動から保育者が捉えやすい。それに対し，"主従的な関係が生じる"場合には，その背景に仲間関係が存在し，子ども同士の連続的なかかわりが前提にある。それゆえ，一見子ども同士の了承の上に成立している行動に見え，表立った問題として表出しないという性質を有している。つまり，"主従的な関係が生じる"場合には，仲間関係が形成され，リーダー的存在の子どもがそのフォロワーとなる子どもに支配的な態度をとるのであるが，それが表面的にはリーダーシップと捉えられる場合もある。そしてこの現象についての解釈は，「大人が一方的に問題視しているのであり，本人同士がよければ良いのではないか」という見方と「遊びに顕著な力関係が生じ，平等な関係ではない」と問題視する見方が生じるだろう。しかし，子ども同士に主従的な関係が形成され，両者の中でそれが定着していくと，フォロワーとなる子ど

もは嫌だと思うことがあっても，仲間関係の維持を求めるため，嫌だということを表明しなくなり，その結果嫌なことでも従うという事態も生じる場合がある。このことを問題として捉え，望んでいなければ望んでいないことを表明し，自らの力で公平な関係性を築いていくことができるようになることを重視するのだろう。

また，このように仲間関係が遊びの中で重要となるのは3歳児や4歳児ではなく，多くの場合5歳児以降から生じるものであることが考えられる。したがって，保育者のかかわりも，就学後を見通したかかわりを意識することが考えられる。それにより，周囲に支配的な接し方をする幼児の問題としてだけではなく，自律的に他者と望ましい関係を自ら構築していくための力を育成することに重点が置かれるのかもしれない。

《実態を把握する》カテゴリー

《かかわり方の判断》カテゴリーの前段階となる《実態を把握する》カテゴリーでは，どのような言動を「友だちの嫌がる（傷つく）言動」と判断し，問題として捉えているのかについて示した。結果，保育者は，子どもが心理的・身体的に相手を傷つける言動がみられた場合や，リーダー的な存在の幼児が周囲の幼児に支配的にふるまい，不公平な遊び方が生じている場合，理由を明確に示さずに特定の幼児を仲間に入れない，拒否するといった言動に対し，「友だちの嫌がる（傷つく）言動」として実態を把握していた。また，「友だちの嫌がる（傷つく）言動」をとる幼児を見たことがない，接したことがないという保育者は調査協力者の中に存在せず，全ての調査協力者が園生活の中で見た経験があると語っていた。

このことから，「友だちの嫌がる（傷つく）言動」が幼児期にみられることは決して珍しいものではなく，社会的な存在となっていく途上にある幼児同士が過ごす園生活の中では，必然的に起こり得る問題であることが窺える。

特に，"心理・身体的に相手を傷つける言動"として示される内容は相手

の容姿や特性，能力を否定するような言動を取った場合を中心としている。しかし，このような言動は幼児期から「いけないこと」と認識していることがアメリカで行われた研究で明らかにされており，(Nucci & Turiel 1978)，その判断はかなり早い段階（2歳半頃）からみられると言われている(Smetana, 1981)。そして，我が国でも幼児期の段階から心理・身体的に傷つける言動は「いけないこと」と認識していることが明らかにされており，(首藤・岡島，1986；越中，2005) 相手の容姿や特性，能力に対して否定的な意味を持つ言動をとることは，3歳児クラスでも半数以上が，5歳児クラスになると90％以上（ほぼ全員）が「いけない」こととして認識していることが示されている（湯浅，2013）。また，一般的に相手の人権にかかわる問題として捉えられるものであり，文化によらず否定的な行為として捉えられている。このことから，保育者は日々の保育を通して「相手の嫌がる（傷つく）言動」が社会的に望ましくない行為であることを伝えるべきものと考え，何らかのアプローチをしているといえる。しかし，子どもの意図によってそのかかわりの強さは異なっている。それが，〈かかわり方の判断カテゴリー〉を経て，次の《教育的かかわり》カテゴリーへと繋がっていた。

《教育的かかわり》カテゴリー

《実態を把握する》カテゴリーから，《かかわり方の判断》カテゴリーを通して，決定されていくかかわり方は多様な内容がある。本研究では，《他者が嫌がる（傷つく）言動》が生じた際に保育者がどのようなかかわりをしているのか，保育者の多様なかかわりを一つの視点から整理して捉えるため，その枠組みとして，岡田（2006）の示す教育的かかわりの四類型（第4章「幼児の規範意識の形成を促がす保育者の教育的かかわり方の検討」第1節「目的と方法」参照）を援用しながら考察する。

まず，〈権力的かかわり〉では，"叱る"，"同じ思いをさせる"といった厳しさが含まれるかかわり方から，"善悪の伝達"，"良い所・良くなった所を

集団の中で褒める"といった価値伝達的な内容がみられた。特に，"叱る"，"同じ思いをさせる"といった，かかわりは，《かかわり方の判断》カテゴリーの"意図の推察と理解"で①否定的な意図やふざけの意図，攻撃的意図をもっていることが明らかに想定され，許容される余地がないと捉える場合になされていた。

一方，"善悪の伝達"や，"良い所・良くなった所を集団の中で褒める"といったかかわりは《かかわり方の判断》カテゴリーの"意図の推察と理解"で②否定的な意図やふざけの意図，攻撃的意図が含まれている可能性も窺えるが許容される余地があると考えられる場合，③否定的な意図やふざけの意図，攻撃的意図がなく行ってしまったと考えられる場合にも行われていた。

また，"善悪の伝達"を行った後に，その後の様子を見て，"良い所・良くなった所を集団の中で褒める"といった連続性のあるかかわりも行われていた。以上，〈権力的かかわり〉は，"意図の推察と理解"や，それに伴う保育者の許容範囲によってかかわり方の内容は異なっていたが，"心理・身体的に相手を傷つける言動"がみられた場合には中心的に行われるかかわり方として示された。

〈権威的かかわり〉では，"Ｉメッセージによる感情の伝達[注2]"，"自分が相手だったらどう思うかを考えるよう促す"，"その後の態度は委ねる"，"要求を明らかにし，言語化を促す"，"解決策を考えるよう促す"といったかかわりがみられた。

"Ｉメッセージによる感情の伝達"は，複数の保育者間に共通に語られ，概念数が多かった。

また，"Ｉメッセージによる感情の伝達"と"自分が相手だったらどう思うかを考えるよう促す"といったかかわりは，"その後の態度は委ねる"への流れがみられた。これは，《かかわり方の判断》カテゴリーの"意図の推察と理解"で，②否定的な意図やふざけの意図，攻撃的意図が含まれている可能性も窺えるが，許容される余地があると考えられる場合，③否定的な意

図やふざけの意図，攻撃的意図がなく行ってしまったと考えられる場合の他に，「あくまでも行為を規定する主体は子ども本人である」という保育観のもとになされる場合もあった。

　また，"要求を明らかにし，言語化を促す"といったかかわりは，「友だちの嫌がる（傷つく）言動」ではなく，その要求を適切な言葉で表現するように促すものであった。また，それによって要求が明らかになり，そうするにはどのようにしたら良いか，"解決策を考えるよう促す"といった方向に促す動きが見られた。

　〈認知葛藤的かかわり〉では，"矛盾を指摘"や"自己解決力の育成を目指し，見守る"といったかかわりが見られた。"矛盾を指摘"とは，「友だちの嫌がる（傷つく）言動」として，たとえば「小さいからダメ」などと言った場合に，他の大きい者からすると自分も小さい存在であることを指摘し，そのような言葉が適切ではないことに気付かせるためのかかわりであった。

　また，《かかわり方の判断》カテゴリーの"不満を表明できない子どもの問題を考える"からの流れとして"自己解決力の育成を目指し，見守る"へと繋がりが見られた。これは，解決を保育者に委ねるのではなく，自分で解決をしていく必要性を状況から感じさせるために敢えて保育者が介入せずに見守るというものであった。それは，こうした状況が発生するのは主に5歳児後半の幼児を想定している。その場合，保育者が積極的に介入しても，表面的な解決に留まり，根本的な解決へは向かわないこと，子ども同士で遊びを展開する場合にはまた同じことが繰り返されることを保育者が見通していることによるものだった。

　〈受容的かかわり〉では，"理由を明示しない排他や拒否"に対して保育者が"意図の推察と理解"をする中で，理由を明示しないことに重要な意味が存在し，排他，拒否する側の幼児の心情も理解できるものであると考えることによるものだった。結果，仲間入りや何かを共有することを求める側の幼児と，排他・拒否する側の幼児双方に共感し，お互いの状況や気持ちに理解

を示すものの，具体的な解決法を示すことはしないかかわりへの流れが見られた。

　以上,「他者が嫌がる（傷つく）言動」が生じた場面で，保育者がかかわり方を見極め，かかわっていくプロセスについての流れを示したが,「他者が嫌がる（傷つく）言動」がみられた場合，実際には保育者が何らかのかかわりをすることによって解決し，終結するものではない。また，その後の園生活の中で同様の場面が起きた際に，幼児がその問題に対してどのように向き合っていくのか，ということが最も重要な課題となる。そしてこのような言動は，一つの出来事から変化が生じるというよりは「他者が嫌がる（傷つく）言動」が何度か繰り返されるなかで周囲の反応からその善悪について気づいていくことが考えられる。したがって，《かかわり方の判断》カテゴリーが行われたのちに，再度《実態を把握する》カテゴリーへとつながる矢印を表現している。

本節のまとめ

　本節では,「他者が嫌がる（傷つく）言動をとる子どもに対し，保育者がかかわり方を見極め，かかわっていくプロセス」に着目した。それは,「他者が嫌がる（傷つく）言動をしない」という道徳的規範意識を幼児期から培うことが課題となる一方，その具体的な保育者のかかわりがどのようになされているのか，これまで論じられることが少なかったからである。

　M-GTAによる分析の結果から,「他者が嫌がる（傷つく）言動」が生じた場面で，保育者が問題意識をもち，かかわったエピソードには，"心理・身体的に相手を傷つける言動", "主従的な関係が生じる", "理由を明示しない排他や拒否"といった実態を中心に語られた。

　そして，どのようにかかわるのかの判断については「他者が嫌がる（傷つく）言動をする側」の問題から考える"意図の推察と理解"と,「嫌がる（傷つく）言動をされる側」の問題から考える"不満を表明できない子どもの

問題を考える"という視点があることが明らかとなった。具体的なかかわり方には岡田（2006）の示す教育的かかわりの類型名を援用しながら実際のかかわりの内容をみると，主に〈権力的かかわり〉と〈権威的かかわり〉に分類されるかかわりを中心になされていることが示された。また，"意図の推察と理解"がなされる段階で，幼児の意図性が大きく3つに判断され，①否定的な意図やふざけの意図，攻撃的意図をもっていることが明らかであり，許容される余地がないと捉える場合②否定的な意図やふざけの意図，攻撃的意図が含まれている可能性も窺えるが許容される余地があると考えられる場合，③否定的な意図やふざけの意図，攻撃的意図がなく行ってしまった場合に大きく分類されていた。中でも，①否定的な意図やふざけの意図，攻撃的意図をもっていることが明らかであり，許容される余地がないと保育者が捉える場合には，〈権力的かかわり〉の中でも厳しさを含むかかわりがなされていることが明らかとなった。しかし，"心理・身体的に相手を傷つける言動"がみられた場合には，②否定的な意図やふざけの意図，攻撃的意図が含まれている可能性も窺えるが許容される余地があると考えられる場合，③否定的な意図やふざけの意図，攻撃的意図がなく行ってしまったと考えられる場合にも〈権力的かかわり〉に分類されるかかわりが幅広く行われていた。

また，〈権威的かかわり〉に分類されるかかわりも，"Ｉメッセージによる感情の伝達"，"自分が相手だったらどう思うかを考えるよう促す"といったように，保育者の感情を伝えたり，相手の感情に気付くようかかわった上で"その後の態度は委ねる"といった自己選択が促されていた。特に"Ｉメッセージによる感情の伝達"は調査協力者のなかでも多くの保育者によって行われていたことから，その有効性が示唆される。

以上，「他者が嫌がる（傷つく）言動をとる子どもに対し，保育者がかかわり方を見極め，かかわっていくプロセス」を分析した結果，"心理・身体的に相手を傷つける言動"に対しては保育者は積極的に社会的・道徳的規範の価値を幼児に伝達していることが明らかとなった。反対に，本研究の限定さ

れた範囲内ではあるが,「自主的な気づきを待つ」といったかかわりは見られず,どのエピソードにおいても何らかのかかわりが行われていた。さらに,即効的な変化を期待するのではなく,繰り返し幼児にかかわり,伝達していくべきものとして語られていた。このことは,道徳的規範の逸脱内容にも,自主的な気づきを待ち,見守ることが望ましいと考えられる内容と,「見守る」というかかわりよりも保育者の直接的な働きかけを基本とする内容が存在することが示唆される。

本研究が対象とする範囲

　本研究で明らかになったかかわりのプロセスは,保育者の属性や保育者が語る対象となった子どもの属性において限定的な理論である。木下（2003）はM-GTAによって得られた理論は限定的な範囲における現象を包括的に描くことができる点がメリットであると述べている。本研究では,「他者が嫌がる（傷つく）言動をとる子どもに対し,保育者がかかわり方を見極め,かかわっていくプロセス」を明らかにすることを目的としていたため,ある程度の保育経験が基盤に求められることを考慮し,研究対象者は3年以上の保育経験を有する保育者（中堅者前期以降[注1]）を調査対象とした。今後は本研究で明らかにした「他者が嫌がる（傷つく）言動をとる子ども」に対するかかわりのプロセスが,実践経験の比較的少ない保育者（経験年数3年以下の保育者）の保育実践にも反映する事ができるのかについて更なる検証が必要である。

　M-GTAの開発者である木下はM-GTAを用いた研究は,論文として発表されて終わるのではなく,その結果が現場で活用され,実践と現場との間の相互的な交流が生まれることが重要であると述べている（木下,2003）。「他者が嫌がる（傷つく）言動をとる幼児」に対して保育者はどのようにかかわる事ができるのかについては,一概に望ましいかかわり方があるものではなく,これまで殆ど論じられてこなかった。また,幼児期の教育は,「教師

主導」か「幼児主体」か,といった教師スタンスにより,「教師と幼児」との関係性の構築に影響を与えていることから,「ややもすれば支配者となって権力を行使する危険性を多分に内包している」ことが指摘されてきた(柏・田中,2003)。そして,「外的権威によりかかった過度の集団圧力とならないように,自らきまりの必要性に気付く経験ができるよう,教師の有する規範を強調しすぎることのないように配慮すること(岩立,2008;首藤,2012)が繰り返し述べられてきた。しかし,任せることと放任の違いが明確な定義なしに保育者の曖昧な解釈の中で実践されていること,保育者が価値を伝達する役割を失ったことで教育が偶発性に委ねられていることが指摘されている(本吉,1993;平山,2003)。本研究の先行研究となる首藤・二宮(2002)の研究では社会的ルールの逸脱場面における教師の働きかけ方について明らかにしており,保育者は,基本的には幼児に優しく働きかけるという意識が高いものの,子どもが他者に不快な思いをさせたり,他者を身体的に傷つける場面,自分の体を傷つける恐れのある場面では厳しいかかわりも辞さないことを明らかにしている。このことは,教師は場面の性質に応じてかかわり方を変えていることを意味しており,特に対人的な問題にかかわる規範を重視していることが示されていた。しかし,保育者は場面の性質だけではなく,状況や子どもの認識によってもそのかかわり方は変化させていくことが考えられ,実際に生じている問題からかかわりのプロセスについて分析する研究は行われてこなかった。

　本研究ではこの点について限定的な範囲ではあるが,保育者の語りから明らかにすることができた。今後は本研究で明らかになったかかわりのプロセスが他の保育者の実践と照合され,類似点や相違点について話し合うための契機になるよう発展を促していくことが課題である。それにより理論と実践の交流が生じ,より良い教育的かかわりの方向性を模索することに繋がると考えられる。

第4節　小括

　現在，保育現場の中で道徳的規範に関わる問題（《ゲーム遊びに生じる「ずる」》,《他者が嫌がる（傷つく）言動》）はどのような実態がみられるのか，具体的なエピソードの語りから分析した。また，それぞれの道徳的規範に関わる問題に対して保育者はどのようにかかわることができるのか，その教育的かかわりの具体を M-GTA の分析方法に拠りながら整理した。そして，道徳的規範に関わる問題が生じた際に保育者がかかわり方を見極め，幼児にかかわっていくプロセスを結果図に示した。

　まず，《ゲーム遊びに生じる「ずる」》では，<u>ゲーム遊びにおける "ずる" に対して保育者がかかわり方を見極め，かかわっていくプロセス</u>について明らかにした。

　分析の結果，保育者は，いざこざの有無や，子ども同士の関係性，ルールに対する認識を捉えることによって，「ずる」の実態を把握していた。また，かかわり方の判断を決定する際には，保育者自身のこれまでの体験から問題の展開を予測すること，遊びの継続・維持を考慮すること，子どもの理解力や思考力に応じたかかわりを考慮することの3点を含め，総合的に判断していくことが示された。

　そして，子ども自身が置かれた状況から相手と自分の立場の違いを考え，公平的・公正的な視点から考える判断力や，思考力があると判断した場合に〈権威的かかわり〉及び，〈認知葛藤的かかわり〉が行われていた。これらの二つのかかわりは，保育者が子ども自身での判断や自己決定を促すものであり，子ども自身の判断や気付きから道徳的規範意識の形成を促そうとするものであった。

　一方，子ども同士の力関係によって「ずる」が行われている場合や，問題に対して公平的・公正的な視点から考えることがまだ難しいと判断された場

第8章　幼児の道徳的規範意識の形成を促がす保育者の教育的かかわり方の検討　293

合に〈権力的かかわり〉が行われていた。〈権力的かかわり〉によって社会的な視点の発達を促し，他者とよりよい関係を構築していくための基礎的な思考力，判断力を培うことを目指しており，〈権威的かかわり〉や〈認知葛藤的かかわり〉へと移行を図っていることが考えられる。

　次に《他者が嫌がる（傷つく）言動》では，「他者が嫌がる（傷つく）言動をとる子どもに対し，保育者がかかわり方を見極め，かかわっていくプロセス」について明らかにした。分析の結果，エピソードには，"心理・身体的に相手を傷つける言動"，"主従的な関係が生じる"，"理由を明示しない排他や拒否"といった実態を中心に語られた。

　そして，どのようにかかわるのかの判断については「他者が嫌がる（傷つく）言動をする側」の問題から考える"意図の推察と理解"と，「嫌がる（傷つく）言動をされる側」の問題から考える"不満を表明できない子どもの問題を考える"という視点があることが明らかとなった。

　また，"意図の推察と理解"がなされる段階で，幼児の意図性が大きく3つに判断され，①否定的な意図やふざけの意図，攻撃的意図をもっていることが明らかであり，許容される余地がないと捉える場合②否定的な意図やふざけの意図，攻撃的意図が含まれている可能性も窺えるが許容される余地があると考えられる場合，③否定的な意図やふざけの意図，攻撃的意図がなく行ってしまった場合に大きく分類されていた。中でも，①否定的な意図やふざけの意図，攻撃的意図をもっていることが明らかであり，許容される余地がないと保育者が捉える場合には，〈権力的かかわり〉の中でも厳しさを含むかかわりがなされていることが明らかとなった。一方で，自らの気づきを特に重視する保育者は〈権威的かかわり〉に分類される傾向にあり，"Iメッセージによる感情の伝達"といった，保育者の感情を伝えたり，相手の感情に気付くようかかわった上で"その後の態度は委ねる"といった自己選択が幼児の発達を促す有効なかかわりであると考えられていることが示された。第1章において，保育者は「相手の立場や感情に気付くよう促す」と

いったかかわりが最も多くなされていたが，この点は異なったアプローチの在り方として本研究の結果から提案することができよう。

　以上，「他者が嫌がる（傷つく）言動をとる子どもに対し，保育者がかかわり方を見極め，かかわっていくプロセス」を分析した結果，"心理・身体的に相手を傷つける言動"に対しては保育者は積極的に社会的・道徳的規範の価値を幼児に伝達していることが明らかとなった。反対に，本研究の限定された範囲内ではあるが，「自主的な気づきを待ち，見守る」といったかかわりは見られず，どのエピソードにおいても何らかのかかわりが行われていた。さらに，即効的な変化を期待するのではなく，繰り返し幼児にかかわり，伝達していくべきものとして語られていた。このことは，道徳的規範の逸脱内容にも，自主的な気づきを待ち，見守ることが可能な内容と，保育者の直接的な働きかけを基本とする内容が存在することが示唆される。

　以上から，園生活で生じる道徳的規範に関わる問題（《ゲーム遊びに生じる「ずる」》，《他者が嫌がる（傷つく）言動》）の内容によって，そのかかわり方の具体は異なるが，共通して見られた点は以下の通りである。

　①《実態を把握する》カテゴリーから《かかわり方の判断》を通して，《教育的かかわり》カテゴリーへと流れていくのであるが，保育者はまず，道徳的規範にかかわる問題（《ゲーム遊びに生じる「ずる」》，《他者が嫌がる（傷つく）言動》）が生じた際に，その言動がみられた要因や状況を把握する《実態を把握する》といった行動を行う。その状況から，対象児の意図の推測や言動の意味理解をし，その緊急性や重大性，子どもの理解力や思考力を勘案する《かかわり方の判断》を行っていく。実際のかかわり方を見ると，《ゲーム遊びに生じる「ずる」》課題に対しては，〈権威的かかわり〉や〈認知葛藤的かかわり〉といった自己決定を促していくことを重視するかかわりが多く見られた。

　一方，《他者が嫌がる（傷つく）言動》の場合には①否定的な意図やふざけの意図，攻撃的意図をもっていることが明らかであり，許容される余地がな

いと保育者が捉える場合には、〈権力的かかわり〉の中でも厳しさを含むかかわりが中心となっていることが明らかとなった。

しかし、"心理・身体的に相手を傷つける言動"がみられた場合には、②否定的な意図やふざけの意図、攻撃的意図が含まれている可能性も窺えるが許容される余地があると考えられる場合、③否定的な意図やふざけの意図、攻撃的意図がなく行ってしまったと考えられる場合にも〈権力的かかわり〉に分類されるかかわりが幅広く行われていることが明らかとなった。本章では、保育者は子どもの言動を把握することによってある程度かかわりの方向を規定していることが示唆され、幼児の理解力や判断力、言動の意図を推察することによってかかわり方の具体を判断していることが明らかとなった。本章の結果と、これまでの調査を照合し、園生活で生じる道徳的規範に関わる問題への保育者かかわり方についての提案をしたい。

注

(注1) 経験年数の分類には［西山修2008保育者のアイデンティティと効力感は保育実践に影響を及ぼすか―領域「人間関係」について「乳幼児教育学研究」(17)19-28.］、［足立里美・柴崎正行2009保育者アイデンティティの形成と危機体験の関連性の検討「乳幼児教育学研究」(18)89-100.］を参考に①初任者（0～満2年）②中堅者前期（満3年～満5年）③中堅者後期（満6年～満15年）④熟練者前期（満16年～満25年）⑤熟練者後期（満26年以上）として設定した。

(注2)「Ｉメッセージ」とは、アメリカの臨床心理学者Thomas Gordonによって提唱された親子関係の改善のプログラムに使用されるかかわりの名称の一つである。子どもに何かを伝達する際に、「○○をやめなさい」ではなく、「○○は心配だからやめてほしい」といったように、「私」を主語にした形でその理由と共に子どもへのメッセージを伝達する方法（Gordon, 1990）の名称である。

引用文献

Gordon, T（1990）近藤千恵訳「親業・ゴードン博士 自立心を育てるしつけ」小学館
越中康治（2005）仮想場面における挑発，報復，制裁としての攻撃に対する幼児の道

徳的判断，教育心理学研究，**53**(4)，479-490.
林幹士（2013）学童保育における保育者は子ども同士をどのようにつなげようとしているのか？：修正版グラウンデッド・セオリー・アプローチ（M-GTA）を用いた保育者の語り分析から（第1部 自由論文），保育学研究，**51**(2)，245-256.
平山許江（2003）保育の現状に関する社会規範からの検討：「自由保育」と「環境の構成」の概念ついて，日本保育学会大会発表論文集，**56**，534-535.
岩立京子（2008）幼稚園教育 規範意識の芽生えを培う，初等教育資料837，東洋館出版社，90-96.
柏まり・田中亨胤（2003）教師と幼児との関係構築過程における園生活のきまり修得 規範概念にかかわる先行研究の整理を通して，幼年児童教育研究，**15**，9-16.
木下康仁（2003）「グラウンデッド・セオリー・アプローチの実践 質的研究への誘い」弘文堂
木下康仁（2007）「ライブ講義M-GTA 実践的質的研究法」弘文堂
Nucci, L. P. & Turiel, E（1978）Social Interactions and the Development of Social Concepts in Preschool Children, *Child Development*, **Vol.49**, No.2, 400-407.
本吉圓子（1993）「ここがちがう放任保育と任せる保育」萌文書林
椋木香子（2011）幼児教育施設での道徳性育成の方法に関する一考察，宮崎学園短期大学紀要，**4**，103-109.
岡田敬司（2006）「かかわりの教育学 教育役割くずし試論 増補版」ミネルヴァ書房
Smetana. J. G.（1981）Preschool Children's Conceptions of Moral and Social Rules, *Child Development*, **Vol.52**, No.4, 1333-1336.
首藤敏元（2012）幼児教育 規範意識の芽生えを培う指導，初等教育資料，**892**，東洋館出版社，86-89.
首藤敏元・二宮克美（2002）幼児の社会道徳的逸脱に対する教師の働きかけ方，埼玉大学紀要 教育学部 教育科学，**51**(2)，17-23.
首藤敏元・岡島京子（1986）子どもの社会的ルール概念，筑波大学心理学研究，**8**，87-98.
田中浩司（2010）年長クラスにおける鬼ごっこの指導プロセス：M-GTAを用いた保育者へのインタビューデータの分析，教育心理学研究，**58**(2)，212-223.

第9章　研究成果と課題

第1節　各章における研究成果

Ⅰ．研究の理論的枠組み
第1章　幼児期の規範意識の形成に関する概念定義と諸論

　第1章では，本研究のテーマの主要な概念である「規範」及び「規範意識」という用語が，本研究の内容に関連すると思われる学問領域においてどのような概念として扱われているのか，辞典から考察を行った。

　各学問領域における規範の定義をみていくと，それぞれに強調される要素が異なっていた。哲学の領域においては当為性が強調され，社会学においては，集団における同調の要求，それに伴うサンクションとの関係が強調されていた。また，「望ましさ」といった価値が共有されたものとして示されていた。教育学では，教育という営みそのものが社会への適応を目指されたものであり，規範や価値の伝達を含むものであることから，特定の領域に偏らず，哲学領域，社会学領域の双方の要素が包括されていた。そして，「期待」や「目標」といった概念が含まれ，「規範」が「期待される行動」として扱われている点が特徴的であった。また，心理学の領域においては，規範という概念は道徳性に包括され，道徳性のなかでも慣習的な要素を強調したものとして扱われていた。

　本研究は，幼児期の規範意識の形成について，幼児教育の立場から検討するものであることから，教育学の概念で示される規範及び規範意識の概念に依拠しつつ，以下のように定義した。

「規範と規範意識」

　規範とは，「幼児の集団社会において，そうすること，またはしないことが期待された行動様式であり，基準となる価値概念が含まれる。顕示的，暗黙的にかかわらず指示，奨励される当為命題のことを示し，サンクション（賞賛，非難，制止などの拘束によってその価値を実現化）を伴うもの」とした。

　規範意識とは，一般に規範に対する意識である。上杉（2011）は「規範意識」とは，「規範」として存在する事柄を各自がどのように内面化するかということであり，"外的規範を個人が自分の中に取り入れる枠組み" および取り入れた結果としての "内なる規範" と表現することができる，と述べる。

　また，「価値意識のうち，規範とのかかわりによって生ずる意識。」（大坪，2002）ともいわれる。以上から，社会に存在する規範とのかかわりから生じた個人の規範に対する意識を総じて規範意識と定義した。

「道徳的規範」

　「規範」の機能や役割は多様であり，また，機能の重要度，形式性の具備いかんなどの相違によって慣習，モーレス，伝統，因襲，流行，法，道徳などの種類に大別することができる（大坪，1973）。また，認知発達の側面から社会的規範の構造を示した Turiel（1983）は「領域特殊理論（domain specific theory）」を提唱し，社会的規範には3つの領域が存在することを示した。その領域は，「道徳」領域に分類されるもの，「社会的慣習」領域に分類されるもの，「個人」に分類されるものがある。そして，「社会的慣習」領域，は社会システムに関する概念を基盤としているのに対し，「道徳的規範」は正義や福祉，権利といった価値概念を基盤としているのが特徴である（3つ目の「個人」領域は個人内での問題であり，自己概念を基盤としている）。

　Turiel の理論に基づき，岩立（2008）は規範について，「私たちが生きる社会には様々な規則がある。規則のうち，その社会に広く受け入れられ，それらに沿うことが期待されているものを "規範" という。規範は，いつ，どの文化や社会においても，誰にとっても守らねばならない普遍的な規範とし

ての"道徳的規範"と，特定の集国内で人々が互いにうまくやっていくための礼儀作法やマナーなどの規範である"慣習的規範"，とに分けられる。これらの規範は，日々の人とのかかわりや生活を通して，個人に内化され，"規範意識"となっていく。」と述べている。

つまり，社会的規範は交通ルールや校則のように，人々の生活や集団としての秩序を維持する役割をもつ「社会的慣習的規範」と，嘘をつかない，ルールを守る（正義），相手を心理身体的に傷つけない，尊重する（福祉），公平に扱われる（権利）など，人々の心情や尊厳にかかわる「道徳的規範」に分けて捉えられる。本研究では，人格形成に影響を与えると考えられる後者の「道徳的規範」に焦点化した研究を行っていく。

第2章 幼児の規範意識の形成に関する先行研究の分析と本研究の位置づけ

第2章では，幼児の規範意識の形成に関する先行研究の整理を行い，その中で幼児の規範意識とはどのような視点で捉えられてきたのか，今後幼児の規範意識を捉える上でどのような視点の研究が必要であるのか検討した。先行研究を整理した結果，その内容は「子ども及び子ども同士」，「子どもと保育者」，「保育者や教育方針」，の3つの内容に大別できた。

第1節「子ども及び子ども同士に焦点化した研究」では，1認知発達研究，2子ども同士の規範共有に分類される研究があった。1認知発達研究に類する研究は研究数が最も多く，幼児期では3.4歳頃から既に善悪の判断を規定する規範意識が見られることが多方向から明らかにされている。しかし，これまでの研究の中で扱われてきた課題は道徳領域の例話でも，「嫌がらせ（嘔吐場面）」「暴力場面」「順番を抜かす」（首藤・岡島：1986，首藤・二宮，2002：越中，2006）といった内容が中心となっていた。一方，保育実践の中では「他者が嫌がる（傷つける）言動」が道徳的規範にかかわる問題として生じていることが明らかとなり，その中でも心理的な攻撃的意図が伺える内容（身体的特徴や能力について否定的な言葉を投げかけるなど）が見られた。こうし

た内容は本人の尊厳にかかわるものであり相手を心理的に傷つける可能性が高いといえ，幼児期においても看過できない場面も見られる。しかし，このような規範的問題がこれまでの研究の中で十分に取り上げられてきたとはいえず，このような内容に対しての子どもの認識については十分に明らかにされていなかった。

　また，2子ども同士の規範共有に関する研究では，協同的な活動や遊びの展開を集団の相互作用全体から分析することで，道徳性や規範意識，集団遊びにおける規範の機能などが検討されてきた。しかし，個々の幼児に焦点化した研究は少なく，一人一人の幼児の規範意識の発達過程や成長を促した要因について検討したものがきわめて少ない。したがって，個々の幼児に焦点化し，規範意識の発達過程を追うことで，その発達の道筋を捉え，他の例への汎用を検討する必要性が考えられた。

　次に第2節「子どもと保育者に焦点化した研究」では，3保育者が示す規範と子どもの規範意識に関する研究，4指導方法・教育内容に関する研究があった。

　保育者が示す規範と子どもの規範意識に関する研究では，保育実践の比較や継続観察を通して規範意識の形成を促す保育者の役割，在り方が検討されている。そして，保育者の指示的な働きかけよりも協同的・相互尊重に基づく保育が子どもの道徳性や規範意識の形成を促すことが示されている。

　また，具体的な指導方法や教育内容に関する研究では，ゲームを中心とした規則性のある遊びや協同遊び（活動）が取り上げられ，日常生活の中では当番活動や片付け，動植物の飼育栽培といった責任を伴う活動などが，道徳性の発達を促す教育活動として推奨されている。またその中で，保育者に望まれる役割や，保育者と子どもの関係性のあり方が示されている。しかし，実際の保育は様々な人間関係の中で展開してゆく性質のものであり，クラス集団に参加する子どもの状態も日々一定ではない。したがって，クラス集団レベルで保育者と子どもの関係性がどのようにあるべきなのかを問うだけで

はなく，保育者が規範形成に課題を感じ，かかわりに困難を感じた個々の子どものケースを分析し，その変化や指導法について実践場面に応じた指導方法について検討する必要が確認された。

第3節「保育者や教育方針に焦点化した研究」では，5保育者の保育観，6保育・教育理念に関する研究があった。保育者の保育観に関する研究からは，保育者は幼児の規範意識を利他的・向社会的な行動から捉える傾向にあること，特に他者の尊厳にかかわる規範を重大なものと捉える傾向性が示された。しかし，子どもが規範逸脱行為を行った場合に保育者がどのようにかかわるのかについては，規範の内容によってその対応が変化するだけではなく，年齢や子どもの理解力，その行為に及ぶ経緯など複数の要因から考慮してなされることが推測される。さらに，個々の保育者の園の教育方針や園文化，保育者自身の経験といった保育者内の要因の影響も考えられる。そのため，保育者が子どものどのような側面を指導の観点としているのか保育者内の要因も含めた研究が課題に挙げられた。

また，保育・教育理念に関する研究からは，『幼稚園教育要領』や『幼稚園における道徳性の芽生えを培うための事例集』などの教育指針からの分析や，道徳教育・規範指導の在り方の提案，幼児教育の特質との関連から課題を論じる研究が見られた。教育指針を分析する研究では，具体的な指導の在り方の不明瞭さが指摘されていた。このことは，教育指針に示される方向と子どもの実態を結び付けて保育実践に反映させていくことの難しさがその根底に存在するように思われる。

したがって，保育現場で保育者が指導やかかわりの難しさを感じる子どもはどのような実態があるのかを明らかにし，その指導の在り方について議論するための土台となる研究が必要であると考えた。

第3章　道徳的規範意識の形成を促す教育の可能性

第3章では，幼児の道徳的規範意識の形成を促す保育者のかかわりを教育

学的視点から検討するため,「自律的な判断力を身につけ,自律性を獲得していく」ことを教育の中心的課題と位置付ける岡田（2006）の示す「教育的かかわりの四類型」を概観し,保育者の実践を検討する際の視点として援用した。

　教育は,規範的価値への気づきを子どもに促すものであり,そこに教育者の教育的かかわりは不可欠である。同時に,子どもを学びの主体と捉え,「主体性」を尊重することは保育の基調となることである。道徳性や規範意識の形成に際してもこの主体性を促すことは中心的課題とされる。しかし,対極の関係にならざるを得ない場合も多い「主体性」と「指導性」の問題は,基本的な善悪の枠組みや規範意識が形成されていく時期である幼児期の教育においてどのように実践されうるのだろうか。この課題に対応するため,自律性の獲得を教育の中心的課題と位置付ける岡田（2006）の示す「教育的かかわりの四類型」を保育者の実践を捉える際の視点として援用し,その後の分析に用いることとした。

Ⅱ．実証的研究

第5章　幼児の園生活における規範意識の実態に関する実証的研究

　第1節では,幼児の規範意識が表出する場面の検討を行った。結果,幼児の日常生活の中で規範意識が表出される場面として捉えられている場面は,《話を聞く場面》《片付け場面》《集団活動への参加場面》《慣習的場面》《公共物の使用場面》《協同を目的とする意見の摺合せ場面》といった慣習的内容だった。一方,遊びの中で規範意識が表出される場面は《ゲーム遊び場面》《集団遊びの展開場面》《自他の意見の摺合せ場面》《物や玩具の共有場面》いった公平・公正にかかわる内容が示された。

　第2節では「幼児の道徳的規範意識の形成における現状の課題とその要因の分析」から,次の事が明らかとなった。

　1．道徳的規範意識の形成に課題を感じ,特に援助を要すると感じられる

幼児に接した経験をもつ保育者は7割を超え，対象児に挙げられた幼児の年齢は5歳児クラスが最も多くなった。全体的に男児のエピソードの割合が高かったが，仲間入りに関する内容や，欲求を強引に通すような内容は，学年によって女児の割合が有意に高くなった。

また，対象児の課題がみられる場面は，遊びや日常生活問わず，園生活全般でみられる傾向にあることが明らかとなった。このことは，遊びの中で道徳的規範意識の形成を促すような体験をすることが幼児の規範意識の生活的側面へも影響していくことが示唆される。

そして，道徳的規範意識の形成に課題を感じ，特に援助を要する幼児の具体的なエピソードでは，最も多く挙げられた内容は「相手が嫌がる（傷つく）言動」であり，その次に「手が出る，乱暴」な行為であった。このような，相手に不快な感情を与える行為や，危険が及ぶ行為については，社会の中では特に優先される規範であり，周囲とより良い関係を築いていくためには基本として身につけていくことが望まれる規範であることから，こうした内容の道徳的規範の逸脱が著しい場合，道徳的規範意識の育ちに特に課題を感じることが考えられた。

最上位の「相手の嫌がる（傷つける）言動」には，「相手の嫌がることを言う」，「相手を傷つけることを言う」「相手の嫌がることをする」といった具体的内容を含まない記述を示している。但し，「相手が嫌がる（傷つける）」言動について具体的に記されたものについては，その内容をまとめるカテゴリーを設定した（例えば，「相手を叩く」という記述は，「手が出る・乱暴」に分類した。また，「友だちにチビと言う」，「障がいについて否定的な指摘をする」といった具体的な記述のあった内容は「相手を傷つける言動」には含めず「容姿や特性に対し否定的な言葉を言う」に分類した。）。「相手を傷つける言動（心理的な攻撃的意図が伺える内容）」についての具体が示された記述では，「容姿や特性に対し否定的な言葉を言う」が最も多かった。このような問題は「遊び」か「日常生活」といった枠組みでは捉えることのできない内容であり，どのような場

面でも起こり得るものである。そして，このような問題について，保育者がどのようにかかわるのかについてはこれまで殆ど議論されてこなかった問題であり，その実践は，個々の保育者の保育観や園文化等に支えられ，委ねられてきた部分であった。

以上の結果から，筆者が実践の中で問題意識にもった「ゲーム遊びにおける"ずる"」と「他者を傷つける言動」については実践上生じる道徳的規範の問題として多くの保育者が共通に問題意識をもっていることが確認できた。このことから，本研究で取り上げる道徳的規範の課題の一つとして「ゲーム遊びにおける"ずる"」と「相手を傷つける言動」を位置付け，以降の研究を進めた。

第6章　道徳的規範に対する認識の年齢的特徴と実態の発達的変容

第6章では，幼児の道徳的規範に対する認識の年齢的特徴と実態の発達的変容について明らかにするため，第1節「ゲーム遊びにおける"ずる"に対する認識の年齢的特徴と実態の発達的変容」と，第2節「他者を傷つける言動に対する幼児の認識の年齢的特徴」について実証的研究を行った。

幼児の善悪の認識を明らかにする研究は認知発達研究の中で研究が蓄積されており，幼児期では3,4歳頃から既に善悪の判断を規定する規範意識が見られることが多数の調査から明らかにされている。しかし，その検討に使用される道徳領域の例話については，「嘔吐場面」「暴力場面」「順番を抜かす」（首藤・岡島，1986；首藤・二宮，2002；越中2006）といった内容が中心となっており，実際の幼児の遊びの中で見られるゲーム遊びの「ずる」に関する内容は検討されてこなかった。また，相手の身体的特徴や能力について否定的な言葉を投げかける実態などが幼児の実態で見られることも多くの保育者が確認していることをⅡ実証研究の第1章でも明らかにしている。しかし，この問題もまた，これまでの研究の中で殆ど扱われてこなかった内容であることから，研究内容に取り上げられる必要性があった。

1. ゲーム遊びにおける「ずる」に対する認識の年齢的特徴

　ゲーム遊びの「ずる」に対する幼児の認識を，《じゃんけんの後出し》《タッチされたのにタッチされていないように振る舞う》《鬼決めの操作》《タッチされそうになると毎回バリアをする》といった実際に生じた事例を例題化し，その例題に対する幼児の認識の発達について検討した。例題への質問は以下のことを尋ねた。

(1) 例題に対する善悪の判断（例題に示す行動に対して，しても良いと思うか，してはいけないと思うかを尋ねる。）
(2) 「してはいけない」内容の認識：(1)の質問で「してはいけない」と答えた幼児に対し，提示した行動は「悪い」と「ずるい」のどちらに該当すると思うか
(3) 状況依存性判断とその理由：(1)の質問に対して「いけない」と答えた子どもに対し，森川（2008）が示す「状況依存性」判断を参考に，「仕方ない時もある」か「絶対にしてはならないか」を尋ねた。また，質問に対し，「仕方ない時もある」，「絶対にしてはならない」との返答があった場合には，そのように判断した理由について質問した。

　結果，《じゃんけんの後出し》や《タッチされたのにタッチされていないように振る舞う》といったルールの逸脱が明確な行為については4歳児クラスの幼児も5歳児クラスの幼児とほぼ同様の回答傾向を示し，どの学年においても「いけない」と回答していた。また，「悪い」か「ずるい」か，について問うと，「ずるい」と認識している幼児の割合が高くなった。

　一方，《鬼決めの操作》と，《タッチされそうになると毎回バリアをする》といったルールが明確に規定されていない内容に対しては，4歳児クラスの幼児と5歳児クラスの幼児で違いがみられた。4歳児クラスでは，「いけない」と答えたうち，「悪い」と答えた幼児と「ずるい」と答えた幼児が約半数ずつの割合になった。5歳児クラスは「ずるい」と答える幼児が大部分を占めた。そして，「いけない」と答えた判断の理由を問うと，4歳児は「だ

め」「いけない」「嫌」といった，行為そのものを「いけない行為」として理由に挙げる傾向がみられた。

一方，5歳児クラスは「してはいけない」の判断理由に「されたことがある」といった経験に基づいた回答や，「相手」「泣く」といった相手の行動を推測する回答も見られた。このように過去の経験からその後の展開を予測し，それを判断の根拠とする点で学年の相違点が確認された。

以上から，どの例題に対しても4歳児クラスから既に「いけない」という認識を有していることが明らかになった。しかし，明確なルール違反に対しては「ずるい」と回答する傾向がみられるのに対し，ルールとしてのきまりのないの「ずる」に対しては，4歳児は「悪い」と判断する傾向がみられ，「ダメ」と答える回答も増加した。一方，5歳児は全ての例題に対して「いけない」と認識している割合が8割を超える項目が多く，全体的に「ずるい」と回答する割合が高かった。このことは，言葉の理解や認識の発達的差異があることも考えられるが，4歳から5歳にかけて「ずる」の経験内容が増加することで，不平等なことを「ずるい」と認識する幼児が増加する事が考えられた。

2．ゲーム遊びにおける「ずる」の実態と発達的変容

観察研究では，ゲーム遊びにおける「ずる」が最も多く確認されたP男の行動の記録から変容プロセスを明らかにした。その際，他者との相互交渉がP男の意識及び行動の変容を促す要因と繋がっているのかについて検討した。一連のプロセスをみた結果，他者とのかかわりの影響からみると，①望んだ状況にするための同種の「ずる」が一定期間繰り返される。これによって周囲の幼児が「ずる」に対し疑問を抱くようになる②周囲の幼児が「ずる」に対して疑問や不満を抱き，表情に表したり，言葉によって指摘したりするようになる③友だちの指摘を受けることで，自身の行動の意味や結果について考える機会を得る④突然変化はしないが，P男自身が葛藤を解決

する方法を見出しながら徐々に変容していく，という4つの段階を経ていることが明らかとなった。

以上から，ゲーム遊びに参加する際の意識及び行動の変容は友だちとのかかわりから自身の行動の善悪について考える機会が生じたことが重要な要因であることが確認できた。

第1章「幼児の園生活における規範意識の実態に関する実証的研究」の第2節「幼児の道徳的規範意識の形成における現状の課題とその要因の分析」の中で保育者に道徳的規範意識の形成に課題を感じる子どものエピソード及び，その変化を質問した結果では，対象児の言動の変化の要因には「友だちとのかかわりによる変化」に関する内容が全体の36％を占め，最も多かった。このことから，道徳的規範意識の形成には一緒に遊びたい友だちの存在と，その友だちとの葛藤を伴う相互作用がその発達を促す契機となること，特に主張し合える関係の仲間の存在が重要であることが確認できた。

第2節　他者を傷つける言動に対する幼児の認識

第2節　他者を傷つける言動に対する幼児の認識では，3つ例題を設定した。

一つ目は，≪個々の能力に関する例題≫リレーの中でA児が走るのが遅れ，チーム全体が負ける事に繋がった場面で，A児に「遅い」という幼児がいた場合の質問を行った。

二つ目は≪個々の容姿に関する例題≫「片手がない」という容姿が自分とは異なる相手に対して「変だ」という幼児がいた場合についての質問を行った。

三つ目は≪個々の容姿に関する例題≫「片手がない」という容姿が自分とは異なる相手に対して「変だ」と言って笑った幼児がいた場合に，「笑う」という行為ついての質問を行った。

以上の質問に対し，「絶対にいけないこと」か「仕方ない場合もあるか」

という質問を行った。また，その判断の理由も質問した。

　一つ目の例題では，３歳児クラスでも約半数の子どもが「いけない」と回答した。「いけない」と返答する割合は年齢と共に増加し，５歳児クラスでは８割が「いけない」と判断した。更にその理由について問うと，３歳児クラスでは返答が難しい場合が多く，４歳児クラスでは，「かわいそうだから」といった相手に同情を示す回答や，「遅いという言葉がいけない」という，言葉そのものが問題であると捉える回答が多かった。５歳児クラスでは，相手が泣くといったその後に生じる事態や相手との関係性（嫌われるなど）に視点をあてた回答がみられた。このことから，年齢が上がるに従って，相手の能力に否定的な言葉を言うことは，相手の感情を傷つけ，関係性を悪化させることにも繋がるということを理解してくることが示唆された。

　二つ目の例題では，「片手がない」という容姿が自分とは異なる相手に対して「変だ」という幼児がいた場合についての質問を行った。結果，３歳児クラスでは，「仕方ない」と答えた幼児が約３分の１，「いけない」という幼児が約３分の２ほどに分かれた。４歳児クラスでは「仕方がない」と回答する幼児の割合が３歳児と比較して減少し，「いけない」と答えた割合は８割を超した。しかし，その理由については無回答が多い結果となった。理由について回答した場合も，「変だ」と言うことそのものが問題であるという捉え方が確認された。５歳児クラスでは，９割以上の幼児が「いけない」という答えを示し，相手の感情を傷つけることや，相手と自分との関係が悪化することを理由に挙げた幼児が多かった。

　以上から，３歳児クラスの幼児も既に，相手の身体的特徴についても否定的な言葉による指摘することは「望ましい行為ではない」という認識があることが示された。

　３歳児クラスの幼児は，「言葉によって感情が傷つく場合がある」ということの理解が難しい幼児も多いが，理解し始めている幼児も存在し，こうしたことの理解が促される時期であると考えられる。したがって３歳児期にお

いては，特に他者の状況や感情に目を向ける事につながるような保育者の働きかけが求められる時期になると考えられる。

　三つ目の例題では「片手がない」という容姿が自分とは異なる相手に対して「変だ」と言って笑った幼児がいた場合に，「笑う」という行為ついての質問を行った。

　この質問に対しては，3歳児クラスにおいても約半数の幼児が「いけない」と判断している。また，4歳児クラスの幼児は7割以上が「いけない」と答えた。「無回答」の幼児が3歳児と比較して減少した。しかし，理由は答えない割合の方が高かった。5歳児クラスにおいては，8割以上が「いけない」との判断を示した。そして，判断理由も約7割が述べ，「かわいそう」といった相手の立場を考慮する回答や，「傷つく」という共感的要素の窺える回答が確認された。また，「馬鹿にしているみたい」といった回答も見られ，笑いは時として嘲笑の意味をもつことを理解していることが窺える幼児も存在した。

　全体を通じて，それぞれの例題において結果に若干の違いは見られたが，道徳的規範への理解は年齢毎に大まかな傾向として共通性が見られた。

　3歳児クラスでは「他者を傷つける言動」がどのようなものであるのか，理解が難しいことが窺える幼児も存在したが，6割ほどの幼児は「いけない」という理解を示していた。4歳児クラスでは「いけない」と捉える幼児が3歳児クラスよりも増加し，その理由を述べる幼児が増加した。しかし，その内容は，「その言動がいけないことだから」といった理由づけが多かった。このことから，善悪の判断基準が形成されつつあるが，保護者や保育者が過去に伝達していたことを判断基準になっていることが推測された。このことは保育者が日常を通して伝達している規範内容が幼児の善悪の判断理由の基礎に影響していることが指摘できる。また，5歳児クラスでは，相手の感情の推測や相手と自分との関係性悪化を危惧する理由が見られた。ここに，仲間関係の重要性の高まりが示唆される。

以上，第2章ではゲーム遊びにみられる「ずる」の例題と，他者を傷つける言動に対する例題から幼児の道徳的規範に対する認識を明らかにした。結果，他者を傷つける言動に対しては3歳時クラスより，ゲーム遊びにみられる「ずる」に対しても，4歳児クラスより「いけない」という認識を既に有している幼児が多く，5歳児クラスになると8割を超える幼児が「いけない」という理解を示すことが明らかとなった。

また，ゲーム遊びの2年間の縦断的観察研究から，「ずる」が最も多く確認されたP男の行動の記録に着目し，その実態の変容プロセスについて明らかにした。その結果から，ゲーム遊びに参加する際の意識及び行動の変容は「ずる」の体験と「ずる」を巡る友だちとの葛藤的なやりとりが，行動の変容を促す重要な要因となったことが確認できた。

第7章　幼児の規範意識の形成に対する保育者の保育観と指導の実態

第7章　幼児の規範意識の形成に対する保育者の保育観と指導の実態では，1．幼児の規範意識の形成に対する保育観（保育観尺度），2．規範的価値を子どもに伝達する際に重視すること（規範伝達尺度），3．保育観尺度と規範伝達尺度の関連の3つの研究内容で構成している。

まず，1．幼児の規範意識の形成に対する保育観の分析では，「規範意識の形成を促す教育についての保育観」の質問回答に対し，因子分析を行った。その結果，2因子が抽出された。第1因子は自己主張や自己抑制といった自己調整にかかわる内容の項目に高い負荷を示した（因子名「自己調整重視」）。第2因子は他者の心情にかかわる規範や，園生活全般の規範を知りつつ，意図的に逸脱する場合に，注意を促す内容に高い負荷を示した（因子名「規範逸脱注意」）。保育観尺度の下位尺度となった第1因子「自己調整重視」，第2因子「規範逸脱注意」のを従属変数とし，保育者の基本属性（経験年数・園の公私）を独立変数とする2要因の分散分析を行った。その結果，第1因子「自己調整重視」では，交互作用が有意になり，中堅者後期群では，園の公

私によって保育観に違いがみられることが明らかとなった。

　次に2.「規範的価値を子どもに伝達する際に重視すること」を明らかにするため2.「規範意識を育むために子どもに伝達していること」を問う質問紙調査の結果から因子分析を行った。その結果,「経験値」「年齢」「ルール生成」「見守り」「発達・自己充実」「自己主張」,「自己抑制」の7因子が抽出された。

　基本属性（園の公私，経験年数）を独立変数とする2要因分散分析を行った結果，第2因子「年齢」では園の公私という主効果が有意になり（第4因子「年齢」：$F[1, 420] = 5.65, p<.05$），私立幼稚園の保育者の得点が有意に高かった。

　これは公立園では2年保育（受け入れ年齢4歳児〜）を行っている園も多く存在するのに対し，私立園では，3年保育を基本とする園が多く，満3歳児以上を受け入れ年齢に設定する園も増加してきていることが影響していることが考えられる。以上から，在籍する幼児の年齢の幅が広がるほど，年齢が上がるにしたがい，園全体の模範となるよう規範伝達がなされるようになることが考えられる。

　また，第5因子である「発達・自己充実」では，経験年数の主効果が見られ，初任者群が中堅者後期群，熟練者前期群，熟練者後期群よりも高い得点となった。この結果からは，初任者群の方が，実践上重視する視点として，個の発達や充実感を重視する保育者の割合が中堅者以上と比較し，多くなることが窺える。反対に，経験年数群が上がるにしたがって，個の育ちだけではなく，集団的な視点が強くなることが確認された。

　第3因子「ルール生成」と第6因子「自己主張」では交互作用が有意となり，園の公私や経験年数による属性の違いが示された。第3因子である「ルール生成」に対する実践は経験年数と園の公私によって異なる傾向が示され，私立園の方がルール生成にかかわる実践を重視する保育者が多くなる可能性が示された。これは，私立の方が理念や実践に独自性がある場合が考

えられ，園の方針のなかで「我慢強い子」「思いやりのある子」といった道徳的な規律性を重んじる理念を掲げていたり，宗教園などでは宗教的情操教育の観点から生活全体において規律や，ルールを重視する保育者が増加する可能性が考えられ，そのことがこの結果に反映していることが推測された。

　第6因子である「自己主張」は，私立の保育者は初任者群が低く，中堅者前期群にかけて上昇するところが特徴的であった。公立園の保育者は初任者から中堅者後期群にかけて大幅な変化は見られないが，熟練者群では，私立の中堅者とほぼ同じ平均値となった。全体的にみると，初任者群よりも熟練者群の方が自己主張を実践上重視するようになることが共通していた。以上から子どもの自己主張に対する理解の仕方が経験と共に変化すること，熟練者群は経験の増加によって，子どもの自己主張に対して柔軟に対応できるようになること，自分の主張を十分に発揮した後の子どものその後の成長が望ましいものであることが多くなるなどの実践知から，自己主張を実践上重視するようになることも考えられる。

　最後に，保育観と実践がどのように関係するのか検討するため，「規範意識の形成を促す教育についての保育観」として観測された保育観尺度（以下，保育観尺度の下位尺度を「」で示す）と，「規範的価値を子どもに伝達する際に重視すること」として観測された規範伝達尺度（以下，規範伝達尺度の下位尺度を【　】で示す）に対し，相関分析を行った。属性毎（経験年数・園の公私）に検討した結果，全体的にみると，保育観尺度の「自己調整重視」，「規範逸脱注意」共に，規範伝達尺度の【見守り】との関連性は殆ど見られなかった。規範伝達に否定的な保育観を有する保育者は，実践においても規範伝達をすることを避け，自主性を尊重し，見守るというかかわりを基本とする傾向がみられるのではないかと予測していたが，全ての経験年数群において規範に対する保育観と【見守り】の実践は関連性がないことが示された。以上から，【見守り】に関する内容は，規範に対する保育観と相対的に考えられて実践されているのではなく，「○○児の場合はさっき△△したから今は見守る」，

「現在○○が生じているから今のところは見守る」といった個別的,状況的な要因に影響され,実践されていることが考えられた。

　保育観尺度毎に見ると,「自己調整重視」は,【ルール生成】【自己抑制】との有意な相関がみられ,全ての属性で中程度の相関がみられた。また,全ての属性で【自己主張】との有意な相関がみられ,殆どの属性で値が.300以上となった。このことから,「幼児の規範意識の形成を促す教育についての保育者の保育観」(保育観尺度) は,「自己調整重視」の保育観が,【ルール生成】【自己抑制】【自己主張】といった実践を中心に反映される傾向があることが窺える。

　経験年数に着目すると,熟練者後期群は,【見守り】以外のすべての因子と中程度以上の相関を示した。特に,【発達・自己充実】,【自己主張】の相関が他の属性と比較し,高いことが特徴的であった。熟練者群は,実践者としてだけではなく,管理職的立場からの視点が加わる可能性があり,規範伝達を集団的な観点から捉えることが【発達・自己充実】との負の相関が強くなった要因の一つとして考えられる。また,実践経験の蓄積,自らの子育て経験を有する保育者の増加も考えられ,そのことにより子どもの【自己主張】と【自己抑制】を一体の要素として捉えるようになるのかもしれない。

　保育観尺度の「規範逸脱注意」は,【自己主張】との関連が初任者群と中堅者後期群を除き全ての属性で中程度以上となった。この結果から,集団の中での規範を守ることも重要であると考えながらも,受動的で抑制的な育ちを望むだけではなく,周囲との関係性を考慮しながら,自分の主張も発揮することができるような育ちが,規範意識の育成に目指されていることが考えられる。しかし,初任者群のみ,【自己主張】との相関が有意とならなかった。これは,保育理論を学ぶ養成校段階で,子どもの心情を受容することや自発性の重要性を理論として学んできているため,規範の逸脱に対する注意についても,子どもに注意を促すという行為そのものが保育者主導的に規範形成を促しているようにも捉えられ,抵抗を感じる保育者の割合が多くなっ

たことも考えられる。

第8章　幼児の規範意識の形成を促がす保育者の教育的かかわり方の検討

　第8章では，保育現場の中で生じている道徳的規範に関わる問題（《ゲーム遊びに生じる「ずる」》，《他者が嫌がる（傷つく）言動》）はどのような実態がみられるのか，具体的なエピソードの語りから分析した。また，それぞれの園生活で生じる道徳的規範に関わる問題に対して保育者はどのようにかかわることができるのか，その教育的かかわりの具体を M-GTA の分析方法を用いて分析した。そして，園生活で生じる道徳的規範に関わる問題に接した際に保育者がかかわり方を見極め，幼児にかかわっていくプロセスを結果図に示した。幼児の園生活で生じる道徳的規範に関わる問題（《ゲーム遊びに生じる「ずる」》，《他者が嫌がる（傷つく）言動》）によって，そのかかわり方の具体は異なるが，共通して見られた点は以下の通りである。

　《実態を把握する》カテゴリーから《かかわり方の判断》を通して，《教育的かかわり》カテゴリーへと流れていくのであるが，保育者はまず，園生活で生じる道徳的規範に関わる問題（《ゲーム遊びに生じる「ずる」》，《他者が嫌がる（傷つく）言動》）が生じた際に，その言動がみられた要因や状況を把握する《実態を把握する》といった行動を行う。その状況から，対象児の意図の推測や言動の意味理解をし，その緊急性や重大性，子どもの理解力や思考力を勘案して《かかわり方の判断》を行っていく。実際のかかわり方を課題ごとに見ると，《ゲーム遊びに生じる「ずる」》課題に対しては，〈権威的かかわり〉や〈認知葛藤的かかわり〉といった自己決定を促していくことを重視するかかわりが多く見られた。

　一方，《他者が嫌がる（傷つく）言動》の場合には意図性が判断の基点となり，①否定的な意図やふざけの意図，攻撃的意図をもっていることが明らかであり，許容される余地がないと捉える場合②否定的な意図やふざけの意図，攻撃的意図が含まれている可能性も窺えるが許容される余地があると考えら

れる場合，③否定的な意図やふざけの意図，攻撃的意図がなく行ってしまった場合に大きく分類して捉えられていた。そして，①否定的な意図やふざけの意図，攻撃的意図をもっていることが明らかであり，許容される余地がないと保育者が捉える場合には，〈権力的かかわり〉の中でも厳しさを含むかかわりを中心とすることが明らかとなった。

　しかし，"心理・身体的に相手を傷つける言動"がみられた場合には，②否定的な意図やふざけの意図，攻撃的意図が含まれている可能性も窺えるが許容される余地があると考えられる場合，③否定的な意図やふざけの意図，攻撃的意図がなく行ってしまったと考えられる場合にも〈権力的かかわり〉に分類されるかかわりが幅広く行われていることが明らかとなった。つまり，保育者は子どもの言動を把握することによってある程度かかわりの方向を規定していることが示唆され，幼児の理解力や判断力，言動の意図を推察することによってかかわり方の具体を判断していることが明らかとなった。

第2節　研究成果からの提言と今後の課題

　本研究の目的は，幼児の道徳的規範意識の実態を明らかにし，道徳的規範意識の形成を促す保育者の教育的かかわりについて明らかにすることであった。

　そのために，

①幼児の道徳的規範に対する認識と実態を年齢という発達的枠組みから実証的に示す。

②保育者が幼児の規範意識の形成に対してどのように捉えており，保育実践が行われているのか，その実践傾向について明らかにする。また，園生活で生じる道徳的規範に関わる問題が生じた際に，保育者はどのようにかかわり方を見極め，かかわっていくのかについて保育者の実践知を体系的に図式化する。

③①と②を踏まえ，幼児の道徳的規範意識の実態に応じた教育的かかわりの

フレームワークを実践への応用を目的に提案する。

以上の3点を研究の目的としていた。以下に研究成果の概要を述べる。

① **幼児の道徳的規範に対する認識と実態を年齢という発達的枠組みから実証的に示す。**

　道徳的規範に関する課題として行ったインタビュー調査から，幼児はゲーム遊びの「ずる」や「他者が傷つく言動をとる」といった道徳的規範にかかわる問題について，「してはいけない」行為であると認識している幼児の割合が全体的に高いことが明らかとなった。

　そして，年齢が高まるにしたがって，その理解や判断を促す理由が明確化し，他者との関係性を考慮した回答や，相手の感情を推測する理由，その後に生じる展開を予測する理由を述べる幼児が増加した。そしてこの結果はゲーム遊びの「ずる」と「他者が傷つく言動をとる」の2つの課題に共通していた。

　ゲーム遊びの「ずる」の調査では4歳児クラス，5歳児クラスを対象にしている。《じゃんけんの後出し》や《タッチされたのにタッチされていないように振る舞う》といったルールの逸脱が明確な行為については4歳児クラスの幼児も5歳児クラスの幼児とほぼ同様の回答傾向を示し，「ずるい」と回答する幼児が多かった。

　一方，《鬼決めの操作》と，《タッチされそうになると毎回バリアをする》については，4歳児クラスの幼児と5歳児クラスの幼児で違いがみられた。具体的には，《鬼決めの操作》は，4歳児クラスの幼児では，「鬼決め」をしたことがない幼児も存在し，経験のない幼児は無回答も多かった。「鬼決め」をしたことがある幼児も「悪い」行為として捉えている幼児の方が若干多かった。そして，その理由にも，「ダメ」「悪い」など禁止事項であるから，といった理由や，「鬼」「変える」など，事実のみを答える実態があった。「面白くない」という回答のみ，体験に基づいた回答である可能性も考えら

れるが，全体的にその理由は詳しく述べられない傾向にあった。

そして，5歳児クラスでは，6割以上が「ずるい」と回答しており，その回答内容も「されたことがある」などの経験に基づいた回答や，「わざと」など意図を考慮する内容がみられた。

《タッチされそうになると毎回バリアをする》については，「してもいい」と回答する割合が4歳児クラス，5歳児クラス共にもっとも高い結果となった。これは「バリア」は鬼に捕まることを拒否できる方略として広く認知されている行為であることが理由に考えられる。

5歳児クラスでは毎回バリアをした結果を推測することによって「いけない」と判断する幼児もいれば，「先生が言っていた」ことを理由に挙げる幼児も存在した。

「ルール」として決定していない事柄は，ルールによって規制されることはなく，毎回バリアをしても「逸脱行為」として周囲に責められることはない。しかし，全員が毎回「バリア」をした場合，遊びは成立しなくなる。このように，「毎回バリアをする」と言う事態が生じた場合に，それを防止するために「バリアの回数を決める」「バリアをなしにする」というルールを必要に応じて追加していくことも考えられる。しかし，「ルールにはないが，○○のようにした方が良い」という個々の気づきを促すこともまた，道徳的規範意識の形成には必要なことのように思われる。それは，ルールの有無で行動の是非を決定することが増えることで，「ルールがなければ何をしても良い」など，ルールの有無が判断基準の中心となっていく可能性も考えられるからである。そのように考えると，必ずしも「ルール」の設定は積極的に行うことが良いとは限らないのではないかと思われる。

しかし，このような「ルールの無設定」による「自主的な気づきによる行動調性」が期待できるのは，自分の行動と遊び全体の関係について考慮することができる程の発達にあることが前提となり，それが難しい場合，遊びが崩壊していく可能性が多分にあるだろう。

この点については幼児の年齢やゲーム遊びの経験値，参加する幼児の自己調整能力などを考慮しながら保育展開していく必要があるといえる。

また，観察研究から，「ずる」が最も多く確認されたＰ男の行動の記録から意識の変容プロセスを明らかにした。その結果，Ｐ男は，4歳児期から5歳児期にかけて「ずる」を繰り返し，周囲からの否定的反応を受け，葛藤的体験を通して道徳的規範意識が形成されていったことが明らかになった。またその内容も年齢に伴って，明らかなずるから隠蔽性のあるずるへと変化していった過程があった。そして，そのたびに，一緒に遊ぶ友だちから指摘を受けるようになり，行動が変化していった。

麻生（2011）は，子どもが「悪い」とわかっていることを自覚しつつ「悪い」ことをすることは発達的な意味があると述べており，「善」と「悪」との価値基準を子どもたちが自分のものにし，倫理を生み出す過程で必要なことのようである，と述べている。もちろん，大人がそれを推奨することはあってはならいことを前提にしながら，大人の目が届きすぎる現代において，「悪」をなすチャンスが失なわれていることを危惧している。

必ずしも「ずる」＝悪とは断定できないが，幼児の認識では，ゲーム遊びの「ずる」は「いけない」こととされる傾向にあった。麻生（2011）の指摘のように，ずるの体験は行動の善悪の基準が形成される幼児期において，経験する必要のある道徳的規範問題のように思われ，道徳的規範意識の形成が促される要因には，「道徳的規範の逸脱行為」の体験もまた関連していることが観察研究からも指摘できる。

しかし，このような道徳的規範の逸脱行為の経験が道徳的規範意識の形成に寄与する場合ばかりではいことも考えられ，そのような行動が繰り返され，周囲から否定的な反応を受けても変化しない場合もある。そうした場合にはまた異なるかかわり方を考えていく必要があるだろう。

②保育者が幼児の規範意識の形成に対してどのように捉えており，保育実践が行われているのか，その実践傾向について明らかにする。また，園生活で生じる道徳的規範に関わる問題が生じた際に，保育者はどのようにかかわり方を見極め，かかわっていくのかについて保育者の実践知を体系的に図式化する。

「規範意識の形成を促す教育についての保育観（保育観尺度）」は，因子分析の結果，2つの因子で捉えることができた。第1因子「自己調整重視」は自己主張や自己抑制といった自己調整にかかわる内容となった。第2因子「規範逸脱注意」は他者の心情にかかわる規範や，園生活全般の規範を知りつつ，意図的に逸脱する場合に，注意を促す内容となった。

第1因子「自己調整重視」は保育者の中で最も人数の割合の多い中堅者後期群に，園の公私による差が見られ，私立幼稚園が有意に高くなった。そして，公立幼稚園の保育者は，中堅者後期群は得点が低いが，熟練者群で上昇した。この違いは，園の中での役割によってその意識が変化することがその要因に考えられた。すなわち，私立幼稚園の保育者の方が，平均年齢が6年低く，中堅者後期群になると，保育実践上リーダー的な役割や，主任などの管理職的役割をも担う保育者が増加することが考えられる。園全体の指導的，管理職的立場になることによって規範に対する保育観が変化し，強まっていくことも推測された。

また，「規範的価値を子どもに伝達する際に重視すること（規範伝達尺度）」については，因子分析の結果，「経験値」「年齢」「ルール生成」「見守り」「発達・自己充実」「自己主張」「自己抑制」の7因子が抽出された。

抽出された7因子に対し，基本属性（園の公私，経験年数）を独立変数とする2要因分散分析を行った結果，第5因子である「発達・自己充実」では，経験年数の主効果が見られ，初任者群が中堅者後期群，熟練者前期群，熟練者後期群よりも高い得点となった。この結果からは，初任者群の方が，実践上重視する視点として，個の発達や充実感を重視する保育者の割合が中堅者

以上と比較し，多くなることが窺える。反対に，経験年数群が上がるにしたがって，個の育ちだけではなく，集団的な視点を実践上重視するようになることが考えられた。

　第3因子「ルール生成」と第6因子「自己主張」では交互作用が有意となり，園の公私や経験年数による属性の違いが示された。第3因子である「ルール生成」に対する実践は経験年数と園の公私によって異なる傾向が示され，私立園の方がルール生成にかかわる実践を重視する保育者が多くなる可能性が示された。これは，私立の方が理念や実践上の独自性がある場合が考えられ，園の方針のなかで「我慢強い子」「思いやりのある子」といった道徳的な規律性を重んじる理念を掲げていたり，宗教園などでは宗教的情操教育の観点から生活全体において規律や，ルールを重視する保育者が増加する可能性が考えられ，そのことがこの結果に反映していることが推測された。

　第6因子である「自己主張」は，私立の保育者は初任者群が低く，中堅者前期にかけて上昇するところが特徴的であった。公立園の保育者は初任者群から中堅者後期群にかけて大幅な変化は見られないが，熟練者（前期・後期）群では，私立の中堅者とほぼ同じ平均値となった。全体的にみると，初任者群よりも熟練者（前期・後期）群の方が自己主張を実践上重視するようになることが共通していた。子どもの自己主張に対する理解の仕方は，経験と共に変化すること，熟練者群は経験の増加によって，子どもの自己主張に対して柔軟に対応できるようになること，自分の主張を十分に発揮した後の子どものその後の成長が望ましいものであることが多くなるなどの実践知から，自己主張を実践上重視するようになることも考えられる。

　保育観尺度と規範伝達尺度の関連性についてみると，全体的には，保育観尺度の「自己調整重視」，「規範逸脱注意」共に，規範伝達尺度の【自主性・見守り】との関連は見られなかった（以降，保育観尺度の下位尺度を「　」，規範伝達尺度の下位尺度を【　】で示す）。

　規範伝達に否定的な保育観を有する保育者は，実践においても規範伝達を

することを避け，自主性を尊重し，見守るというかかわりを基本とする傾向がみられるのではないかと予測していた。しかし，全ての経験年数群において有意な相関がみられなかったことから，規範に対する保育観と【自主性・見守り】の実践は関連するとは言えないことが示された。【自主性・見守り】に関する内容は，規範に対する保育観と相対的に考えられて実践されているのではなく，「〇〇児の場合はさっき△△したから今は見守る」，「現在〇〇が生じているから今のところは自主性を尊重し，見守る」といった個別的，状況的に判断され，実践されていることが考えられる。

保育観尺度毎に見ると，「自己調整重視」の保育観が，【ルール生成】【自己抑制】【自己主張】といった実践を中心に反映される傾向があることが示された。

経験年数に着目すると，熟練者後期は，【見守り】以外のすべての因子と中程度以上の相関を示した。特に，【発達・自己充実】，【自己主張】の相関が他の属性と比較し，高いことが特徴的であった。熟練者群は，実践者としてだけではなく，管理職的立場からの視点が加わる可能性があり，規範伝達を集団的な観点から捉えることが【発達・自己充実】との負の相関が強くなった要因の一つとして考えられる。また，実践経験の蓄積，自らの子育て経験を有する保育者の増加も考えられ，そのことにより子どもの【自己主張】と【自己抑制】を一体の要素として捉えるようになることも要因の一つに考えられる。

保育観尺度の「規範逸脱注意」は，【自己主張】との関連が初任者群と中堅者後期群を除き中程度以上となった。この結果から，集団の中での規範を守ることも重要であると考えながらも，受動的で抑制的な育ちを望むだけではなく，周囲との関係性を考慮しながら，必要に応じで抑制し，同時に自分の主張も発揮することができるような育ちが，規範意識の育成に目指されていることが考えられる。

しかし，初任者群のみ，【自己主張】との相関が有意とならなかった。こ

れは，保育理論を学ぶ養成校段階で，子どもの心情を受容することや自発性の重要性を理論として学んできているため，規範の逸脱に対する注意についても，子どもに注意を促すという行為そのものが保育者主導的に規範形成を促しているようにも捉えられ，抵抗を感じる保育者の割合が多くなったことも考えられる。

　保育者に対するインタビュー調査の結果から，園生活で生じる道徳的規範に関わる問題が生じた際に，保育者はどのようにかかわり方を見極め，かかわっていくのかについて，M-GTA の分析により，保育者の実践知を体系的に図式化した。

　幼児の園生活で生じる道徳的規範に関わる問題であった，ゲーム遊びに生じる「ずる」と他者が嫌がる（傷つく）言動についてのかかわりは，全体に共通して《実態を把握する》カテゴリーから《かかわり方の判断》カテゴリーを通して，《教育的かかわり》カテゴリーへと流れていくことが示された。

　ゲーム遊びに生じる「ずる」に対して保育者は，子どものゲームのルールに対する認識の在り方によってかかわりを変化させていた。そして，ゲームに参加する幼児に「ずる」がみられ，そのことに対して問題意識をもつ幼児が出てくる時期をかかわりを判断する基点としていた。そして，子どもの理解力や判断力に応じて，またその後に起こる子ども同士のやりとりや遊びの展開を自らの経験をもとに推測し，かかわりを決定していくことも明らかとなった。

　ゲーム遊びに生じる「ずる」に対して，具体的なかかわりについては，基本的には〈権威的かかわり〉と，〈認知葛藤的かかわり〉を中心としていることが示された。また，〈認知葛藤的かかわり〉は対象となる幼児や，その周囲の幼児の思考力や判断力が，対峙する「ずる」の問題に対して周囲と共に解決していく力があると判断された場合に行われていた。

しかし，幼児同士の力関係によって遊びが展開したり，特定の幼児が力関係によってずるを行っている場合には，〈権威的かかわり〉や〈権力的かかわり〉が行われていた。

他者が嫌がる（傷つく）言動についてのかかわりは，「友だちの嫌がる（傷つく）言動をとった」側の幼児に問題意識をもち"意図の推察と理解"をする場合と，「嫌な言動を受けている」側の幼児に問題意識を持ち"不満を表明できない子どもの問題を考える"場合があった。そして，"心理・身体的に相手を傷つける言動"が生じる場合には「友だちの嫌がる言動をとった」側の幼児の問題として捉えられることが多く，"主従的な関係が生じる"場合には，「嫌な言動を受けている」側の幼児の問題として捉えられることが多かった。

また，かかわりを判断する際に，子どもの意図性について考慮しており，①否定的な意図やふざけの意図，攻撃的意図をもっていることが明らかであり，許容される余地がないと保育者が捉える場合には，〈権力的かかわり〉の中でも厳しさを含むかかわりを中心としていることが明らかとなった。ただ，〈権力的かかわり〉による伝達だけではなく，自主的な気づきを促すために，〈権威的かかわり〉への移行を促していることが窺え，その主要となるコアキーワードとして，"Ⅰメッセージによる感情の伝達"，といった概念が生成された。この概念は，保育者自らを主語にしながら「私は嫌だ」ということを伝達するものであった。この"Ⅰメッセージによる感情の伝達"のかかわり方を複数の保育者が実践している語りがあったことから，有効なかかわりとして保育者に認識され，実践されていることが窺える。このように，保育者との関係性の中で感情に訴えるということは，保育者と子どもとの信頼関係が強いほど，子どもに強く影響を与えるメッセージになるのだろう。

③①と②を踏まえ，幼児の道徳的規範意識の実態に応じた教育的かかわりのフレームワークを実践への応用を目的に提案する。

　保育者は道徳的規範にかかわる問題に接した際に「相手の立場や思いを伝えた」や「相手の立場を自分に置き換えて考えるよう話をした」など，相手の感情に気付くようなかかわりを中心としていることが明らかとなった（第5章－第2節-2）。

　しかし，道徳的規範意識の形成に課題を感じ，特に援助を要すると感じられる幼児の言動の要因に「共感性の発達の未熟さ」が上位に挙がった（第5章－第2節-2）。

　以上を踏まえると，「相手の立場に立って考えるよう促す」といったかかわりがなされる傾向にあるものの，「共感性の未熟さ」が要因に挙げられていることから，相手の立場に立つような話が子ども自身に実感されにくいことも考えられる。

　また，第6章「幼児の道徳的規範に対する認識と実態」の結果から，《ゲーム遊びの「ずる」》に対しても，《他者を傷つける言動》に対しても，インタビューの例話として捉える場合には「いけない」ということを理解している幼児が多いことが示された。《ゲーム遊びの「ずる」》については，4歳児クラスの幼児から既に殆どの幼児が，質問に対して，「いけない」と答えた。そして，相手が傷つく言動に対しては3歳児クラスの幼児でも，半数以上（内容によっては6割以上）が「いけない」と答えていた。このことから，3歳児，4歳児クラスから既に道徳的規範への認識があることが明らかとなった。しかし，その理由については各学年の特徴がみられ，3歳児クラス，4歳児クラスの幼児は，「行為そのものがいけない」という回答を示す傾向性がみられた。また，身近な大人が伝達していると思われる内容も挙げられていた。個々の子どもの理解力等によって保育者のかかわり方も変化させていく必要があるが，3歳児クラス，4歳児クラスの時期からそれをしないことが望ましい理由について，複数の視点の理由があることを折に触れて伝え

ていく必要があるだろう。例えば、「相手が悲しむ」「相手が嫌がる」といった対象者の感情だけではなく、「○○だから先生も嫌だ」と言うことや、「それを聞いている周囲の友だちも嫌がる」といった、社会的な視点があること、場合によっては、「社会において絶対に許されない言動である」ということを明確に伝えていく必要がある場合も考えられる。こうした明確な価値の伝達とともに、強制力を伴うかかわりは、「権力的かかわり」に該当することが考えられるが、子どもの理解力や判断力に応じて「権威的かかわり」への移行を促し、どのようにふるまうべきか自己決定を促す割合を調整していく必要があるだろう。

　岡田（2006）はこのような権威的かかわりを支えるものは子どもから大人への信頼や尊敬であると述べている。権威的かかわりは、子どもが自主的に行動を選択していくことに特徴があるが、その行動の選択の際に、大人が示す「望ましさ」を参照し、自分の世界に取り入れようと選択するのは、大人への信頼と尊敬に促されているからである。

　一方、権力的かかわりは一方的に権力を行使し、価値を伝達していくかかわりであることから、権威的かかわりとは本質的に異なるのであり、権力的かかわりを継続する限り、自律性をベースとするその後のかかわりへと繋がらないことは自明である。

　また、権威的かかわりを支える「信頼」と「尊敬」であるが、それらの形成を促すのは「受容的かかわり」をベースとしたかかわりであると考えられる。それは幼児－保育者の二者間に互いを認め、受容する関係性が構築され、「信頼」と、「尊敬」の形成に繋がることが考えられるからである。

　しかし、権威的かかわりで示される価値の基準はどこまでいっても大人の価値意識に依拠するものであり、子ども自身が思考し、判断するという領域に至っていないところに問題があることが指摘されている（岡田，2006）。教育的権威は決して教育者の支配欲のためではなく、子どもが従属、無力から脱するのを助けるためにこそある。それゆえ、最終的には自分自身が行動の

善悪を判断し，自分自身を承認する存在への育成を目指すものであり，そのために段階を経て「認知葛藤的かかわり」へ促していく必要がある。

たとえば，ゲーム遊びの「ずる」の実態の縦断的観察からは，道徳的規範意識の形成には一緒に遊びたい友だちの存在と，その友だちとの葛藤を伴う相互交渉がその発達を促す契機となること，特に主張し合える関係の仲間の存在が重要であることが確認された（第6章 - 第1節 -2）。

このようなかかわりは「認知葛藤的かかわり」であり，対等な関係にある者同士が自分の思考の枠組みをもと外界に働きかけ，自分の認識を再構成していく自律的な道徳的規範意識と捉えることができるだろう。

以上の結果をもとに，規範意識の形成を促す保育者のかかわりの提言について，道徳的規範の課題別に述べていきたい。

ゲーム遊びに生じる「ずる」についてのかかわりの提言

ゲーム遊びにおける「ずる」の認識は，4歳児クラスでは《じゃんけんの後出し》や《タッチされたのにタッチされていないように振る舞う》といった明らかなルール違反に該当する行為に対しては「ずるい」と捉える幼児が増加していた。

一方，《鬼決めの操作》のように4歳児クラスの幼児は体験したことが少ない内容や，《タッチされそうになると毎回バリアをする》といった明確なルールが存在しない内容については，「ずるい」よりも「悪い」と答えていた。以上からそのルールに慣れ親しみ，そのルールの構造の理解が深まると，それに反する場合の不公平感が捉えられるようになることが考えられる。そして，何が「ずるい」のかということが実感として理解するようになるのだろう。4歳児クラスでは，全般的に，「いけない」と答えた理由は「ダメだから」や，「悪いから」といった回答が中心となり，その理由となる内容を述べた幼児は少なかった。

4歳児クラスと，5歳児クラスの回答を比較すると，5歳児の方が質問項

目の全体で,「ずるい」と回答した子どもが多くなっている。その理由には,「ルール」,「反則」,「ゲームにならない」,「意味がない」など,規則が遊びの成立に繋がっていることを理由に挙げる回答や,「されたことある」「つまらなくなる」といった自身がその体験をしたことで不快な感情をもったことを理由にする回答も見られた。また,「相手が泣く」「相手がかわいそう」といった,先に生じる展開を予測する内容や相手への同情的な内容もみられた。

この結果から,4歳児クラスから5歳児クラスにかけてゲーム遊びの経験が増加し,実際に「ずる」を体験したり,自ら「ずる」を行ってみることによって,それをしない方がいいということを実感する機会が生じるのではないかと考えられた。

このことは2.ゲーム遊びにおける「ずる」の実態と発達的変容についての分析の中にもみられ,「ずる」に対して不快な感情をもった周囲の幼児が「ずる」を行う幼児(P男)に不快感を示すことによって,徐々にP男の行動が変化していく様子が確認されていた。

佐伯(1975)は道徳が本当にわかるためには,「A:その人は命題Xについて経験を通してその「よさ」を信じるに至る,B:命題Xは善である,C:その人は命題Xが善であることを正当づけるにふさわしい理由をもつ」という理解の道筋を経て道徳は「本当にわかる」ものとなることを述べている。このように,「ずる」を経験する事もまた,規範の必要性を実感に伴って理解するために必要な体験であることが考えられる。以上から,子ども同士で「ずる」について向き合い,なぜその行為がいけないのかについて気づくための場を保育者は保証していく必要があるといえるだろう。

ゲーム遊びにおける「ずる」にどのようにかかわっているのか,保育者へインタビューを行った結果でも,保育者は,子どものルールへの認識を読み取った上でかかわり方を判断していることが示された(第8章第2節)。そして,「ずる」へのかかわりは,子どもが周囲とルールを共有しはじめ,参加者間にルールの捉え方にギャップが生じる時期をかかわりの基点としている

ことが示された。「ずる」が生じ，問題意識をもつ子が現れると，保育者は問題意識が浮かび上がるように「それってどう？」といった投げかけをしたり，「ルールを再確認」するなどの投げかけをしていた。そして最終的に，問題に対する自己決定を促していく〈権威的かかわり〉を実践していることが明らかとなった。

　さらに，そのかかわりから徐々に《認知葛藤的かかわり》へと転換を促し，"問題意識を生じさせる場の確保"をしたり，"未解決のまま流す"といった子ども同士での気づきを生じさせるためのかかわりへと転換していた。

　反対に，一方的なふるまいや，力関係によって遊びが展開している場合には"「見ていた」ことの示唆"をしたり，"役割転換の場を設定する""善悪の伝達""ルールの徹底"といった〈権力的かかわり〉がなされていた。このことによって，ゲーム遊びの基盤となる「公平な立場で遊ぶ」という最低限の規範の枠組みを設定し，共通に理解しなければならないこととして浸透させた上で次の段階へと移行させていっていることが示された。

他者を傷つける言動についてのかかわりの提言

　他者を傷つける言動に対する幼児の認識は2つの例題（≪個々の能力に関する例題≫，≪個々の容姿に関する例題≫）を設定し，インタビューを行った。それぞれの例題において結果に若干の違いは見られたが，道徳的規範への理解は年齢毎に大まかな傾向として共通性が見られた。

　3歳児クラスでは「他者を傷つける言動」がどのようなものであるのか，理解が難しいことが窺える幼児も存在したが，約6割ほどの幼児は「いけない」という理解を示していた。4歳児クラスでは「いけない」と捉える幼児が7割以上となり，その理由を述べる幼児が増加した。しかし，その内容は，「その言動がいけないことだから」といった「規範だから」を理由に挙げる幼児が多かった。以上の結果から，3歳児，4歳児には善悪の判断基準が形成されつつあるが，その理由については自分の考えが確立されたものという

よりは，保護者や保育者が過去に伝達していたことを基に良い・悪いを判断していくことが推測される。このことは保育者が日常を通して伝達している規範内容が幼児の善悪の判断理由の基礎に影響していくことが指摘できる。

また，5歳児クラスでは，言葉の発達や事象への理解も深まり，その理由がより明確に示された。そして相手の感情を推測していることが窺える内容や，相手と自分との関係性悪化を危惧する理由が見られた。ここに，5歳児クラスの仲間関係の重要性の高まりが示唆される。

一方，「お父さんがダメと言うと思う（4歳児クラス）」「先生に怒られる（5歳児クラス）」など，身近な大人の善悪の判断を推測し，それを理由に挙げる幼児も複数見られた。「お父さんがダメと言うと思う（4歳児クラス）」と言う回答からは参照的要素が窺えるが，「先生に怒られる（5歳児クラス）」という回答からは，罰の回避的要素が窺え，5歳児クラスという年齢から発達を考えれば，自律的な判断を促すことの必要性について考えさせられる。つまり，保育者や周囲の大人がどのように子どもに道徳的価値を伝達していくのかについては理解力や，判断力に応じて変化させていくことが重要であることを再確認できる。

保育者へのインタビュー結果からは，「他者が嫌がる言動」が生じた場面で，問題意識をもち，かかわったエピソードには，"心理・身体的に相手を傷つける言動"，"主従的な関係が生じる"，"理由を明示しない排他や拒否"といった実態を中心に語られた。

そして，どのようにかかわるのかの判断については「他者が嫌がる言動をする側」の問題から考える"意図の推察と理解"と，「嫌がる言動をされる側」の問題から考える"不満を表明できない子どもの問題を考える"という視点があることが明らかとなった。

具体的なかかわり方の類型について，岡田（2006）の示す「教育的かかわりの四類型」を援用しながらその内容を分析すると，主に〈権力的かかわり〉と〈権威的かかわり〉に分類されるかかわりを中心としていることが示

された。他者を傷つける言動では，"自己解決力の育成を目指し，見守る"と"矛盾を指摘"のみ〈認知葛藤的かかわり〉に分類されたが，ゲーム遊びにおける「ずる」と比較して〈認知葛藤的かかわり〉が少なかった。このことから，他者を傷つける言動の方が，ゲーム遊びにおける「ずる」と比較して緊急性，重大性が高く，自主的な気づきを待ちにくい問題であることが窺える。

　また，"意図の推察と理解"がなされる段階で，幼児の意図性が大きく3つに判断され，①否定的な意図やふざけの意図，攻撃的意図をもっていることが明らかであり，許容される余地がないと捉える場合②否定的な意図やふざけの意図，攻撃的意図が含まれている可能性も窺えるが許容される余地があると考えられる場合，③否定的な意図やふざけの意図，攻撃的意図がなく行ってしまった場合に大きく分類されていた。中でも，①否定的な意図やふざけの意図，攻撃的意図をもっていることが明らかであり，許容される余地がないと保育者が捉える場合には，〈権力的かかわり〉の中でも厳しさを含むかかわりがなされていることが明らかとなった。しかし，"心理・身体的に相手を傷つける言動"がみられた場合には，②否定的な意図やふざけの意図，攻撃的意図が含まれている可能性も窺えるが許容される余地があると考えられる場合，③否定的な意図やふざけの意図，攻撃的意図がなく行ってしまったと考えられる場合にも《かかわり方の判断》によって〈権力的かかわり〉に分類されるかかわりが幅広く行われていた。

　また，〈権威的かかわり〉に分類されるかかわりには，"Iメッセージによる感情の伝達"，"自分が相手だったらどう思うかを考えるよう促す"といったように，保育者の感情を伝達したり，相手の感情に気付くよう促した上で"その後の態度は委ねる"といった自己選択を促していた。特に"Iメッセージによる感情の伝達"の方法が複数の保育者によって実践されていることから，その経験上有効なかかわりとして保育者に浸透していることが窺える。

以上,「他者が嫌がる言動をとる子どもに対し,保育者がかかわり方を見極め,かかわっていくプロセス」を分析した結果,"心理・身体的に相手を傷つける言動"に対して保育者は積極的に社会的・道徳的規範の価値を幼児に伝達していることが明らかとなった。反対に,本研究の限定された範囲内ではあるが,「他者が嫌がる言動」について「自主的な気づきを待つ」といったかかわりは見られず,どのエピソードにおいても何らかのかかわりが行われていた。このことは,道徳的規範の逸脱内容にも,ゲーム遊びの「ずる」のように状況によっては自主的な気づきを待ち,見守ることも受け入れられている内容と,他者が嫌がる言動のように,「見守る」というかかわりが受け入れられにくい内容が存在することが示唆される。

　第5章で明らかにした道徳的規範意識の形成に課題を感じ,特に援助を要すると感じられる幼児の言動の要因には,「共感性の発達の未熟さ」が上位に挙がった。一方,保育者のかかわりには「相手の立場に立って考えるよう促す」といったかかわりが中心的に行われている傾向にあった。以上を考えると,相手の立場の話を自分のこととして考えることを求めることだけではなく,上記に示した"Iメッセージによる感情の伝達"を手掛かりにしたかかわりを中心に行っていくことも本研究の提案の一つに考えられる。

道徳的規範意識の形成を促す教育的かかわりのフレームワークの提言

　以下に,本調査の結果からの提言を示す。ゲーム遊びにおける"ずる"の実態と発達的変容で,「ずる」が多かった幼児の縦断的観察を通して,遊びの中で生じる「道徳的規範の逸脱行為(ずる)」の経験と,「道徳的規範の逸脱行為(ずる)」を巡る友だちとの葛藤的なやりとりがその発達を促す重要な要因となっていることが明らかとなった。(第6章-第1節-2)。

　また,全国の保育者を対象に行った質問紙調査の結果から,道徳的規範意識の形成に課題を感じ,特に援助を要すると感じられる幼児の言動の変化の要因に,「友だちとのかかわり」に関する内容が最も多く挙げられていた。

友だちとの関係を基礎としながら認識の構造が変化していくかかわりは岡田（2006）の示す〈認知葛藤的かかわり〉と照合して捉えることができた。

現在，幼児教育全体で道徳性を促す幼児期のプログラムなどでは，認知葛藤的かかわりを中心とした保育展開が推奨されている。

確かに，推奨されるプログラム等で示される保育展開には，幼児が他者と協同的に活動することを通して相手と自分との視点の違いに気付き，幼児同士，保育者と幼児が相互尊敬に基づいて活動を共にする姿が示され，道徳性の形成という観点も含めて理想的な保育展開である。

しかし，このような保育展開は初めから可能となる場合ばかりではない。本研究の第8章幼児の規範意識の形成を促がす保育者の教育的かかわり方の検討では，保育者はゲーム遊びに生じる「ずる」のなかで，幼児のルールへの認識や理解によってかかわり方を変化させていた。そこでは，子ども同士での相互的なやりとりによる気づきから規範意識が形成されていく〈認知葛藤的かかわり〉の前段階として〈権力的かかわり〉や〈権威的かかわり〉が行われていることが示された。このことは，〈認知葛藤的かかわり〉は幼児期全体に当てはめ，奨励することができるかかわりなのではなく，段階を経て可能となるかかわりであることを意味するのではないだろうか。

岡田（2006）は子どもの意思について「闇雲に子どもの個性という名のもとに尊重したのでは，自分勝手な判断力を野放しにするだけになって，下手をすると衝動的，エキセントリックになってしまう恐れもある。認知葛藤的かかわりが子どもが本当に悩みぬいて自分の世界を組み替えているのか，それともエゴを出しているだけなのかという読み取り，読み分けは非常に重要である」と述べている。このことからも，判断の基礎となる考えや他者を理解する視点をもっていなければ認知葛藤的かかわりを実践の中で行なおうとしても，それが自己中心的行動の助長を促すことになり，本来の認知葛藤的かかわりとは乖離していくことが考えられる。

以上から，受容的かかわりを根底にしながら子どもとの信頼関係を基盤と

し，子どもの経験や判断力，思考力によって，保育者がかかわり方を変化させていく必要があると考えられる。そして最終的には他者の視点と自分の視点を通わせ，「自分の判断力を行使する世界になっていく段階（認知葛藤的かかわり）」へと移行を目指していくことが，子どもの自律的な道徳的規範意識の形成に繋がっていくことが考えられる。

「他者を傷つける言動に対するかかわり」については，相手の心情や尊厳を傷つける内容であることから，その緊急性や重大性により，〈権力的かかわり〉や〈権威的かかわり〉を中心としたかかわりがなされ，〈認知葛藤的かかわり〉がなされることが少なかった。それは，「相手の嫌がること（傷つけること）」を言う，するといった対象児の一方的な言動だからであった。嫌がる（傷つく）言動を受けた側の幼児が自ら抵抗を示したり，周囲の幼児が相手の嫌がる言動を行う幼児に不快感を示すなどの相互的なやりとりが出てきた場合には，徐々に〈認知葛藤的かかわり〉へと移行していくことも考えられる。特に，児童期以降では，相手を傷つける言動をとる他者に対して，子ども自身で問題に対処していくことが求められることが多くなるだろう。発達の連続性を考慮する上でも，まずは，〈権力的かかわり〉によって「相手の嫌がること（傷つけること）」は社会的集団の中で共に過ごす相手の一人として，控えるべき言動であるということを，〈受容的かかわり〉を根底にしながら，伝達していくことが必要だろう。そして，〈権威的かかわり〉によって自己判断による行動の調整を促してゆき，〈認知葛藤的かかわり〉への移行を促すことが，「自律的な道徳的規範意識の形成へと繋がっていくのではないかと考えられる。以上から，〈認知葛藤的かかわり〉へと移行させていくことを前提とした〈権力的かかわり〉や〈権威的かかわり〉もまた，教育の基礎として求められることを以下の「図9-1幼児期の道徳的規範意識の形成を促す教育的かかわりのフレームワーク」とともに提言していきたい。

まず，図9-1の説明を示す。権力的かかわり〜権威的かかわり〜認知葛藤的かかわりを示す枠線の太さは，保育者が幼児に示す価値提示の強弱を示し

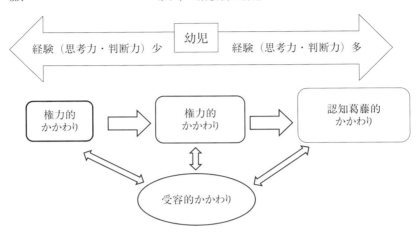

図9-1　幼児期の道徳的規範意識の形成を促す教育的かかわりのフレームワーク

ている。すなわち，太くなるほど価値提示が強く，細くなるほど弱くなること示している。枠の大きさは子ども自身の自己決定の広がりを意味し，大きくなるほど自己決定の割合が高まることを意味している。

下部に示す楕円形の受容的かかわりは，権力的かかわり～権威的かかわり～認知葛藤的かかわりの全体を支える基礎的なかかわりとして位置づけている。

最上部に示す矢印は，幼児が対峙する道徳的規範の課題に接した経験の量や思考力，判断力を意味し，それに合わせてかかわり方を保育者が決定していくことを示している。

道徳的規範意識の形成を促す教育的かかわりは上記のようなフレームワークをもとに実践を考えていくことができるのではないかと考えた。

一方，この「幼児期の道徳的規範意識の形成を促す教育的かかわりのフレームワーク」については，新たな提言となる。それゆえ，保育の中で実践される場合にはそれぞれの保育者の保育経験と融合して発揮されるものとな

第9章 研究成果と課題

ることが考えられる。

　たとえば，第7章「幼児の規範意識の形成に対する保育者の保育観と指導の実態」では，保育者の属性による実践の特徴が見られ，園の公私によって【ルール生成】に関する実践が異なることが示された。特に【ルール生成】については私立園の中堅者群から熟練者群の保育者に多くなり，公立園では逆の傾向性がみられることが確認された。【ルール生成】によって，保育者が規範を設定していくことは，善悪の基準を提示することでもあり，その在り方によっては権力的かかわりが強くなる可能性が考えられる。一方，【ルール生成】に対する実践が少ない場合には，規範の必要性について考えることや，園生活の中で自己コントロールする体験が減少することも危惧される。【ルール生成】を実践上重視せず，保育者が【ルール生成】をすることに抵抗感をもつ保育者にとっては，「権力的かかわり」などは特に受け入れにくいかかわりとなることも考えられる。そのような保育者は子どもが自ら自己調整する必要性に気付くような育ちを期待したり，「認知葛藤的かかわり」の実践から自主的な気づきを期待する保育者が多くなることが予測される。しかし，そのことが本当に子どもの気づきを促すことに繋がっているのか，子どもの行動が自律的な判断に基づいたものとして捉えることができるものであるのか，子どもが自己中心的にふるまうことの助長へと繋がっている部分がないか，保育者間や園全体の取り組みとして議論していく必要があるだろう。

　また実践で重視することで抽出された「発達・自己充実」（第5因子）にかかわる内容は，全体的に持されない傾向にあることが示された。これにより，発達的に園生活にかかわる規範の必要性を理解することが難しいことが想定される幼児の場合や，本人の充実感にかかわらない場合にも，保育者は規範的価値を子どもに伝達している傾向にあることが示された。しかし，一部，【発達・自己充実】を実践上重視する特徴を有する保育者も見られ，初任者群にその割合が多くなることが示された。このように，発達的理解や，個人

の生活の充実感を優先するため,規範を伝達しないという実践的特徴を有する保育者は,規範意識の形成を促す教育についての保育観と負の相関がみられる傾向性が窺え,規範伝達に否定的な保育観をもつ可能性が示された。このように,【発達・自己充実】を重視する保育者にも,その発達に即した教育的かかわりが存在することや,段階を経て道徳的規範の価値を伝達していくことの必要性について,実践の在り方と共に議論していく必要があるだろう。この点については【見守り】の実践を重視する保育者についても同様であり,どのような場面で見守るのか,ということについて議論を進め,より良い実践の在り方について模索する契機にしていく必要がある。

まとめと今後の課題

　以上本研究では,幼児の道徳的規範意識の実態を明らかにし,道徳的規範意識の形成を促す保育者の教育的かかわりについて明らかにするため,ゲーム遊びの「ずる」及び「他者が嫌がる(傷つける)言動」の2つを道徳的規範の中心的課題として取り上げ,幼児の実態から,保育者の保育観及び実践まで包括的な調査を行い,道徳的規範意識の形成を促す教育的かかわりの在り方について検討してきた。

　初めには,Ⅱ.実証的研究「第1章幼児の園生活における規範意識の実態に関する実証的研究」として,園生活全般に存在する規範についてマクロな視点から調査を行った。

　幼児の園生活の中で幼児の規範意識が表出する場面を現在保育に携わる保育者に調査した結果,日常生活の中で規範意識が表出される場面では《話を聞く場面》《片付け場面》《集団活動への参加場面》《慣習的場面》《公共物の使用場面》《協同を目的とする意見の摺合せ場面》といった内容であり,集団活動・習慣的な視点で捉えられていることが明らかとなった。

　そして,遊びの中で規範意識が表出される場面では,《ゲーム遊び場面》《集団遊びの展開場面》《自他の意見の摺合せ場面》《物や玩具の共有場面》

といった公平性や他者との協調的要素が窺える視点から捉えられていた。本調査の結果から，道徳的規範意識の形成を促すかかわりのフレームワークを図9-1に示したが，園生活の中で規範意識が表出する場面のそれぞれで，幼児期の道徳的規範意識の形成を促す教育的かかわりのフレームワークを当てはめて実践できるのかについて検証することを今後の課題の一つとしたい。

　第6章幼児の道徳的規範に対する認識と実態では，「他者を傷つける言動」の認識については調査を行うことができたが，実態については，発生する場が限定されていないため，継続的な観察調査をすることができなかった。この点については今後対象児を設定し，継続的観察を行うなどの検証を行っていきたい。

　最後に，本章では，道徳的規範にかかわる課題に対する保育者のかかわりについて応用可能な教育的かかわりについて提案することを目的にしていたため，「図9-1　幼児期の道徳的規範意識の形成を促す教育的かかわりのフレームワーク」を提示した。そのもととなっている第8章の保育者の実践知の体系的を図式化したものは調査対象者の範囲が限定された理論である。したがって，さらに調査対象者を増やし，理論の精緻化を図ると共に，本研究で明らかになった道徳的規範意識の形成に対する保育者のかかわりのプロセスが，様々な保育者の実践と照合され，類似点や相違点について検討していくことが課題となる。それにより，理論と実践の交流が生じ，より良い教育的かかわりの方向性を模索することに繋がると考えられる。

引用文献

麻生武（2011）「悪い子」とはどのような子どものことか，発達，**127**，2-10.
越中康治（2006）攻撃行動に対する幼児の善悪判断の発達的変化，広島大学大学院教育学研究科紀要　第三部　教育人間科学関連領域，55，227-235.
岩立京子（2008）幼稚園教育　規範意識の芽生えを培う，初等教育資料　837，東洋館出版社，90-96.
森川敦子（2007）子どもの社会的慣習，概念の発達に関する研究─状況依存性，に着

目して広島大学大学院教育学研究科紀要，第一部 学習開発関連領域，56，49-58.
岡田敬司（2006）「かかわりの教育学 教育役割くずし試論 増補版」ミネルヴァ書房
佐伯胖（1975）「"学び"の構造」東洋館出版社
首藤敏元・岡島京子（1986）子どもの社会的ルール概念，筑波大学心理学研究，8，87-98.
首藤敏元・二宮克美（2002）幼児の社会道徳的逸脱に対する教師の働きかけ方，埼玉大学紀要 教育学部 教育科学，51(2)，17-23.
上杉賢士（2011）「"ルールの教育"を問い直す 子どもの規範意識をどう育てるか」金子書房

初 出 一 覧

第2章
湯淺阿貴子（2016）幼児の規範意識の形成に関する研究の動向　昭和女子大学大学院生活機構研究科紀要，25，65-83．

第6章　第1節－2
湯淺阿貴子（2015）幼児のゲーム遊びに生じる「ずる」の実態と仲間との相互交渉による意識の変容　保育学研究，53（3），248-260．

第6章　第2節
湯淺阿貴子（2013）幼児期における規範意識の形成に関する研究：言語化されない"暗示的な規範"に対する認識の発達的変容を中心に　道徳と教育，57（331），135-145．

第6章　第2節
湯淺阿貴子（2018）幼児の道徳的規範意識の発達―他者を傷つける言動に対する認識からの検討―　昭和女子大学現代教育研究所紀要，3，1-18．

第7章
湯淺阿貴子　保育者が幼児に社会的規範を伝達する際の指導の観点　人間教育と福祉，6，（印刷中）．

第8章　第2節
湯淺阿貴子（2017）ゲーム遊びに見られる「ずる」に対する保育者のかかわり　保育学研究，55(2)，29-39．

第8章　第3節
湯淺阿貴子（2017）幼児の道徳的規範意識の形成を促す保育者の教育的かかわり方の検討　道徳と教育，61（335），27-38．

あ と が き

　本書の出版にあたっては，多くの方々のご協力，ならびにご指導，ご助言，温かい励ましをいただいた。この場をお借りし，厚くお礼を申し上げたい。
　なお，本書は昭和女子大学大学院で博士（学術）の学位を授与された学位論文「幼児期における道徳的規範意識の形成と保育者のかかわりに関する研究」に加筆・修正を行ったものである。
　学位論文の執筆過程では，元昭和女子大学大学院の押谷由夫先生（現武庫川女子大学），昭和女子大学大学院の永岡都先生，藤崎春代先生，大妻女子大学の柴崎正行先生より，多くのご指導，ご助言をいただいた。論文の執筆，学位の取得までのプロセスの中で先生方にご指導賜ることができたことに心より感謝を申し上げたい。
　とりわけ，本研究を遂行し，学位論文を執筆するにあたり，修士課程から8年間に亘りご指導くださった指導教官である押谷由夫先生には，論文執筆にとりかかる前の段階，漠然とした問題意識をテーマとして決定していく段階からご指導いただいた。
　本研究に取り組む契機となったのは自身が幼稚園教諭として勤める中で生じた問題意識が起点にあるのだが，研究テーマや研究方法，論文の構成が，研究を初めた当初から設定でき，計画通りに進展した上で執筆できたものではなかった。私にとっての博士論文は自身の経験から生じる問題意識が起点となり，それが偶然的な出来事や周囲よりいただく助言，出会う論文や文献など様々なものの影響を受けながら，独自の経過を経て形を成していった。そしてその過程では，思いがけない問題や考え方に出会うこともあった。主査の押谷先生からは，一貫して，周囲よりいただく助言に真摯に向き合い，自身の研究に反映していく姿勢をもつことの重要性，そこから研究を成長さ

せ，継続させていくことの面白さを様々な場面を通してご教授いただいた。

　私自身は大学院在学中に幼稚園教諭，大学教員と職が変化したが，常に二足の草鞋を履きながら論文執筆に取り組んでいた。その日々を振り返ると「今ならばできないこと」や「もっとやれたのでは」と思うことなど，様々なことが思い返される。その何れも，その時の私なりに取り組んだ結果なのであるが，曲がりなりにも一つの形にすることができたのも，ひとえに，いつも温かく励まし，自主性を尊重しつつ道から逸脱しすぎないよう導いてくださった押谷先生のお陰である。仕事をしながら研究に取り組む私に，休日も返上してゼミを行っていただいたり，時には深夜や早朝，海外での出張先でも原稿に目を通していただくなど，ご自身の貴重な時間をたくさん割いてご指導くださった。先生からは研究に関して多くのご教示をいただくとともに，指導者として，研究者としてのお姿から多くのことを学ばせていただいた。

　副査としてご指導いただいた永岡先生，藤崎先生，柴崎先生には，問題意識や研究のプロセスを読み手と共有できるように執筆していくことの重要性や，学術論文としての精度を高めていくための有益なご助言を多くいただいた。この場をお借りし，心より御礼申し上げたい。

　また，研究を進めるにあたり，統計的手法を用いて分析を行った部分については東京情報大学の内田治先生にご指導賜った。ご多忙にもかかわらず快く相談にのっていただき，貴重なお時間を割いて分析の方法や結果の解釈の仕方等についてご指導くださったことに，心より感謝申し上げたい。

　また，園生活を共にし，貴重な示唆を与えてくれた子どもたち，研究活動や調査内容について理解を示し，応援してくださった太子幼稚園園長先生，諸先生方，保護者の皆様に心より御礼申し上げたい。

　最後に学位取得までの過程でいつも私を励まし，支えてくれた両親，研究活動を応援してくれた夫の孝徳，出版に向けての執筆時にはまるで母を応援するかのように平穏に過ごし，共に活動してくれたもうすぐ生まれてくる娘

には心より感謝の意を伝えたい。

　2017年10月

　　　　　　　　　　　　　　　　　　　　　　　湯淺阿貴子

付記

　本研究は独立行政法人日本学術振興会平成25〜26年度科学研究費助成事業（科学研究費補助金）「若手研究（B）課題番号：25780494」の助成を受けて行った研究を含んでいる。また，本書の刊行は独立行政法人日本学術振興会平成29年度科学研究費助成事業（科学研究費補助金）（研究成果公開促進費）（JP17HP5222）の助成を受けたものである。

　本書の出版にあたっては，風間書房の風間敬子氏，古谷千晶氏には多くのご助言をいただいた。出版にお力添えをいただいたことに心より感謝申し上げる。

著者略歴

湯淺阿貴子（ゆあさ　あきこ）

1981年	千葉県生まれ
2004年	川村学園女子大学教育学部幼児教育学科　卒業
2004年	宗教法人世尊院幼稚園　教諭
2008年	学校法人太子学園太子幼稚園　教諭
2011年	昭和女子大学大学院生活機構研究科人間教育学専攻修士課程修了
2012年	横浜創英大学こども教育学部幼児教育学科　助手
2016年	昭和女子大学大学院生活機構学研究科博士課程修了，博士（学術）
2017年	昭和女子大学現代教育研究所研究員
現　在	学校法人太子学園太子幼稚園　副園長
	筑波研究学園専門学校非常勤講師，豊岡短期大学非常勤講師，
	姫路大学非常勤講師

幼児期における道徳的規範意識の形成に関する研究

2018年2月20日　初版第1刷発行

　　　　　　著　者　　湯　淺　阿　貴　子
　　　　　　発行者　　風　間　敬　子
　　発行所　　株式会社　風　間　書　房
　　　　　　〒101-0051　東京都千代田区神田神保町1-34
　　　　　　　　　電話03(3291)5729　FAX 03(3291)5757
　　　　　　　　　　　　　振替00110-5-1853

　　　　　　印刷　藤原印刷　製本　高地製本所

©2018　Akiko Yuasa　　　　　　　　NDC 分類：376.1
ISBN978-4-7599-2214-1　　Printed in Japan

JCOPY〈(社)出版者著作権管理機構　委託出版物〉
本書の無断複製は，著作権法上での例外を除き禁じられています。複製される場合はそのつど事前に(社)出版者著作権管理機構（電話03-3513-6969，FAX 03-3513-6979, e-mail: info@jcopy.or.jp）の許諾を得て下さい。